坚定文化自信

U0612815

刘歌德
曾 亢
著

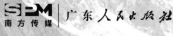

SPM
南方传媒 | 广东人民出版社

·广州·

图书在版编目（CIP）数据

坚定文化自信/刘歌德，曾亢著. -- 广州：广东
人民出版社，2024. 9. --ISBN 978-7-218-17830-1

I. G12

中国国家版本馆 CIP 数据核字第 2024YS9766 号

JIANDING WENHUA ZIXIN

坚定文化自信

刘歌德　曾　亢　著

版权所有　翻印必究

出 版 人：肖风华

责任编辑：周汉飞
责任技编：吴彦斌
封面设计：弘毅麦田

出版发行：广东人民出版社
地　　址：广东省广州市越秀区大沙头四马路 10 号（邮政编码：510199）
电　　话：（020）85716809（总编室）
传　　真：（020）83289585
网　　址：http://www.gdpph.com
印　　刷：北京彩虹伟业印刷有限公司
开　　本：710mm×1000mm　1/16
印　　张：15　字　　数：238 千
版　　次：2024 年 9 月第 1 版
印　　次：2024 年 9 月第 1 次印刷
定　　价：88.00 元

如发现印装质量问题，影响阅读，请与出版社（020-85716849）联系调换。
售书热线：（020）87716172

目录

加强文化软实力　铸牢中华民族魂

────────◎────────

　　在全面建设小康社会、开创中国特色社会主义事业新局面、实现中华民族伟大复兴的历史进程中，哲学社会科学具有不可替代的作用。必须进一步提高对哲学社会科学重要性的认识，大力繁荣发展哲学社会科学。习近平总书记在2016年5月17日哲学社会科学工作座谈会上指出：坚持和发展中国特色社会主义，必须高度重视哲学社会科学，结合中国特色社会主义伟大实践，加快构建中国特色哲学社会科学。要加快构建中国特色哲学社会科学，按照立足中国、借鉴国外，挖掘历史、把握当代，关怀人类、面向未来的思路，着力构建中国特色哲学社会科学，在指导思想、学科体系、学术体系、话语体系等方面充分体现中国特色、中国风格、中国气派。

　　中华传统文化博大精深，学习和掌握其中的各种思想精华，对加强修养、砥砺品格、树立志向、提升智慧、立身处世、治国理政，对树立正确的世界观、人生观、价值观，对培育和践行社会主义核心价值观，都大有益处。近年来，国内学界关于弘扬中华优秀传统文化的意义，主要提出以下见解：弘扬中华优秀传统文化，有利于坚定为人民服务的宗旨；有利于提高党的执政能力和水平；有利于增强公民社会责任感和历史使命感；有利于人际和谐包容、构建和谐社会；有利于培养爱国主义精神；有利于提升公民个人的素质能力。

一、习近平总书记关于弘扬中华优秀传统文化的战略思考

不同民族的历史传统，有不同的文化积淀，因而构成了不同的基本国情，进而影响各自的发展道路，发展前景必然也有所不同。正是基于这种宏大的战略思考，习近平总书记主持中央工作以来，十分重视弘扬中华优秀传统文化，发表过许多深刻的论述，形成了一系列战略思考。

（一）要把弘扬中华优秀传统文化作为民族振兴和国家强大的精神前提

博大精深的中华优秀传统文化积淀着中华民族最深沉的精神追求，是中华民族生生不息、发展壮大的丰富养料，是我们在世界文化激荡中站稳脚跟的根基。因此，中华优秀传统文化是中华民族的突出优势，是中国特色社会主义 所植根的最深厚的文化沃土。中华优秀传统文化源远流长，孕育了中华民族的宝贵精神品格，培育了中国人民的崇高价值追求。自强不息、厚德载物的思想，今天依然是我们推进改革开放和社会主义现代化建设的强大精神力量。

（二）要把中华优秀传统文化作为最深厚的文化软实力传播出去

中华文化源远流长，代表着中华民族独特的精神标识。提高国家文化软实力，要努力展示中华文化独特魅力。要使中华民族最基本的文化基因与当代文化相适应，与现代社会相协调，以人们喜闻乐见、具有广泛参与性的方式推广开来，把跨越时空、超越国度、富有永恒魅力、具有当代价值的文化精神弘扬起来，把继承优秀传统文化、弘扬时代精神、立足本国又面向世界的当代中华文化创新成果传播出去。

（三）要把弘扬中华优秀传统文化作为涵养社会主义核心价值观的重要源泉

中华优秀传统文化博大精深，学习和掌握其中的各种思想精华，对树立正确的世界观、人生观、价值观很有益处。培育和弘扬社会主义核心价值观必须立足中华优秀传统文化。牢固的核心价值观，都有其固有的根本。抛弃传统、丢掉根本，就等于割断了自己的精神命脉。要讲清楚中华优秀传统文化的历史渊源、发展脉络、基本走向，讲清楚中华文化的独特创造、价值理念、鲜

明特色，增强文化自信和价值观自信。要认真汲取中华优秀传统文化的思想精华和道德精髓，大力弘扬以爱国主义为核心的民族精神和以改革创新为核心的时代精神，深入挖掘和阐发中华优秀传统文化讲仁爱、重民本、守诚信、崇正义、尚和合、求大同的时代价值，使中华优秀传统文化成为涵养社会主义核心价值观的重要源泉。

（四）弘扬中华优秀传统文化必须坚持继承与批判相结合

要想处理好继承和创造性发展的关系，需重点做好创造性转化和创新性发展。当我们大力弘扬中华优秀传统文化时，必须清楚我们的传统文化中也有糟粕。我们不仅要了解中国的历史文化，还要睁眼看世界，了解世界上不同民族的历史文化，从中获得启发，为我所用。对我国传统文化，对国外的东西，要坚持古为今用、洋为中用，去粗取精、去伪存真，经过科学的扬弃后使之为我所用。不忘本来才能开辟未来，善于继承才能更好创新。只有这样，才能用中华民族创造的一切精神财富来以文化人、以文育人。

二、"儒、释、道"是中华传统文化的思想主干，是中华民族之魂

文化，宽泛一点的定义，是指一个民族的整体生活方式和价值系统。窄一点的定义，应包括知识、宗教、信仰、艺术、哲学等。文化传统是传统文化背后的精神连接的链条，它是看不见的，它是由文化精神的规则、秩序特别是信仰构成。

精神是文化的理性结晶。信仰是构成传统的必要条件，如果没有信仰参与，传统便无法形成。传统之所以有力量，在于它的神圣性，缺少信仰的传统，是松散的、脆弱的、不坚牢的。

中国文化背景下的信仰有自己的特点。孔子的"祭神如神在"，包含了对信仰对象的一种假设。意思是说，祭神的时候要在内心保持一种庄严和崇敬。怎样才能保持呢？不妨假设有一个神在那里享受你的祭品。但孔子可能没有想到，这种假设给信仰打了一个很大的折扣，因为真正的信仰是不允许有假设

的。既然孔子如此假设，我们是否也可以作另一个假设，即神是不是也可能不在。如果祭祀时神不在，怎么办？孔子没有说。因为孔子关注的是祭祀者所应抱持的态度，而不是祭祀对象的虚实有无问题。

中国人的文化思想趋向多元，对不同文化都能表现出欣赏。这是因为中国文化本身是多元的。儒家、道家、佛家思想构成了中国文化的思想主干，它们彼此融合得很好，甚至是合一的，正所谓"理一分殊"，多元一体者也。

中国传统社会的大传统、主流文化界线比较分明。一般认为儒家思想是传统社会大传统的代表思想，儒、释、道三家思想是传统社会思想文化的主干。道家、佛家，常常表现为民间文化形态，它们与儒家互补互动，在不同时期扮演不同的角色。儒家思想之所以成为中国传统社会主流文化的代表，成为大传统，在于它不仅是一种思想学说，而且是为全社会所尊奉的家庭伦理。陈寅恪说的"两千年来华夏民族所受儒家学说之影响，最深最巨者，实在制度法律公私生活之方面，而关于学说思想之方面，或转有不如佛道二教者"，即是此意。

历史上很多国家和地区都有宗教战争，但是中国这么长的历史，却很少有宗教战争。这是因为中国的文化思想有极大的包容性，特别是儒家思想。所以然者，在于儒家不是宗教。诚如陈寅恪所说，"儒家非真正之宗教"。正因为传统社会占主流地位的儒家不是宗教，儒、释、道三家的思想才融合得很好。汉以后儒家是在朝的思想，道家、道教以及佛教主要在民间。对于一个知识人士而言，三家思想的互补使其精神空间有很大的回旋余地，进退、顺逆、浮沉，均有现成的学说依据，所谓"达则兼济天下，穷则独善其身"。儒家思想给人以上进的力量，修身、齐家、治国、平天下，是传统士人的共同理想。但是，如果仕途受到了挫折，道家无为的思想可以给他们很好的支撑。道教崇尚自然，可以让他们畅游山水之间。如果遭遇罪愆，则信奉佛教，剃度出家，避世完身。总之，生命个体不会陷入完全的绝境。所以多元性、包容性和百姓的超越精神，是中国传统文化价值的重要特征。

宋代产生了理学，以朱熹为代表，他是理学的集大成者。宋代的濂、洛、关、闽四大家，则在其中扮演了至关重要的角色。濂是周敦颐，湖南人，他家前面有一条溪水叫濂溪，所以他的学派被称作濂学；程颢、程颐合称"二程"，河南洛阳人，故称其流派为洛学；张载是陕西人，他的学派被叫作关学；而朱熹出生在福建的尤溪，所以后人称朱学为闽学。

宋学的濂、洛、关、闽四大家，把中国文化史上的思想推向了一个高峰，其标志是他们既承继了先秦以来的孔孟儒家思想，又吸收了佛教特别是禅宗的思想，还吸收了道家和道教的思想。所以宋代形成了中国文化史上的思想大汇流，而朱熹也例外地建立了自己的哲学体系。

中山大学李锦全教授在回答《深圳特区报》记者提问时说："儒学吸收了很多宗教思想确实不假，但是，这并不等于是儒学的宗教化……西方学者用'儒教文明'作为中国文明乃至东亚文明的标识，那应该理解为儒学教化了这个地区的人民，而不是儒学是宗教的意思。"

2014 年 3 月 27 日，习近平主席在联合国教科文组织总部发表了重要演讲，列举各宗教传入中国后，对中国历史文化的形成与发展起到的重要作用。他指出："佛教产生于古代印度，但传入中国后，经过长期演化，佛教同中国儒家文化和道家文化融合发展，最终形成了具有中国特色的佛教文化，给中国人的宗教信仰、哲学观念、文学艺术、礼仪习俗等留下了深刻影响。中国唐代玄奘西行取经，历尽磨难，体现的是中国人学习域外文化的坚韧精神。"

几千年来的中国传统思想文化，不是哪一家哪一派的天下。历史上思想文化最繁荣、昌明、活跃的时期，也是各种思想竞争、融会、兼容、并立的时期。这正体现出中国文化的包容并蓄。

用中国文化精神培育出来的知识分子，往往把儒、释、道等各家思想消融得无碍无隔，不是某种单一的思想，而是各种思想的合力，铸成中国传统知识分子的人格境界和人格精神。中国传统社会的思想禁锢诚然是事实，但作为知识分子个人，并未被禁锢反而保持相当大的思想活性。

中国文化对异质文化的吸纳与消解能力，是无与伦比的。在中国版图之内，各民族之间的融合，文化是最好的溶解剂。对世界各国文化，中国文化采取的态度是礼之、师之、纳之、化之，如同孔子所说："夷狄入中国，则中国之。"《易经》上说"天下同归而殊途，一致而百虑"，又说："物相杂，故曰文。"这是对中国文化精神的绝好概括，这种精神属于中国文化整体。

破除儒家思想和整个中国传统思想文化同质同构的观点，把一定的思想和一定的制度区分开来，是两个关键问题。要在认知上解决这两个问题，可以走向对中国传统思想文化的正读，并进而求得正解，为恢复和重建中国文化所固有的会通三教、兼容百家、无所不包括、无所不师承的博大而恢宏的精神铺设条件。

三、如何重构信仰与继承传统

传统传承的先期条件，按照美国当代社会学家希尔斯教授的观点，历史上成就的精神范型必须引发人们的信仰，然后才能得到传衍。这就是传统所具有的克里斯玛特质。但中国文化似乎不以追求终极信仰为目标。在大多数情况下，我们的信仰总是和崇拜混淆，与怀疑联系在一起，可以说是重视崇拜，不重视信仰。

本来儒家思想和按照儒家伦理陶铸出来的理想人格精神，可以比较便捷地成为人们行为的范型，从而为儒家思想的传衍准备条件。但儒家的理想人格精神往往被推向两个极端——要么被神化，要么不近人情，后世的人们难以从这样的范型中直接接受传衍的信息。而在历史上担当传承角色的中国知识分子，特别是他们之中的第一流人物，又大都能够做到将儒、释、道各家各派的思想融于一身，荣辱、升沉、进退各有取义，成为全知全能、自在自足的自我，外界事物不再有神圣的权威性。

中国文化里面这种弱化外在权威和轻慢信仰的特性表现在诸多方面。任何宗教都是以对神的崇拜为基础。然而孔子说，"祭神如神在""敬鬼神而远之，可谓知矣"。这两句话对宗教信仰的消解力不知有多大。文本的权威性以及由此产生的经典崇拜，是世界上各种文化系统共有的现象。可是"亚圣"孟子说"尽信书不如无书"，直言不讳地反对经典崇拜。宗教与文本经典是传统传衍的两个重要链环，却被打了折扣。

家族与世系在中国传统社会，始终是凝聚传统的最佳社会网络。但近百年来，家族与世系的社会网络很大程度上已经难以承担本该担负的传衍传统。

现代新儒家的努力宗旨，也是在面对传统解体和外来思想的冲击下，为化解危机和接续传统寻找出路。

（一）传统的流失与重建

文化既是一种惰性力，又是一种凝聚力。从未见企图彻底抛弃文化传统的民族有凝聚力。文化传统实际上是一个民族的生长之根。对担负文化传统承传使命的知识人士来说，唯有站在民族和文化的立场，才能焕发自己的人格精神，才不致在剧烈的东西文化冲突中失重，才有可能获得与世界文化对话的平等资格。

20世纪中期，在大陆儒家思想遭遇毁灭性打击，儒家价值被系统地颠覆。我们是一个伤痕累累的民族，文化传统屡遭摧折，已经流失得差不多了。现在的任务是自觉地承传和重建。担负承传使命的知识界同道，再不敢对自己的文化母体自轻自贱了。陈寅恪等老一辈学者深情地呼吁，一方面要输入新思想，另一方面不要忘记本民族的地位，这两者缺一不可。况且传统不单纯是一种思想形态，它首先是一种文化形态，化为千百万人生活习俗的思想才能转化为传统。

（二）加强国学与国民教育

中国艺术研究院终身研究员、中国文化研究所原所长刘梦溪教授认为，我们现在的教育形态，基本上是应试教育，它使所有年轻人都朝同一个目标走去，即从小学到中学、大学，通过不断地考试，最后谋得一份工作。而这一过程已经磨钝、耗尽了年轻人一切可能的想象力和创造力。何况所学知识与未来可能从事的职业大相径庭。就所学内容而言，现在的教育主要是知识教育，而且往往是陈旧的、不完全的知识教育。价值教育在这种教育体系中根本阙如。

这样的教育体系和我们的文化传统完全脱节，除了知识的反复输送，并没有告诉年轻人怎样做人和如何建立信仰。

既然谈加强国学与国民教育，那么，什么是国学？

1898年，张之洞发表《劝学篇》，提出学校课程设置应本着"旧学为体、新学为用"的原则，梁启超后来转述为"中学为体、西学为用"。这里，外学、新学、西学是同等概念；国学、旧学、中学是同等概念。国学是当"西学东渐"之后，与西学相比较，才有的概念。

1923年，胡适为北京大学出版的《国学季刊》写发刊词，提出了"什么是国学"的问题。他认为国学是"国故学"的省称。

章太炎认为，国故就是所有的中国历史文化，包括礼仪、制度、语言、文字、风俗、习惯、工艺、服饰等等。

但国学是国故学的简称这个定义，并没有被学术界采用。后来大家一致认可的说法是国学为中国固有学术，包括先秦诸子百家之学、两汉经学、魏晋玄学、隋唐佛学、宋代理学、明代心学和清代的考据学，等等。

1938年，马一浮先生在浙江大学讲国学，第一次提出国学应该是"六艺之学"，即《诗》《书》《礼》《易》《乐》《春秋》，也就是后来所说的"六经"。它们是中国学术的经典源头，是中华文化的最高形态，是中华民族的基本精神价值之所在。"六经"的义理历来是中国人立国和做人的基本依据。

当然还有"小学"，即文字、音韵、训诂的学问。经学是本源，"小学"是入径。在我看来，经学和"小学"应该是国学的主要构成。

现代教育的价值缺失和价值混乱，实际上就是缺少了"传道"的内容。唐代的大儒韩愈在《师说》中说："师者，所以传道受业解惑也。"他把"道"的传授放在第一位。"道"者为何？"道"在哪里？就中国文化来说，"道"在"六经"。

"六经"的文辞虽比较难读，但我们有传承两千多年的"六经"的最简易文本——《论语》和《孟子》。孔孟讲的义理，就是"六经"的义理，只不过化作了日用常行的语言和故事，读起来非常亲切，非常便捷。

"六经"以及《论语》《孟子》中的哪些价值理念，对我们显得尤其重要呢？譬如说"敬"，这里不是指"尊敬他人"的"敬"，而是人的一种自性的庄严，属于信仰的层面，亦指一个人精神世界里始终不渝、不可动摇的信仰。

孔子是重实践的思想家，对超自然的力量不愿作过多的评论，正所谓"子不语怪力乱神"。这反映出中国文化背景下国人的信仰特点，即我所说的"敬"这个价值理念，已经进入了信仰之维。至于各种礼仪，更离不开"敬"了。孔子说："为礼不敬，临丧不哀，吾何以观之哉？"礼仪的内核也是"敬"。

"敬""恕""耻"这些价值理念都出自"六经"或者《论语》和《孟子》。当然不止这些，譬如还有忠信、仁爱、中和等价值理念，也都非常重要且有现实意义。所以刘梦溪教授主张在小学、中学、大学的一、二年级，开设国学课，内容就以"六经"和《论语》《孟子》的选读为主。小学、初中主要是

《论语》和《孟子》，编好教材，选读选学。这样，就可以在以知识教育为主的教育体系里面，补充价值教育。

经过日积月累，循序渐进，长期熏陶，"六经"的基本价值理念深入子孙后代的血液中，成为中华民族的文化识别符号。

（三）当代中国与文化教育

内蒙古农业大学讲师李士珍认为："改革开放以来，经济发展取得了巨大成就，但人们却感到社会风气日益堕落，自己也失去了精神家园。过去靠树立人格模范来确立道德标准的做法行不通了。""虽然面临着重重困难与挑战，但取得的成就是不可否认的。在这种情况下，传统文化热的出现就成为理所应当之事。本来经济的增长就为传统文化的存续提供了良好条件。""传统文化热受到诸多批评。事实上，什么是传统文化本身就是个问题。""但国家的强盛并不是靠熟读四书所能解决的。"

对此，刘梦溪教授的看法是：社会问题在经济，经济问题在文化，文化问题在教育。这是一个文化、政治与经济之间的互动循环圈。这个循环圈为我们提供了对社会现象作文化解读的可能。

经济的市场化是现代化的必经之路，但社会不能市场化，社会的教育与学术尤其不能市场化。人类的道德性（譬如操守）和美好的情感（譬如爱情）不能市场化。总之，经济强国的建立，不能以牺牲文化的基本价值为条件。现代化不能完全丢开自己的文化传统，不能离开自己的出发点，不能找不到来时的路。

四、儒学不是宗教谈

2014 年 5 月 4 日，习近平总书记来到北京大学考察工作并同该校师生进行座谈。在座谈会上，习近平总书记发表了重要讲话，号召广大青年"要自觉践行社会主义核心价值观"。在讲话中，习近平总书记援引《大学》论述后，指出"核心价值观，其实就是一种德，既是个人的德，也是一种大德，就是国家的德、社会的德。国无德不兴，人无德不立。如果一个民族、一个国家没有共同的核心价值观，莫衷一是，行无依归，那这个民族、这个国家就无法前进"。他还结合当前形势，对儒家传统思想作出了独到诠释，他指出："格物致知、诚意正心、修身是个人层面的要求，齐家是社会层面的要求，治国平天下是国家层面的要求。我们提出的社会主义核心价值观，把涉及国家、社会、公民的价值要求融为一体，既体现了社会主义本质要求，继承了中华优秀传统文化，也吸收了世界文明的有益成果，体现了时代精神。"

（一）中国是道德立国，而非宗教立国

"在中国代替宗教实是周孔之'礼'。"在梁漱溟看来，周孔的思维取向，在于使人走上道德之路，这恰恰形成了以孔子为代表的思想与宗教相区别的基本特征。故此，梁氏直接提出：儒家以道德代宗教。他还指出："道德为理性之事，存于个人之自觉自律。宗教为信仰之事，寄于教徒之恪守教诫。中国自有孔子以来，便受其影响，走上以道德代宗教之路。这恰恰与宗教之教人舍其自信而信他，弃其自力而靠他力者相反。"

当然，梁漱溟提出的以道德代宗教，并非完全以个人道德自律去取代宗教上的神道设教，他特别重视的是儒家伦理道德中的"礼乐"传统。

> 宗教对于社会所担负之任务，是否就这样以每个人之自觉自律可替代得了呢？当然不行。古代宗教往往临乎政治之上，而涵容礼俗法制在内，可以说整个社会靠它而组成，整个文化靠它作中心，岂是轻轻以人们各自之道德所可替代！纵然倚重在道德上，道德之养成似亦要有个依傍，这个依傍，便是"礼"。事实上，宗教在中国卒于被替代下来之故，大约由于二者：一、安排伦理名分以组织社会；二、设为礼乐揖让以涵养理性。二者合起来，遂无事乎宗教。此二者，在古时原可摄之于一"礼"字之内。在中国代替宗教者，实是周孔之"礼"。不过其归趣，则在使人走上道德之路，恰有别于宗教，因此我们说：中国以道德代宗教。

梁漱溟提出的"以道德代宗教"说，在民国思想界产生过较大反响，现代新儒家钱穆、唐君毅等人，都继承了梁漱溟的这一观点。这一观点大体上成为现代新儒家的共识。

张岱年在《中国古代唯物主义的理论形态及其演变》一文中提出：

孔子强调道德教化的重要作用，但是他论治国之道，认为应"富之"而后"教之"（《论语·子路》），也就是肯定要先解决经济问题然后再施行教化。

孟子讲良知、良能，宣扬道德先验论。但也认为解决人民的物质生活问题是施行道德教化的基本条件。

同样，张岱年在《中国古典哲学的价值观》一文中写道：

孔子"义以为上"，"仁者安仁"的道德至上论。

孔子提出"君子义以为上"（《论语·阳货》，下引《论语》，只注篇名）、"好仁者无以尚之"（《里仁》）的命题，认为道德是至上的。"上"字和"尚"字相通，都是表示价值。孔子所谓"义"指道德原则，"义"的内容就是仁，仁是最高的道德规范。在孔子的理论体系中，义还是一个"虚位"范畴，而不是一个具体的道德规范（韩愈《原道》区别了定名和虚位，有重要的理论意义）。孔子没有以仁义并举（仁义并举，始于墨子）。孔子又说："仁者安仁，知者利仁。"（《里仁》）"安仁"即安于仁而行之，"利仁"即以仁为有利而行之。仁者实行仁德，不是以仁为有利，即不以仁为手段，而以仁为目的。"知者利仁"，是有所为而为；"仁者安仁"则是无所为而为。"仁者安仁"即认为仁具有内在的价值。这种观点可以称为内在价值论。

孔子以道德为最高价值，所以说："志士仁人，无求生以害仁，有杀身以成仁。"（《卫灵公》）仁者安仁，知者利仁，在安仁、利仁的情况，仁与生并无矛盾。但在一定的条件下，生与仁不能两全，便应牺牲生命以实现仁德。在杀身成仁之际，就达到了道德的最高境界。

……

……孔子区别了义与利，他说："君子喻于义，小人喻于利。"（《里仁》）孔子并不完全否认利，要求"因民之所利而利之"（《尧曰》），但认为义具有比利更高的价值。

孔子以为道德的价值高于物质利益,其实际意义是认为人的精神需要比物质需要更为重要。人的基本的精神需要就是要有独立的人格,人与人之间要相互尊重各自的独立人格。这就是道德的基本原则。孔子肯定人人有独立的意志,他说:"三军可夺帅也,匹夫不可夺志也。"(《子罕》)有独立意志即有独立的人格。孔子肯定伯夷叔齐是"求仁而得仁",又说伯夷叔齐"不降其志,不辱其身",就是肯定伯夷叔齐为了坚持自己的独立意志而不惜牺牲生命。

辜鸿铭解《论语》谈及道德问题:

子曰:"中庸之为德也,其至矣乎!民鲜久矣。"

辜讲:孔子说,"中庸恐怕是最高的道德标准了!百姓缺乏这种道德也已经很久了"。

辜解:很多的西方无知之流,断言中国文化中缺少"进步"的内容。然而,我的意见刚好相反。"秩序和进步"——如果我将它翻译成英文就是"universal order"(普遍的秩序)——反而应该是中华文化的精粹,我坚信古典学说中有这么一点。《四书》中的《中庸》中有这么一句话:"致中和,天地位焉,万物育焉。"

根据孔子的思想,这句话就应该被解释为"文化的意义不在于如何为人类服务,而在于所有被创造的事物获得充分尊重和发展的空间"。这才是恰当的。难道在这里,你看不出真正的进步、发展的精神吗?只要先确立了社会的秩序——道德法则,那么社会就会自然而然地进步;而在没有秩序——无道德的社会,真正的进步和实际的发展都是不可能实现的。抛开道德,这是欧洲人以前的错误,而今天他们还在延续这个错误。

子曰:"富与贵,是人之所欲也,不以其道得之,不处也;贫与贱,是人之所恶也,不以其道得之,不去也。君子去仁,恶乎成名?君子无终食之间违仁,造次必于是,颠沛必于是。"

辜讲:孔子说,"荣华富贵是人们追求的目标,但如果为了得到荣华富贵而放弃承担责任,我宁愿不要这样的目标;贫穷低贱的生活是大家都不喜欢的，但是如果不背离责任就无法脱离开这样的生活，我宁愿不脱离开这样的生活。智者如果失去道德情操，不能再称为智者。智者在一生中的每时每刻都不会不注意道德规范，即使忙忙碌碌，面临险滩恶途，也总是将道德品质牢记心头。"

子曰："唯仁者，能好人，能恶人。"

辜讲：孔子说，"只有品德高尚的人才能做到爱憎分明"。

辜解：《中庸》里说，"仁者人也，亲亲为大。义者宜也，尊贤为大"。东亚社会的基础就是：因为我们热爱父母，所以我们遵从他们的意愿。因为我们尊敬贤人，所以我们服从他们的教导。

但是而今的日本，暴发户对工人说："你们必须服从我！"如果工人们反问他们"为什么"，那么得到的回答是"根据名分的规定"。这里指的可不是"大义名分"，而是财富关系、身份地位导致的人的定位。在美国，名分观完全是根据金钱来定义。而在传统的东亚，人际关系应该是神圣的道德关系，是体现为君臣、父子、夫妻关系的纲常。而在美国，只存在这建立在金钱关系上的冷漠的利害关系。

当然，当金钱成为社会的基础，那么社会就接近危险的堕落。

道德问题，不仅是社会经济问题，更是政治问题。汤用彤早年发表的论文《道德为立国之本议》，认为道德人格的确立是立身行事乃至治国的根本所在，注重个人道德修养与国家盛衰的关系；认为道德危机比国家危机更为重要，主张家国盛衰，世运进退，皆以道德水准高低为枢机，并试图通过道德人格来改良世道人心，以挽救国家危机。

如果我们今天依然沿用康有为的儒教论，那么我们弘扬儒学、传承传统文化不就变为倡导全民信仰宗教，为宗教立国铺路，要回到西方中世纪黑暗的政教合一上去吗？何谈政教分离呢？

（二）中西礼仪之争与所谓儒教

"孔教"一词近代才出现。近代以来，西方宗教传入中国，为了抵制西方宗教，"孔教"一词又流行开来。一般地说，如果单独或孤立地使用"儒教"或"孔教"一词时，这个"教"多指教化；如果把"儒教"与其他宗教相提并论时，这个"教"多指宗教。

明末清初发生的中国礼仪之争，使儒教是教非教成为一个问题，一个由中西文化交流而产生的中国文化自身的问题。这个问题起源之时，"儒教非教"说是占优势的，在学理基础上形成了一定理论水准，而"儒教是教"说未形成气候，只不过表现出一些倾向而已。随着清廷的禁教，关于这一问题的争议暂时告一段落。

19世纪以后，基督教新教以更大规模传入中国。中西文化冲突又起，不过是变利玛窦时代那种同时性的两派冲突和争议为历史性的两种传教战略的递嬗。这两种传教战略便是"孔子或耶稣"和"孔子加耶稣"。早期来华的基督教传教士，一方面被清政府的禁教政策所束缚；另一方面又被列强的大炮政策所怂恿，所以一开始，他们并不在乎中国传统思想的作用和影响，他们希冀借助大炮和不平等条约，用西方的上帝来"开导这个半开化的有异教国家"。因此，要么是孔子，要么是耶稣，二者必居其一，没有融会的余地，这就是"孔子或耶稣"式的传教时期。19世纪30年代以后，当"孔子或耶稣"的传教战略遭遇挫折后，马礼逊、理雅各、慕维廉、李提摩太、林乐知、丁韪良、李佳白和花之安等新教传教士，便承袭利玛窦的传教策略，对中国社会、文化、礼仪和风俗进行深入了解、研究，最后选定儒学作为同盟者，提出了"孔子加耶稣"的传教战略。

最值得重视的是王韬对儒家性质的判断，也与"中国礼仪之争"中耶稣会派的看法一致，即认为儒家非宗教。他对世界各大宗教进行比较后说：

> "儒者无所谓教。达而在上，穷而在下，需不能出此范围。其名之曰教者，他教之徒从而强名之者也。"认为儒家学说是"伦理学"、"政治学"、"人生哲学"，儒家思想是"人文主义"，而不是"宗教精神"。

通过以上事实依据，我们可以看出，所谓"儒教"是西方基督教根据时势，为便于侵占中国地盘所采取的传教策略，刻意把儒家定义为与基督教一类的宗教。

由于社会的变革，晚清民初发生了严重的社会危机，集中表现为两个层面：社会政治层面的秩序危机和儒学衰微引起的道德和信仰层面的意义危机。

政治秩序的危机在 1895 年以后首先发生，以王权为中枢的帝国专制秩序在一系列的国难冲击下日益腐朽，无法维持下去，但文化认同危机暂时没有像五四以后那样严重，儒家的终极价值以及作为中国文化主体的地位还勉为其难地存在着。清朝的灭亡，不仅意味着封建帝国的寿终正寝，传统王权政治秩序的解体，也意味着整个儒学的基础备受冲击，传统权威的丧失，使得儒家成为孤魂。在道德和信仰层面上，钱穆则深信儒家的价值体系"是造成中国民族悠久与广大的主要动力"。就历史形成而论，儒家的价值体系并不是几个古圣先贤凭空创造出来强加于中国人身上的。相反的，这套价值体系早就潜存在中国文化——生活方式之中，不过由圣人整理成为系统而已。正是由于儒家的价值体系是从中国人的日常生活中提炼出来的，所以，它才能产生如此深远的影响。

儒学的衰微造成了民族精神的严重危机，一旦中国人的精神世界出现问题，进而会导致全社会的道德危机。

辛亥革命推翻帝制，从政治根底上动摇了中国传统社会，进而引发了文化方面的失衡，如当时有学者论曰：

> 普遍王权之崩溃所导致的社会、政治秩序之解体，不可避免地破坏了传统的文化、道德秩序。

革命家急于"破"而相对忽视了"立"，特别反映在道德方面就是旧道德被废弃，而"新者又未立也"，所以一时出现了行为失范的道德真空状态。

与道德危机相应的是信仰危机。如前所述，社会风气变化，一时流风所至，俨然像宗教一样填补了人们信仰的真空。正如梁启超所说：

> 有一种或数种之共通观念焉，同根据之为思想之出发点。此种观念之势力，初时本甚微弱，愈运动则愈扩大，久之则成为一种权威。此观念者，在其时代中，俨然"现宗教之色彩"。

信仰危机导致当时民众精神迷茫，无所适从。1912 年冬天，著名记者黄远生写的《论人心之枯窘》一文描述道：

> 晚清时代，国之现象，亦惫甚矣。然人心勃勃，犹有莫大之希望……（今日）全国之人，丧心失图，皇皇然不知所归，犹以短筏孤舟驾于绝潢断流之中。粮糗俱绝，风雨四至，惟日待大命之至……

辛亥革命后的政治失序使人们非常失望，进而导致了严重的社会心理危机，一时舆论都感觉革命只是换招牌。而过去腐恶的实质，不独丝毫没有改变，且将愈演愈烈。

在这种情况下，受过传统儒家教育的儒者，精神上便经受着史无前例的考验。梁漱溟的父亲梁济就自杀了。对此有学者论道：

> 梁济"既洞知人民困苦之深，又审知士大夫官吏奢靡放纵之甚，故其经世之心专注于端正风习，救民疾苦……乃决意做杀身殉道之举，以警醒世人"。

究其根本，显然是因民初既有价值体系的解体、文化与信仰认同呈现严重危机，而梁济欲以其独特方式提出重建信仰的迫切任务。

（三）康有为创立儒教之背景、动机

对于道德与宗教的关系，梁启超和章太炎都看到了当时社会道德的沉沦，注意到了宗教对于道德的重要意义，如梁启超说"今日世界众生，根器薄弱，未能有一切成佛之资格，未能达群龙无首地位，故必赖有一物焉从而统一之，然而不至随意竞争，轶出范围之外，散漫而无所团结"，而"若此者，莫善于宗教"；章太炎也提出"用宗教发起信心，增进国民的道德"，并且认为最好用佛教中的华严宗与法相宗"改良旧法"；还有人大声疾呼以宗教救治社会的病症……

许多人更把道德存亡，乃至国家命运与孔教兴衰联系起来，如康有为就说：

> 中国之人心风俗、礼仪法度，皆以孔教为本。若不敬孔教而灭弃之，则人心无所附，风俗败坏，礼化缺裂，法守扫地，虽使国不亡，亦与墨西哥同耳。

面对如此严重的道德危机和信仰真空，进入新时代的人们开始回溯以往，期待用传统道德来挽救时势。这一方面是受中国传统道德功利主义思想的影响，另一方面是和儒学思想在民初仍占有重要地位有关。

通过对社会道德失范及信仰危机的反思，此时思想界一部分人已隐约想到：如果道德依在于宗教，将可能不失为挽救人心的良策。

　　窃维立国之本在人心，人心之本在道德，道德之本在宗教，是则宗教者直接而为人心道德之本，间接而为国家巩固之基也。

康有为立孔子为"教主"，创建新宗教的动机：

第一，为儒学的革新改造开一新路。

第二，当他认识到基督教在华的扩张对以儒学为主的中华民族传统文化构成了极大的威胁，便试图通过立"孔教"来抵制西方的宗教侵略。为此，他论证说，除了"孔教"，其他宗教并不尽适于中国。

第三，康有为立孔子为"教主"，是要借用孔子这个在中国历史上长期受人尊敬的神圣人格和名号作为一面旗帜，通过强化原有的宗教意味，使国人在宗教信仰和情怀中紧密团结起来，以振奋民族精神，以利于推行变法改革。

第四，康有为立"孔教"更深一层的目的是建立一种类似西方的宗教组织，借宗教的绝对权威统合人心，为推行变法的后盾。

章太炎说："孔教之称，始妄人康有为。"其实在此之前，"孔教"一词在史书上已多次出现，但大部分都是教化教育之意，偶尔也和佛教、道教并称，但它并不具有宗教的内涵和特征。康有为的创教思想明显是受了基督教的启示，"误认欧洲之尊景教为治强之本"，有感于时代救亡图存的刺激，为抵制西人侵略和保存传统文化，于是利用创教，由此我们可以看出，康的创教思想并不是生而有之，而是和时代背景及其自身的发展紧密相连。

康有为通过"我注六经"来构建"孔教"的"神学"思想体系。要使孔子为"教主"，变儒学为宗教，最关键的工作是使儒经"神学化"。为此，康大胆地以"我注六经"的思路完成了《新学伪经考》《孔子改制考》《春秋董氏学》，又先后注《论语》《孟子》《大学》《中庸》《礼运》，作《大同书》，这样对儒家经典的反叛性意义的阐发，为其"孔教说"确立学理基础。在其儒经重新诠释过程中，康有为充分利用了今文经学，以具有广泛性和浓厚神学色彩特征的解释，阐发自己赋予"孔教"的"微言大义"。他通过历史考证的学术方法，断定《左传》等古文经典是"伪经"，所以湮灭了孔子作经以"托古改制"的本意，"乱改制之经，于是大义微言湮矣"，"自伪《左》灭《公羊》，而《春秋》亡，孔子之道遂亡矣"。这就可以看出，康有为是通过对儒学的本源回归，以汉代形成的"体制儒教"为目标，认为正是汉儒为了迎合统治者，对孔子思想进行歪曲，把上古可视文献神圣化、神秘化，才失去了孔子及先秦儒学的真精神。这样，就挖去了"体制儒教"的学术基础。但是，他自己又走到了另一个极端。

在《孔子改制考》中，康有为把孔子"打扮"成一位社会改革家的同时，还推孔子为"万世教主"。他曾将《孔子改制考》进呈御览，并说明："臣今所作编撰，特发明孔子为改制教主，六经皆孔子所作，俾国人知教主，共尊信之。"梁启超批评他"往往不惜抹杀证据或曲解证据"，武断、强辩之处不少，"犯科学家之大忌"，也说明他并未脱汉儒的窠臼。

我们不能不看到康有为所试图构建的"孔教"的"神学"思想体系的庞杂，缺乏真正能为宗教服务的神学体系的纯粹性、超越性、恒久性等，而带有太多的实用功利色彩，实际上成了中西古今拼凑的"文化大餐"。这就使其学术研究失去了学术性，"孔教"理论失去了宗教本色，暗示了其"孔教说"必然失败的命运。

（四）陈寅恪、汤用彤如何看待儒学和康有为

20世纪初，思想纷繁多变的时代，著名学者陈寅恪对儒学、传统文化的态度如何？对康有为思想的态度如何？刘梦溪教授在其著作《陈寅恪的学说》中写道：

> 兹再举一例，即1954年寅恪先生《答龙榆生》七绝之第二首："空耗官家五斗粮，何来旧学可商量。谢山董浦吾滋愧，更愧蓉生辟老康。"全诗余英时先生之释证甚为精要博洽，已无剩义。我所关注的是尾句"蓉生辟老康"一语。"蓉生"即写《无邪堂答问》的朱一新鼎甫，"老康"则为康有为，业经英时先生确指。前引陈著《读吴其昌撰梁启超传书后》

尝谓："至南海康先生治今文公羊之学，附会孔子改制以言变法，其与历验世务欲借镜西国以变神州旧法者，本自不同。故先祖先君见义乌朱鼎甫先生一新《无邪堂答问》驳斥南海公羊春秋之说，深以为然。"朱一新（1846—1894）浙江义乌人，光绪二年（1876）进士，历任翰林院编修、陕西道监察御史等职。因弹劾李莲英而降归故里，张之洞先后聘为端溪书院主讲暨广州广雅书院山长。无邪堂即广雅之讲堂也。朱氏辟康并未直标南海之名，而以"近儒"称之，盖不屑故。但《答问》之卷一以绝大篇幅清理公羊学的源流主张，斥之为"盘旋于蚁封之上，凭臆妄造以诬圣人"。而对康有为《孔子改制考》一书鼓扬的"素王改制"说，尤痛驳不稍缓颊。

　　《无邪堂答问》之驳康氏有曰："今乃于三科九旨而外，侈言邵公所不敢言，且混合六经而为一，是圣人晚年删述，但以改制为事，平日雅言，复以改制为教。洙泗之间，自为风气。师弟子所斷斷讲习者，莫非干犯名义之言为下，不悖之谓何？不至于邪说诬民不止。此惟外夷无父无君之教乃有之，而可以诬吾夫子乎？"又说："若夫宗杨墨无父无君之教，以俶扰我中夏，有心世道者，宜何如严外内之防？"、"不思异外内之义，吾恐猖狂恣肆之言，陷溺其心者既久，且将援儒入墨，用夷变夏而不自知。"此可见关键在"外内之义"和"用夷变夏"之防。陈宝箴戊戌六月十八日上的"为请旨厘正学术"折，阐述对康的看法，其中提到《孔子改制考》一书，有"几若不知有君臣父子之大防"、"举世所忿疾，其指斥尤厉者拟为孟氏之辟杨墨"，就是指朱的《答问》而言。陈寅恪先生几次拈出这一关涉自己家世思想源流的故实，切切为言，最能反映他的中国文化本位的学术思想的确立，并非偶然。

　　我们固然不必得出结论说，陈寅恪先生的文化态度是"严守家法"，但家世对他的文化思想的影响是显而易见的。

　　但亦须看到，陈寅恪先生对"同光朝士"提出的"中体西用"，给以积极的评价，不仅仅是基于生活经验的一种新的认识，也不仅仅是确认了一种观点或一种思想，同时还是一种不可移易的文化态度。

以上材料说明，陈寅恪对康有为学说所持有的态度是不认同的，他一贯主张"中体西用"。故我们不难理解陈寅恪对孔子和儒家学说的尊重，刘梦溪教授在《重建中华文化的信仰之维》一文中说："儒家不是宗教，陈寅恪先生早说过了。"

刘梦溪教授在评价陈寅恪"不忘本来民族之地位"中写道：

他的这种文化态度是建立在对中国文化特征的通解通识基础上的，不同于张之洞的更多出于治略的考虑（甚至有人怀疑《劝学篇》的写作是为了趋避，意在与康、梁等变法人士剔清干系，为自己占地步），而与1935年何炳松等十教授发表的《中国本位的文化建设宣言》，理念上固不无重合之处，但出发点和文化理想层面均有原则区别。因为十教授《宣言》强调的是"此时此地的需要，就是中国本位的基础"，出发点过于空泛。而陈寅恪先生的出发点则是文化本身，对吾民族的传统文化有一种托命的情怀。此其一。其二，《宣言》对古代和外国文化的态度，主张"存其所当存，去其所当去"，"吸收其所当吸收，而不应以全盘承受的态度，连渣滓都吸收过来"；寅恪先生则是从学理上加以阐发，认为异质文化的输入须经过"变易"，要有国人的"吸收改造之过程"，也就是文化人类学的"文化嫁接"和"文化移植"，对到底何者可以成为吸收的对象，不愿空泛地加以限制。

陈寅恪在为冯友兰《中国哲学史》下册所写的著名审查报告中写道：

窃疑中国自今日以后，即使能忠实输入北美或东欧之思想，其结局当亦等于玄奘唯识之学，在吾国思想史上，既不能居最高之地位，且亦终归于歇绝者。其真能于思想上自成系统，有所创获者，必须一方面吸收输入外来之学说，一方面不忘本来民族之地位。此二种相反而适相成之态度，乃道教之真精神，新儒家之旧途径，而二千年吾民族与他民族思想接触史之所昭示者也。

此处陈寅恪所强调之"必须一方面吸收输入外来之学说，一方面不忘本来民族之地位"，从文化学的角度观察，非常近似于中国文化本位的思想。

学者赵建永在《汤用彤与现代中国学术》专著中谈到古今中西之争激发了汤用彤的道德立国论：

汤用彤清华求学期间，中国正处酝酿剧变的时期，政坛动荡，文化断裂。他在清华虽终日受西化教育，然对传统文化情有独钟，最显著的是其道德立国论。1913年，年甫弱冠的汤用彤发表于《益智》杂志"文篇"栏目的《道德为立国之本议》是现知他最早的论文，虽仅千余字，但在其思想发展中却具有创作始基的关键作用，是揭示他早年心路历程和学衡派思想形成的珍贵历史文献。该文体现了汤用彤对儒典和史籍的熟读精思，深厚的国学根底，表现了他青年时代以至终生的道德关怀。文章以为道德人格的确立是立身行事乃至治国的根本所在，注重个人道德修养与国家盛衰的关系，认为道德危机比国家危机更为根本，主张家国盛衰，世运进退，皆以道德水准高低为枢机，并试图通过道德人格来改良世道人心，以挽救国家危机。由此可见，汤用彤早年已在关注道德人格与文化主体之间的关系问题，即怎样才能形成理想人格以担当文化救国的重任。这种以道德治理国家的理论，在当时社会条件下，虽显得过于理想化而难以实现，但不能忽视其正面的价值导向作用。在如何确立"道德人格"这一主调下，他从外来文化中国化的角度重点论述了新旧关系、家族主义与国家主义的关系、自由在中国传播过程中的异化、道德立国还是宗教立国等时代关键问题，提纲挈领地宣示了其试图熔铸古今中西文化之优长的初步尝试和学思理路。

以返本开新处理新旧关系

《道德为立国之本议》首先从尊重历史连续性的立场出发批判了激进派割裂新旧关系的危害。汤文所言使立国根本坏之有余的"瞑眩之药"，当是针对梁启超的"破坏主义"而言的。梁氏引《尚书》"药弗瞑眩，厥疾弗瘳"以说明"破坏"为首要的美德和救国良药："破坏犹药也。……破坏主义者，实冲破文明进步之阻力，扫荡魑魅魍魉之巢穴，而救国救种之下手第一著也。处今日而犹惮言破坏者，是毕竟保守之心盛，欲布新而不欲除旧，未见其能济者也。"变法失败后，梁启超发表《自由书·破坏主义》、《十种德性相反相成义·破坏与成立》、《新民说·论进步》等系列论著，宣传剧烈的"破坏"是历史发展的"必然"。

上述不破不立，只有"破坏"才能"进步"的机械思维方式和激进做法的危害，在辛亥后更为严重。汤用彤愤而断言："圣贤、豪杰数千年持之而不足者，小子、后生一旦坏之而有余。长此推演，泽水猛兽之祸之又至，必矣！"事实证明他的担忧不是多余的，而是深具前瞻性的洞见。如后来暴风骤雨般的运动中"破四旧"、"大义灭亲"等狂热，有甚洪水猛兽，给中华民族带来了深重灾难。如果说梁启超定下了激进主义处理"新旧"、"传统与现代"关系的基本框架，汤用彤则开启了保守主义在"新"与"旧"的平衡中处理"传统与现代"关系的方向。

……

清末民初在亡国灭种的危机下，如何整合一盘散沙的国民以救国的"合群"问题遂成为时代的显题，严复、康有为、梁启超、孙中山等人的政治观和伦理观都基本着眼于这一问题而展开。汤用彤该文的背景，正如他在1963年的《国庆感言》（未刊稿）中所说："在我年轻时，中国有瓜分灭种的危险。"爱国是其根本动机，但他认为"爱国"、"合群"必须立足于传统家庭的孝悌观才有成效，而不至于走向反面。汤用彤的这种理念是非常深刻的。如日本法西斯军国主义以"爱国"为口号的战争和独裁，就是用"忠君"、"爱国"替换了"孝悌"应有的位置。时人普遍认为"家族主义不足立于国家主义盛行之世"，汤用彤则从现实国情出发具体分析这种观点的缺陷，并阐发了家庭乃至家族观念对于国家建设的积极作用。在他看来，中国传统社会的一个特点是以家庭联合体的家族为基本，由家而国的结构。在观念上，就是家庭的孝悌上升而为国家的政治秩序，可以说孝悌思想是国体构成的理论基础。

批判"疑古"思潮，弥合文化断裂

当时正在兴起的"疑古"思潮引起了汤用彤的高度警惕，并借对待古代典籍的态度问题来批评这种风气："穿凿附会，以《周官》为非圣之学；割裂诡合，以《春秋》为改制之书。遂使制度典章，几无可信。"《周官》在汉初从民间发现，后更名为《周礼》，在《十三经》中列为"三礼"之首。传统观点以为《周礼》通过官制来表述治国方略，体大思精，非圣贤不能作，《周官》自是制礼作乐的周公亲定的官政之法。康有为的《新学伪经考》主张刘歆伪造古文经以助莽篡汉；《孔子改制考》则将孔子视为创教教主，改制圣王；《教学通义》认为："周、汉之间，无不以《春秋》为孔子改制之书。尊孔子者，不类后人尊孔子之道德，而尊孔子能制作《春秋》。"康有为也是托古改制，意在破除时人对传统的盲从，以便提倡变法，而非真正的学术研究。这种怀疑观念在民国初年仍占据学界主流。

汤用彤担心文化的断裂，并不赞同康有为一味强调孔子改制而遮蔽了儒家的道德精神。就此而言，他虽非古文经派，但认为今文经派在否定经典方面，师心自用，疑古过于勇猛，使人对史籍存疑不信，进而怀疑一切固有学术文化。他高瞻远瞩地预见这股风气将严重危害民族文化的传承。以后的事实也证明，此风与新文化运动合流，形成了席卷学界的带有浓烈反传统色彩的疑古思潮。以顾颉刚、胡适和钱玄同为代表的疑古派辨伪手段变本加厉，并有走向极端，滑向民族虚无主义的危险，对于重振民族精神和自信极为不利。

无独有偶，钱穆早年也对康有为的刘歆遍伪群经之说"深病其抵牾，欲为疏通"。钱穆出于与汤用彤相同的考虑，认为要扭转风气，必须匡正今文经派"穿凿附会"、"割裂诡合"的谬论，于是写成《刘向歆父子年谱》，发表于 1930 年 6 月《燕京学报》第 7 期。该文追本溯源，逐条指出康有为曲解史文之误及其原委，系统批驳了古文经系刘歆伪作之说。今文经派说刘歆造伪献媚主要是指《周官》一书，因而厘清《周官》的创作年代对于纠正此谬说就有关键意义。

钱穆又撰长文《〈周官〉著作时代考》刊于 1931 年 6 月《燕京学报》第 11 期，接续《年谱》中的思路，在确凿材料的基础上考证出《周官》成于战国晚期至汉代以前，既非周公所作，也非刘氏伪造。钱穆论证细密，以客观史实结束了经学的今古文之争，并洗清了刘歆伪造《左传》、《毛诗》、《古文尚书》、《逸礼》诸经的不白之冤。这种做法与汤用彤主张确考古籍年代并发掘其真价值以阐扬民族精神的主张自是心有灵犀。正因如此，汤用彤读罢钱文有大获吾心之感，其欢欣是不言而喻的。借此，我们才能理解汤用彤主动登门拜访钱穆并一见如故的缘由。

基于以上材料，说明道德在立人、立国之重要性。孔子的道德观是我们传承的根本所在。而立儒家宗教说的康有为之流是伪孔子学派，贻害后人。但作为汤用彤的学生任继愈老先生在儒学领域并没有传承其老师的学说，而是沿用了康有为的儒家宗教说，不得不说是值得研究的事情。

学者赵建永还在《汤用彤与现代中国学术》专著中谈道：

一个道德沦丧和失去文化主体意识的国家自然难以长久维持，即使无外敌入侵，也会在腐败中没落。因此，汤用彤以"变夏为夷，谓他人父"来抨击将国家导入歧途的西化。孟子说："吾闻用夏变夷者，未闻变于夷者也。"（《孟子·滕文公上》）汤用彤虽受到这一信念的影响，但他并非盲目信从，而是在对中外文化交流史客观研究的基础上，认定中国文化的本质特征和发展方向不会因外来文化而改变，因而他主张化西而非西化。

汤文中，"谓他人父"典出《诗经·王风·葛藟》，原诗云："绵绵葛藟，在河之浒。终远兄弟，谓他人父。谓他人父，亦莫我顾！"《毛诗序》释曰："《葛藟》，刺平王也。周室道衰，弃其九族焉。"全诗写流离失所，寄人篱下求乞的凄惨，即使觍颜认他人作父母也未获怜悯。汤用彤以此衬照文化主体性丧失后的悲哀。由是他认定"一国之兴亡，非系乎甲兵、政事，乃视乎道德之高下，尤视乎本国固有道德之存亡"。这是此后他一直坚持的基本看法。严复也是基于这种保持固有道德的认识，于1914年提出《导扬中华民国立国精神议》，批评变质的自由、民主观念，吁请政府调整国策，以传统的忠孝节义为立国精神。这项建议经参政院审议通过，并以总统令的形式颁布全国，但由于袁世凯的倒行逆施而未果。

对于与道德立国密切相关的宗教问题，汤用彤也从具体的国情出发给予了合理的解答。"中国国民无宗教观念，以致不振"是清末民初国内外学界较为普遍的看法。中国文化建设是否需要宗教参与，以及宗教的地位和作用问题，成为时代的重要课题。汤用彤该文的宗教观及其毕生的宗教研究都是对此问题的一个回应。1906年章太炎在东京留学生欢迎会上演说，提出中国最紧要的两件事，一是"用宗教发起信心，增进国民的道德"；二是"用国粹激动种性，增进爱国的热肠"。章太炎同年在《民报》第9号还发表《建立宗教论》，主张以佛教为基础建立无神无我的新宗教。汤用彤对章氏著述相当关注，在吸取其合理内核的同时，也常与好友就其中理论缺陷提出质疑，展开讨论。

汤用彤所首肯的宗教，不是某一具体教派，而是其中所蕴含的一种人类崇高的精神追求。他试图从佛教等宗教中汲取人格精神力量，既是对新人文主义倡导的从古典文化中寻求道德内在制约力的身体力行，也是服膺新人文主义的他努力寻求的精神动力和文化资源。他的宗教研究注重理想的主体性道德人格的形成以及崇高人格精神的道德感召作用，并欲以之作为中国文化重建的基石，充分体现了其深切的新人文主义关怀。这说明汤用彤主张道德精神论的信仰观，具体国情决定了中国文化向以道德为尊，无须宗教立国。但他强调佛教等宗教对于建立国人道德信仰世界的重要，就主体性道德人格为立国之本的问题提出了建言。

汤用彤对中国传统文化进行创造性的诠释和转换，赋予它新的时代意义，力图将其转化为实现现代化的精神动力。他的佛道教研究，发明了高僧和高士对卓绝人格和生命意义的执着追求，使他们的人文主义光芒免于雪藏，并启发今人在喧嚣尘世寻觅人生之终极价值以安顿生命。他从传统儒学中阐发出主体性道德人格在现代社会的实现路径，这将提醒国人在物质现代化中不失精神追求，在文明多元化中不断民族血脉。

以上资料表明，汤用彤在儒学立场上，是不可能持宗教一说的。虽然在研究佛教等领域，他认为宗教对于建立国人道德信仰世界很重要。

2016年5月20日《人民日报》发表评论员文章《加快构建中国特色哲学社会科学——三论学习习近平在哲学社会科学工作座谈会重要讲话》，指出：构建中国特色哲学社会科学，一是要体现继承性、民族性，二是要体现原创性、时代性，三是要体现系统性、专业性。习近平总书记概括的这3个主要方面特性，为构建中国特色哲学社会科学提供了总的遵循，为展现中国特色、中国风格、中国气派指明了努力方向。

体现继承性、民族性，就要善于融通古今中外各种资源，特别是要把握好三方面资源，马克思主义的资源、中华优秀传统文化的资源、国外哲学社会科学的资源，坚持古为今用、洋为中用，不断推进知识创新、理论创新、方法创新。同时，要加强对中华优秀传统文化的挖掘和阐发，使中华民族最基本的文化基因与当代文化相适应、与现代社会相协调，推动中华文明创造性转化、创新性发展，让中华文明同各国人民创造的多彩文明一道，为人类提供正确精神指引。只有坚持不忘本来、吸收外来、面向未来，坚定文化自信，才能提出体现中国立场、中国智慧、中国价值的理念、主张、方案。

注：此文为2016年参加"第十三届全国马克思主义论坛暨中国马克思恩格斯研究会年会"的论文，并被收入论文集；选入本书时，内容有删减。

道德——赢得人心的"制高点"

—————◎—————

习近平总书记在党的十九大报告中指出："培育和践行社会主义核心价值观。社会主义核心价值观是当代中国精神的集中体现，凝结着全体人民共同的价值追求。""深入挖掘中华优秀传统文化蕴含的思想观念、人文精神、道德规范，结合时代要求继承创新，让中华文化展现出永久魅力和时代风采。""加强思想道德建设。人民有信仰，国家有力量，民族有希望。要提高人民思想觉悟、道德水准、文明素养，提高全社会文明程度。广泛开展理想信念教育，深化中国特色社会主义和中国梦宣传教育，弘扬民族精神和时代精神，加强爱国主义、集体主义、社会主义教育，引导人们树立正确的历史观、民族观、国家观、文化观。深入实施公民道德建设工程，推进社会公德、职业道德、家庭美德、个人品德建设，激励人们向上向善、孝老爱亲，忠于祖国、忠于人民。加强和改进思想政治工作，深化群众性精神文明创建活动。"

早在 2014 年 5 月 9—10 日，习近平总书记在河南考察时强调，面对纷繁复杂的社会现实，党员干部特别是领导干部务必把加强道德修养作为十分重要的人生必修课，自觉从中华优秀传统文化中汲取营养，老老实实向人民群众学习，时时处处见贤思齐，以严格标准加强自律、接受他律，努力以道德的力量去赢得人心、赢得事业成就。

习近平总书记的话，掷地有声，寓意深刻，耐人寻味。道德建设是推动社会良性发展的永恒主题。

一、《素书》中关于道德的几个观点

关于道德，中外很多著作都有论述，其中有一本关于治国理政的书——《素书》不得不提。《素书》言简意赅，内涵深邃。宋代史学家张商英认为：即使尧、舜、禹、文王、周公、孔子、老子也无法超过它。而张良只不过用了《素书》中的十分之一二，就辅佐刘邦创建了大汉王朝。

《素书》的前三句："夫道、德、仁、义、礼五者一体也。道者，人之所蹈，使万物不知其所由。德者，人之所得，使万物各得其所欲。"张商英在解读《素书》的"道"时认为"道、德、仁、义、礼"合起来是一个整体，分开来是各自独立的个体。

二、人心是基，国家是楼

什么是人心？百度百科基本解释一为人的感情、智慧、觉悟、境界等；基本解释二为人之良心。《新解黄帝阴符经》关于人心的表述：天性，人也；人心，机也。立天之道，以定人也。"人心，机也"，人生成败的关键就在心，不在其他。心主导一切，心决定一切。人心不是静态的、一成不变的，有时每一个刹那都在变，那叫机。我们平常说某人心机好深，有城府，就是如此。有时人的起心动念，一天不知道上天堂、下地狱多少次，这是天地之心；有时会起一些贪念，就变成了明夷（黑暗）之心。"人心，机也"，人心变，机就出来了。人的起心动念，第一念可能是正确的，发善心；第二念就可能有自私自利的想法，不是善心了。就像《易经》中的无妄卦从第二爻开始就走偏了，无妄之疾接踵而来。这就是机，片刻不停。机一旦起来，就决定了后面的势。机顺着后面的势，就会发展成一个状况，像履霜变坚冰、潜龙变飞龙。所以要掌握人心，很难，因为人心时时在变。"人心，机也"，永远要跟上，永远要察机，知机察微。

人心千变万化，知人知面不知心，怎么能掌握到人心的变化呢？《易经·系辞》说"枢机之发，荣辱之主也"，要知机应变、随机变化、当机立断、见机而作。人心机动的变化，决定他最后如何做事。人与人彼此相互较量，胜负、吉凶、输赢、成败就是这么来的。

"天性，人也；人心，机也。"所以最值得注意的是人心，这一点可以说直接受《易经》的影响。真要了解天，要从人来了解；真要了解人，要从心来了解。人心才是决定性的因素。

当今世界，中西方展开激烈的较量，尤其在意识形态和军事领域。军事专家戴旭在《倾听未来战争的叩门声》一文中提出：传统军事概念正在被颠覆，原有信息化的军事内涵被突破，金属武器被植入芯片后正全面"心"智化，而非金属的信仰已在大国或非国家政治力量博弈中，成为战略性武器。如果说第六代战争的主要特征是"信息化"，那么，第七代战争的基本特征就是"网络化"。"网心战"主战样式和战略目标是"攻心为上"，虽然这是春秋战国时期就有的理想战争原则，但直到今天才成为有可靠技术保障的战略目标和战争样式。人类战争史的大部分篇章是铁血时代的图画，国家决胜在战场，杀伤的是有生力量，争夺的是有形财富；而当今网络时代，信息思想战登堂入室，战略目标是争夺人心。人心是基，国家是楼，基不稳，楼难固；得人心者得天下，"网心战"因此正成为大国博弈的主战样式。

问题是时代的声音，人心是最大的政治。习近平总书记一再告诫人们，"意识形态工作是党的一项极端重要的工作"。西方敌对势力的意识形态渗透无处不在，"颜色革命"的惨痛教训历历在目。只有自觉推动意识形态工作责任制的落实，才能任凭"狼子野心"作祟，"我自岿然不动"。

三、毛泽东、刘少奇、邓小平、习近平等国家领导人对道德的论述

毛泽东认为，社会主义道德建设重在宣传，重在教育，同时也要辅以必要的思想斗争。他指出："劳动人民中的缺点或者错误，是能够经过适当的政治工作，使他们加以克服或者改正的。"应坚定不移地宣传社会主义的道德观念。毛泽东强调，社会舆论应该发挥积极的导向作用，要弘扬正气，批评落后，要赞扬真善美，鞭挞假恶丑，要爱憎分明，公正公道，这样才能形成良好的社会主义道德风尚。

在社会主义道德建设实践中，毛泽东把无产阶级政党自身的道德建设作为整个社会道德建设的重心，这是毛泽东对马克思主义道德教育理论的一个重大贡献。第一，结合党的思想建设进行道德教育，是毛泽东建党思想的显著特色。党的思想建设，从根本意义上讲，就是包括道德品质的培养在内的思想理论建设。纵观毛泽东关于党的思想建设的全部论述和实践可以看出，进行马克思主义道德教育，培养党员和党的干部的良好道德品质，提高全党的道德水平，是党的思想建设中不可缺少的内容。第二，结合党风建设进行道德教育。毛泽东在马克思主义建党史上第一个提出了"党风"的概念，并且指出要搞好革命和建设事业，就要有一个好的党风、好的军风、好的民风，归根到底要有一个好的党风。因为，"只要我们党的作风完全正派了，全国人民就会跟我们学"。党风正派，就会带动全国道德风气朝着健康的方向发展；党风不正，就会把全民族的风气搞糟。毛泽东在党的七届二中全会报告中及时地告诫全党，中国革命胜利以后的路程更长，工作更伟大、更艰苦，因此务必保持党的优良作风。1956年，在党的八大的开幕词中，毛泽东又一次指出，在我们的许多同志中，仍然存在着违反马克思列宁主义的观点和作风，必须用加强党内的思想教育的方法，大力克服我们队伍中的这些严重的缺点。在党的这次大会上，"遵守共产主义道德"被当作党员的义务写进党章。

刘少奇强调党员在实践中加强锻炼和修养的同时，也强调党员发挥主观能动性，加紧学习，进行自我教育、自我修养和自我改造。他指出："革命者要改造和提高自己，必须参加革命的实践，绝不能离开革命的实践；同时，也离不开自己在实践中的主观努力，离不开在实践中的自我修养和学习。如果没有这后一方面，革命者要求得自己的进步，仍然是不可能的。"因为"革命者在革命斗争中的主观努力和修养，对于改造和提高革命者自己，是完全必需的，决不可少的"。

刘少奇使用了"慎独"这一儒家的修身术语，来比喻党员自我修养的自觉和境界，"即使在他个人独立工作、无人监督、有做各种坏事的可能的时候，他能够'慎独'"，意指在无人监督的情况下，共产党员也应能以高度的自觉，保持党性的纯洁。慎独是一种高度自觉的修养状态，也是一个渐进的修养过程。批评与自我批评是通往慎独的第一步。批评与自我批评是外在监督与内在自觉的统一。一个党性坚强、心地无私的共产党员，一定是坦荡磊落的，"他不畏惧别人的批评，同时他也能勇敢地诚恳地批评别人"，并通过批评与自我批评逐渐把外在监督转化为内在自觉，从而达到慎独的境界。

邓小平在关于建设社会主义核心价值体系的重要论述中表明：我们一定要在全党和全国范围内有领导、有计划地大力提倡社会主义道德风尚，热爱社会主义祖国，提高民族自尊心，还要进行坚持社会主义道路、反对资本主义腐蚀的革命品质教育。

邓小平在 1980 年 1 月 16 日的《目前的形势和任务》中指出：在长期革命战争中，我们在正确的政治方向指导下，从分析实际情况出发，发扬革命和拼命精神，严守纪律和自我牺牲精神，大公无私和先人后己精神，压倒一切敌人、压倒一切困难的精神，坚持革命乐观主义、排除万难去争取胜利的精神，取得了伟大的胜利。搞社会主义建设，实现四个现代化，同样要在党中央的正确领导下，大大发扬这些精神。如果一个共产党员没有这些精神，就决不能算是一个合格的共产党员。不但如此，我们还要大声疾呼和以身作则地把这些精神推广到全体人民、全体青少年中间去，使之成为中华人民共和国的精神文明的主要支柱，为世界上一切要求革命、要求进步的人们所向往，也为世界上许多精神空虚、思想苦闷的人们所羡慕。

2013 年 9 月 26 日，习近平会见第四届全国道德模范及提名奖获得者时的讲话指出："道德是社会关系的基石，是人际和谐的基础，要始终把弘扬中华民族传统美德、加强社会主义思想道德建设作为极为重要的战略任务来抓，为实现中华民族伟大复兴的中国梦提供强大精神力量和有力道德支撑。""构建社会主义和谐社会，需要有鲜明的社会价值导向，以此引领和保证全体人民有共同的道德遵循，整个社会有稳定的内在秩序。"

2014 年 5 月，习近平在与北京大学师生座谈时指出："一个人只有明大德、守公德、严私德，其才方能用得其所。修德，既要立意高远，又要立足平实。要立志报效祖国、服务人民，这是大德，养大德者方可成大业。同时，还得从做好小事、管好小节开始起步，'见善则迁，有过则改'，踏踏实实修好公德、私德，学会劳动、学会勤俭、学会感恩、学会助人、学会谦让、学会宽容、学会自省、学会自律。""核心价值观，承载着一个民族、一个国家的精神追求，体现着一个社会评判是非曲直的价值标准。"

2013 年 11 月，习近平在孔府和孔子研究院考察时指出，"对历史文化特别是先人传承下来的道德规范，要坚持古为今用、推陈出新，有鉴别地加以对待，有扬弃地予以继承"。中华传统美德是中华文化的精髓，蕴含着丰富的思想道德资源，其倡导和形成的一整套基本道德规范，是涵养社会主义核心价值观的重要源泉。例如，"仁者爱人"的仁爱观、"见利思义"的义利观、"履中致和"的中和观、"民胞物与"的自然观，"己所不欲，勿施于人"的忠恕之道、"约之以礼"的道德情怀、"敬信修睦"的伦理要求、"德""智""勇"统一的君子人格、"吾日三省吾身""见贤思齐"的修身之道等等，这些积极向上的道德追求，对于培育和弘扬社会主义核心价值观具有重要借鉴价值。

四、法律是成文的道德，道德是内心的法律

在绵延五千多年的历史进程中，中华民族创造了灿烂的政治文化。德治、法治的思想和实践贯穿中国历朝历代，德法合治是中华政治文明的瑰宝，是中国古代王朝兴衰更替的基因密码。

在古巴比伦文明、古埃及文明、中华文明、古印度文明等四大文明中，唯一未中断发展而一脉相承的是中华文明。在中华政治文明产生儒家、法家之学的时候，才在地中海产生了把古巴比伦文明和古埃及文明相结合的古希腊文明。古希腊文明因缺少原创性，故只能视为亚文明，其地位不能与四大文明相提并论。在此后二千五百多年的发展中，以古希腊文明为源头形成了英美法系和大陆法系，以其他三大古文明为源头形成了阿拉伯法系、印度法系，以中华文明为渊源形成了中华法系。国家治理模式迄今大致可分三种：一种是以英美法系、大陆法系为代表的法律＋宗教模式，一种是以阿拉伯法系、印度法系为代表的法律与宗教合一模式，第三种则是由中华文明独创而在东方国家得到实践的法治＋德治模式。

自商纣灭亡之后，中国的先哲发现"敬天""祀神"不如"敬德"，从而完成了从宗教政治向世俗政治的转变。此后三千年，神权从未取得过对政权和世俗的统治地位，"修齐治平""内圣外王""德才兼备"一直是中国"贤能政

治"的基本要求。德治和法治相结合一直是中国历代政权治国理政的基本方式。无须借助宗教，就能解决人的终极精神需求和行为选择，这是中华文化的优势所在。

2016年12月9日，中共中央政治局进行主题为"我国历史上的法治和德治"的第37次集体学习，习近平主持学习并发表重要讲话。讲话深刻揭示了法治与德治的辩证关系，丰富和发展了马克思主义关于法律与道德关系的理论，阐明了在新的历史条件下如何坚持依法治国和以德治国相结合，为我们坚定不移走中国特色社会主义法治道路指明了方向。

习近平指出，法律是成文的道德，道德是内心的法律。法律和道德都具有规范社会行为、调节社会关系、维护社会秩序的作用，在国家治理中都有其地位和功能。法治，就是强调法律的权威性和强制性，用法律准绳规范社会行为、社会生活、国家治理。德治，以其理性和情感的说服力和劝导力提升社会成员思想道德觉悟，用道德引导规范社会成员行为，调节社会关系。早在十年前，习近平还在浙江工作时就对法律与道德的关系，作出法治与德治如车之两轮、鸟之双翼的高度概括。古往今来，法治是治国理政不可或缺的重要手段，但是，法治也不是万能的，治国理政仅靠法治这一手段是不够的。

要强化道德对法治的支撑作用，就要提到人们对法律的认同和对法律的遵守。人们对法律的认同，根本上是对其蕴含的道德价值的认同；人们对法律的遵守，更重要的是思想觉悟的提升。坚持依法治国和以德治国相结合，就是要发挥道德对良知的教化作用，提高社会文明程度，为法治创造良好的人文环境。一方面，要在道德体系中体现法治要求。守法是人类最美好的品德。法律是最低层次的道德，道德是更高层次的法律，道德对法治具有滋养作用。另一方面，在道德教育中要突出法治内涵，特别要针对我国人情积习厚重、规则意识淡薄的情况，注重培养人们的法治信仰、法治观念、规则意识，引导人们自觉履行法定义务、社会责任、家庭责任，营造全社会都讲法治、守法治的文化环境，注重在文化传承中涵养法治精神。

五、美德"家国同构"，国风之本在家风

"家国情怀"一词看上去有些抽象，但却蕴含着十分丰富的价值观念和理想追求。古往今来，深明大义的读书人，通过一言一行生动和形象地告诉我们何为家国情怀。

既为家国情怀，当然要把"家"和"国"这两个维度密切结合起来。用儒学的话来说，就是要修身齐家治国平天下。换言之，家国情怀是齐家治国的情怀。《论语·宪问》中"修己以安百姓，尧、舜其犹病诸"的语句，就是对这种精神的经典概括。《大学》有云："古之欲明明德于天下者，先治其国；欲治其国者，先齐其家；欲齐其家者，先修其身。"这段论述深刻表述了中国传统文化中修身、齐家、治国、平天下的观念。

按照这种观念和精神，个人只有完善自身修养，才能把家庭治理有序，而家庭秩序井然是国家安定的基础。"修齐治平"，只有提高自身修为，才能治理好国家，安抚天下百姓苍生。可见，个人修养与社会良知、社会担当和社会责任紧密联结在一起，在治理国家中的重要性不言而喻。家国情怀通过家与国的结合，提倡个人道德自律与国家治理的结合，个人价值与社会价值的结合，这为读书人树立了明确的理想追求，从而使自我道德约束与个人奉献社会的理想追求有机融合在一起。

"天下之本在国，国之本在家，家之本在身。"对领导干部来说，家风关系的不仅是一身之进退、一家之荣辱，更关系到党风、政风、国风。"一心可以丧邦，一心可以兴邦，只在公私之间尔。"

家风坏，腐败现。中华民族历来重视家庭。正所谓"天下之本在家"，尊老爱幼、妻贤夫安、母慈子孝、兄友弟恭、耕读传家、勤俭持家、知书达理、遵纪守法、家和万事兴等中华民族传统家庭美德，铭记在中国人的心中，融入中国人的血脉中，是支撑中华民族生生不息、薪火相传的重要精神力量，是家庭文明建设的宝贵精神财富。

家风是社会风气的重要组成部分。家庭不只是人们身体的住处，更是人们心灵的归宿。家风好，就能家道兴盛、和顺美满；家风差，难免殃及子孙、贻害社会，正所谓"积善之家，必有余庆；积不善之家，必有余殃"。

家庭是社会的细胞。家庭和睦则社会安定，家庭幸福则社会祥和，家庭

文明则社会文明。历史和现实告诉我们，家庭的前途命运同国家和民族的前途命运紧密相连。我们要认识到，千家万户都好，国家才能好，民族才能好。国家富强，民族复兴，人民幸福，不是抽象的，最终要体现在千千万万个家庭都幸福美满上，体现在亿万人民生活不断改善上。同时，我们还要认识到，国家好，民族好，家庭才能好。当前，全党全国各族人民正在实现"两个一百年"奋斗目标、实现中华民族伟大复兴中国梦的新长征路上砥砺前行。只有实现中华民族伟大复兴的中国梦，家庭梦才能梦想成真。

六、道德改良人心，三论儒学不是宗教

道德改良人心，儒学与道德、宗教之间的关系如何？透过《吴宓与陈寅恪》一书记载的"又同年十二月十四日日记，记有寅恪伯父与父亲之间的一次纵论中、西、印文化的极其重要的谈话"，可见其主要观点。

从吴宓与陈寅恪的谈话中，笔者摘要概括了六点：其一，"耶教若专行于中国，则中国立国之精神亡。且他教尽可容耶教，而耶教尤以基督新教为甚，决不能容他教。谓佛、回、道及儒（儒虽非教，然此处之意，谓凡不入耶教之人，耶教皆不容之，不问其信教与否耳）。必至牵入政治，则中国之统一愈难，而召亡益速。此至可虑之事"。其二，"儒学非宗教"。其三，"今之留学生，动以'耶教救国'为言，实属谬误。"其四，"中国家族伦理之道德制度，发达最早"。其五，"在对待祖国传统文化的问题上，不赞成胡适、陈独秀等的全面抨击、彻底否定、破旧立新，而主张昌明国粹，融化新知，重视传统与现代之间的继承性，在现有的基础上完善改进"。其六，"救国救世，惟在改良人心，提倡道德。惟道德之增进，为真正之改革"。

儒学是否是宗教？中国人民大学的陈先达教授于 2017 年 5 月 15 日在《北京日报》发表——《"文化决定论"是不对的》文章，其中指出：从历史上看，中国不同的朝代可以支持不同的宗教或学说，例如汉代重黄老、唐代重佛教，但从总体上说，儒学在封建社会中一直处于主导地位。这并不是因为它是宗教，发挥宗教信仰作用，而是因为它的学说内容符合封建时代治国理政、教民化俗的需要。中国近代虽然有人把儒学宗教化，倡导建立孔教，但难成气候。

儒学的宗教化是逆历史潮流的思潮，在社会主义中国是不可能实现的。儒学的世俗化，在封建社会并非以宗教形式成为民间的宗教信仰，而是靠民间乡绅和宗法制度支撑，并以乡规民约的方式施行，凝集在人们的人伦日用、风俗习惯之中。

儒家学说变为儒教或孔教，就会丧失它作为中国传统文化核心的崇高地位，变为一种宗教教派。如果人们崇拜孔子，把他作为神而不是作为圣人，把《论语》作为"圣经"而不是作为文化经典，把祭孔变为祭神，孔子从人间升入天国，儒学从思想智慧变为永恒不变的教义，这不是提升儒学，不是尊敬孔子，而是将孔子变为三炷香、两根蜡烛就可以打发的泥塑偶像。这是对孔子和儒学最大的伤害。

儒家学说的重大作用是教化，而不是神化。虽然儒家学说关于天、关于天命的观点也有超越世俗的神圣性，但只是其中的极小部分，绝大部分都是世俗性的教化。

时至近代，诸多学者以"内圣外王之道"为中国传统文化之精神所在，如梁启超、熊十力、冯友兰都以"内圣外王之道"为"中国哲学之精神"。汤一介认为："内圣外王之道"如果理解为内在的道德修养必见于外在的伦常事功上，这是很有价值的。我们考察中国历史上的先哲们，多以此为立身行事之目标。也许张载的"为天地立心，为生民立命，为往圣继绝学，为万世开太平"，最能表现"内圣外王"之真精神。……人类社会是一个复杂的统一体，它至少由三个方面共同运作才可以维持，即经济、政治、道德（当然还有其他方面，暂且不论）。

曾几何时，西方反华势力大力唱衰中国，调集各方媒体大肆渲染中国社会道德沦丧，世风日下，企图推动"颜色革命"。党的十八大以来，反腐利剑打击了无数大小"老虎"和"苍蝇"，使当前的社会风气大为改变。2017年上半年，《人民的名义》电视剧刷爆网络，说明人民群众对党员领导干部道德问题的关注度非常高。面对西方宗教势力在中国农村、高校大肆蔓延扩张，一股借宗教改良中国人的道德观的声音很大。在中国无神论学会，依然有个别重量级的学者把儒教列为宗教，加以抨击，这不得不令人担忧。中国自古以来就是"礼仪之邦"，而社会风气的净化，需要一个过程，需要回归传统。2017年1月25日，中共中央办公厅、国务院办公厅印发《关于实施中华优秀传统文化传承发展工程的意见》。以习近平同志为核心的党中央在加强马克思主义道德理论建设的同时，大力弘扬优秀传统文化，倡导传统道德，反腐倡廉，在全社会树立道德模范，评选全国文明家庭，并率先垂范。我们有理由相信，我们国家将在道德领域大踏步前进，实现中华民族伟大复兴！

2017 年 9 月 29 日，新华社发表长篇社论《构建复兴伟业的精神坐标——以习近平同志为核心的党中央关心精神文明建设纪实》。9 月 30 日，新华社再次发表长篇社论《立德铸魂　凝心聚力——党的十八大以来精神文明建设成就综述》，开篇说道："一个国家昂扬前行，离不开强大的精神支撑；一个民族生生不息，离不开丰润的道德滋养。党的十八大以来，精神文明建设工作深入贯彻落实习近平总书记系列重要讲话精神和治国理政新理念新思想新战略，以培育和践行社会主义核心价值观为根本，引导推动全社会树立文明观念、争当文明公民、展示文明形象。更加坚定的主流价值、更加高扬的道德旗帜、更加清朗的社会风气，聚合起中华儿女同心同德的磅礴伟力，为实现'两个一百年'奋斗目标和中华民族伟大复兴的中国梦而不懈奋斗！"

2017 年 11 月 17 日，新华社报道《习近平会见全国精神文明建设表彰大会代表》，中共中央政治局常委、中央文明委主任王沪宁在表彰大会上讲话表示："习近平总书记亲切会见全体与会同志，充分体现了总书记对社会主义精神文明建设的高度重视，对精神文明建设战线同志们的殷切关怀。5 年来，社会主义精神文明建设取得了历史性成就、发生了历史性变革，根本在于以习近平同志为核心的党中央坚强领导，在于习近平新时代中国特色社会主义思想科学指引。在新时代抓好精神文明建设，要把学习宣传贯彻党的十九大精神作为首要政治任务，重中之重是加强习近平新时代中国特色社会主义思想的学习教育和宣传阐释。要积极培育和践行社会主义核心价值观，加强理想信念教育，大力弘扬中华优秀传统文化、革命文化、社会主义先进文化，深化群众性精神文明创建活动，坚持以人民为中心的工作导向，注重典型示范引领，更好构筑中国精神、中国价值、中国力量。要加强党的领导，推动各项工作改进创新，激励人们为实现党的十九大确定的目标任务而奋斗。"

注：此文为 2017 年参加"第十四届全国马克思主义论坛暨中国马克思恩格斯研究会年会"的论文；选入本书时，内容有删减。

再论道德——赢得人心的"制高点"

———— ◎ ————

2018 年全国两会期间，习近平总书记参加重庆代表团审议时强调，领导干部要讲政德。政德是整个社会道德建设的风向标。立政德，就要明大德、守公德、严私德。明大德，就是要铸牢理想信念、锤炼坚强党性，在大是大非面前旗帜鲜明，在风浪考验面前无所畏惧，在各种诱惑面前立场坚定，这是领导干部首先要修好的"大德"。守公德，就是要强化宗旨意识，全心全意为人民服务，恪守立党为公、执政为民理念，自觉践行人民对美好生活的向往就是我们的奋斗目标的承诺，做到心底无私天地宽。严私德，就是要严格约束自己的操守和行为。所有党员、干部都要戒贪止欲、克己奉公，切实把人民赋予的权力用来造福于人民。要把家风建设摆在重要位置，廉洁修身，廉洁齐家，防止"枕边风"成为贪腐的导火索，防止子女打着自己的旗号非法牟利，防止身边人把自己"拉下水"。

一、马克思主义道德观与中华传统美德相结合是时代发展的必然要求

道德是"人们之间利益关系的反映和体现，从其深层本质来看，是人类为了满足自身的发展和完善的需要以及社会稳定和谐的需要，在个人欲望的满足和社会和谐之间确立的一种平衡机制"。如此，道德便是人际关系和社会关系之间的权衡。而道德观则是人们对自身、对他人、对世界所处关系的系统认

识和看法。道德观的正确与否决定了自然人在不破坏社会和谐的前提下如何更好地满足自我需要。马克思主义道德观所蕴含的实质是在马克思主义指导下，人们关于如何正确、科学以及客观处理人与人、人与自然或人与社会之间的关系所能达到的认知和看法。

马克思认为道德建立在经济基础之上，是社会意识形态的重要组成部分，属于上层建筑范畴。不同的时代、不同的文化、不同的阶级往往具有不同的道德观。其中道德批判和道德实践是马克思主义道德观中最重要的两个组成部分。道德批判和道德实践成了马克思主义道德观的两件利器，不仅拨开云雾，揭示了资本主义"人剥削人"的本质，描绘了实现共产主义社会的路径，也为后来的马克思主义者们发展和完善马克思主义道德观提供了思路和便利。

如果说马克思主义道德观是马克思本人的道德判断标准，那么广义的马克思主义道德观则是对整个社会道德发展的认识。在马克思看来"人人自由而平等"的"大道"才是共产主义社会最高级别的道德要求。

在马克思看来，实现社会公平正义最关键的是实行社会生产关系的合理化调整或变革，只有消除私有制、消除剥削、消除压迫……社会制度才是公正合理的制度。公平正义是社会主义核心价值观的价值要求，是实现伟大复兴中国梦的道德要求，是中国特色社会主义制度的本质要求。保障每一个公民的合法权益，实现好、维护好、发展好最广大人民的根本利益是社会主义中国追求的目标，这也是与马克思主义道德观高度契合的价值目标。

在《资本论》中，马克思认为信用经济是商品经济发展到一定阶段的必然产物，良好的信用关系的建立，能促进经济健康发展。马克思不仅从经济关系上对信用进行分析，更认为信用是道德伦理层面的重要一点。现代资产阶级更是打着自由、平等、公正、法治的旗帜来欺骗被压迫的工人群众，企图用谎言来缓和与工人阶级的矛盾。在中国特色社会主义制度条件下，诚信不仅是经济健康运行的一个重要准则，更是维持社会稳定的一个重要价值要求。在文化上，诚信是中华民族高尚情操的体现，正所谓："人无诚信不立，家无诚信不和；业无诚信不兴，国无诚信不宁。"马克思主义道德观的诚信原则对于指导中国特色社会主义经济、政治和文化建设具有非常重大的意义。

《共产党宣言》中就包含着丰富的社会和谐思想，例如把"农业和工业结合起来，促使城乡对立逐步消灭"，消灭城乡对立，提倡社会和谐等，马克思认为的和谐社会是没有剥削和压迫的和谐社会。"人民是历史的创造者，群众是真正的英雄"，影响社会和谐的各种社会问题也都是与人民切身相关的问题，实现社会和谐归根到底要靠人民群众来推动。党的十九大把"坚持以人民为中心"作为基本方略的重要原则和组成部分，再次彰显了我们党作为马克思主义执政党的根本宗旨、根本性质和始终与人民心连心、同呼吸、共命运的态度与本色。

在当代中国，坚持马克思主义道德观与中华传统美德相结合对于促进马克思主义的进一步中国化、丰富和发展社会主义核心价值体系的深刻内涵、提高国家文化软实力具有重要意义。坚持马克思主义道德观与中华传统美德相结合，立足于中国现实，是适应人的全面发展的需要、中华传统美德走向现代化的需要、建设社会主义先进文化的需要。

二、弘扬中华优秀传统文化及道德观，不忘民族血脉，筑牢民心

儒家思想代表了中国人的核心价值观，这套核心价值观和中国人生存的历史环境、历史条件、生产方式、交往方式是融合在一起的，因此符合当时中国社会的需要，成为中国文化的主体部分。

北大季羡林教授说："全世界都承认，中国是伦理道德的理论和实践最发达的国家。中国伦理道德的基础是先秦时期的儒家打下的，在其后发展的过程中，又掺杂进来了一些道家思想和佛家思想，终于形成了现在这样一个伦理体系，仍在支配着我们的社会行动。"

季羡林教授多年一直在考虑一个问题，即人生一世，必须处理好三个关系：第一，人与大自然的关系，也就是天人关系；第二，人与人的关系，也就是社会关系；第三，个人身、口、意中正确与错误的关系，也就是修身问题。这三个关系紧密联系，互为因果，缺一不可。

他认为，谈伦理道德问题，三个关系处理好，人类才能顺利发展，社会才能阔步前进，个人生活才能快乐幸福，这是最高的道德。其余那些无数的、

繁琐的道德教条都从属于这个最高道德标准。

美籍华人儒学家成中英说:"儒家哲学是一套贯通上下左右的体系:从观察自然事物到反思人的心性,孔子认识到人与自身、人与他人、人与天地的一贯之道。"这与季羡林教授的思考趋于一致。

2017 年 11 月 18—19 日,中国文化院、北京三智文化书院共同主办"第二届中国阳明心学高峰论坛",许嘉璐先生发表了题为《阳明心学的落地与升华》的主旨演讲。他说:"幸而世事因果相依,自有其理,孰料 20 世纪末以来,越来越多的人察觉人心惟危,道心惟微,人类日益陷入种种万劫不复的危险之中。作为中华民族的子孙,所幸的是自己文化的血脉未绝,坚守传统美德的城乡人民所在多有,况且领导中国走向富强的中国共产党具有引导全国各族人民恢复并增强文化自信、自觉的力量,于是王阳明又显现了他那伟岸的身影,东亚上空又传出了振聋发聩的声音。阳明之学的弘扬,现在正当其时:人人需要,社会需要,国家需要,也可以说世界需要。尤其是对东亚几国来说,把积存或沉睡在个人和集体记忆中的'良知'唤醒,是解决当前种种家庭的、社会的、国际的风险和危机不可或缺的课题。"

中国文化中对人生、对现实、对社会的关注总是第一位的。中国没有西方意义上的神学传统,中国今天的实践理性背后是中国文化的世俗性。

"君子所以异于人者,以其存心也。君子以仁存心,以礼存心。仁者爱人,有礼者敬人。爱人者,人恒爱之;敬人者,人恒敬之。"《离娄章句·下》中孟子此言告诉我们,还是要从君子之心中探寻仁、礼、爱、敬的天道天威与民心民意。

仁者无敌。孟子说:"桀纣之失天下也,失其民也;失其民者,失其心也。得天下有道:得其民,斯得天下矣;得其民有道:得其心,斯得民矣;得其心有道:所欲与之聚之,所恶勿施,尔也。"孟子正道得简约且相当纯洁,他的文化理想主义与道德理想主义,讲得到家。人性向善,人心思善,君王为善,就是仁政,就能建成人间乐园。

学者马平安在《中国传统政治的基因》中说:"如何才能顺民心,得民心?这涉及如何看待民情、民欲问题。""治民之道的纲是顺民性、从民欲。""为了顺从民欲、民情,《吕氏春秋》的作者提出君主要有爱民之心,实行德政。《精通》说:'圣人南面而立,以爱利民为心。'"

陈先达教授认为，以儒学为主导的中国传统文化的本质是人文文化，它最关注的是现世而非来世，是人间而非天堂——它是人的文化，而非神的文化。宗教的超越性和神圣性往往引导人们与现实相脱离，马克思是极力反对神性化的文化的，他说，"废除作为人民幻想的幸福的宗教，也就是要求实现人民的现实的幸福。要求抛弃关于自己处境的幻想，也就是要求抛弃那需要幻想的处境"。中国历来不是政教合一、皇权与神权共治的国家。传统中国的治国理政、立德教民，是依据思想家的教导和智慧，而非神谕或上天启示。在中国，战国时期诸子百家和历代思想家的学说主要是现世的智慧，无关来世。范仲淹的"居庙堂之高则忧其民，处江湖之远则忧其君"和张载的"为天地立心，为生民立命，为往圣继绝学，为万世开太平"体现的都是这种世俗精神、入世情怀。

但其实，中华传统文化的现实关怀，并非没有超越性和神圣性。中华传统文化把勇于为国家、为民族而牺牲视为最高价值，其自身就包含超越性，即超越个人的利益，心中有"大我"而不是"小我"；具有神圣性，因为它怀有崇高的理想和信仰，杀身成仁、舍生取义、以身殉道、以身殉国，而不是临难苟免、贪生怕死。中华民族没有发生过宗教战争，也没有宗教殉教者，没有对宗教战争杀戮者的赞美，有的则是对为国牺牲者的歌颂。

全国政协民族宗教委主任朱维群认为，在某种意义上，中国人的道德规范可以分为世俗道德和宗教道德两类。在中国传统哲学的人本主义精神作用下，世俗道德一直是中国人道德建设的主要支撑，比如中华传统文化中的"忠孝节义""孝悌忠信礼义廉耻"乃至今天倡导的社会主义核心价值观等，都属于世俗道德，我们民族历史上的仁人志士，大多数是在世俗道德的熏陶下长成的。

如果不以中华优秀传统文化和优秀道德来涵养中国人，没有对中华优秀传统文化和优秀道德传统的继承，就培养不出有高度文化素质和道德素质的中国人与无法建成一个具有高度发达文明和文化的新中国。

三、历史辩证地看待马克思主义与中华传统文化、儒学的关系

江西省社会科学院副研究员卢根源博士在《第十三届全国马克思主义论坛暨中国马克思恩格斯研究会年会论文集》发表的论文《〈易经〉是马克思主义生态思想的理论来源研究论纲》提到：

> 考古发现，《易经》在三千两百多年前已传入希腊。文献记载，16世纪《易经》译为拉丁语及法文传入西欧；18世纪中国哲学已进入德国大学课堂，黑格尔讲授中国哲学。马克思主义产生于19世纪中叶，此时《易经》的哲学思想已经渗透到西方学术领域。为此，通过比较研究发现，马克思恩格斯在研究资本主义导致的"天灾"和"人祸"时，呈现出来的生态思想，所蕴含的"天人合一"的哲学观念，是《易经》的哲学观念，而不是西方传统的"主客二分"、"天人对立"的哲学观念。这有力证明了《易经》是马克思主义生态思想的理论来源。

习近平总书记非常重视加强和深化国学研究，同时也非常重视巩固马克思主义的指导地位。《易经》是国学之源，要加强和深化国学研究，必须在加强和深化《易经》研究的同时巩固马克思主义的指导地位，认识《易经》与马克思主义之间的关系。"生态"是认识《易经》与马克思主义之间关系的纽带，尝试研究《易经》与马克思主义生态思想之间的关系，并通过两者的比较研究可以得出结论：《易经》是马克思主义生态思想的理论来源，有利于解决现实中存在的各种思想上的认识问题，特别是在思想上认识到马克思主义植根于"中华文化沃土、反映中国人民意愿、适应中国和时代发展进步要求，有着深厚历史渊源和广泛现实基础"。而《易经》是儒家经典，因此，我国在意识形态领域坚持以马克思主义为指导，符合我国国情，与儒家思想并不矛盾。巩固马克思主义在意识形态领域的指导地位，正是说明我们弘扬以《易经》为源的中华文化，是为了不走资本主义邪路（即西化），从而在实践上坚定走中国特色社会主义道路，进而维护我国政权和社会稳定。这样，弘扬以《易经》为源的中华文化，是为了更好地巩固马克思主义的指导地位；巩

固马克思主义的指导地位，有利于更好地弘扬以《易经》为源的中华文化。因此，以生态为纽带，从学理上阐释《易经》与马克思主义之间的渊源关系，马克思主义在中国才会有文化的根基，这是实现马克思主义在中国生根的重要途径。

中国人民大学陈先达教授谈道：与中国共产党密不可分的就是马克思主义在意识形态领域的指导地位。马克思主义的指导地位，究竟是有利于创新性发展中华传统文化，还是阻碍中华传统文化的发展？在有些人看来，马克思主义是西方学说，是异质文化，在中国，马克思主义与中华传统文化的"文化冲突"不可避免，它是近代中华文化传统断裂的根本原因。其实，就文化而言，马克思主义的传入，提供了审视中华传统文化，辨别精华与糟粕，正确处理继承与创新、传统与现代化的科学态度，有力反对文化虚无主义、反对全盘西化主义和复古守旧的保守主义，从理论上阐述了中华传统文化的精神特质和可继承性。党的十八大以来，习近平总书记对如何对待中华传统文化作过一系列重要论述。事实证明，马克思主义不是贬低中华传统文化，而是提升中华传统文化在世界文化中的地位，是中华文化沿着正确方向发展的导向和推进器。

中国特色哲学社会科学的构建，不仅要立足中国实际，面对当代中国问题，而且应该充分利用中华传统文化的思想资源和历史上的实践经验。无论是马克思主义哲学、马克思主义经济学、马克思主义法学、马克思主义史学理论，以及马克思主义政治学或社会学、管理学、人口学，都可以从中华传统文化中吸取智慧和启发。中国哲学中包含丰富的唯物主义和辩证法思想以及关于人和人性的探索；中国经济史和经济学说思想史、中国法制史和司法实践史、中国政治制度史和历代治国理政学说，以及著名思想家著作中与上述学科的相关论述和历史上的实践经验，都可以通过批判地总结、吸收和改造，成为构建中国特色哲学社会科学的思想资源。构建当代中国特色哲学社会科学，如果割断它与中华传统文化的关系，只能永远当西方相应学科的理论和话语的搬运工，具有中国特色的本土化的哲学社会科学就难以建立。

四、儒学伦理哲学与道德立国，民心所向

季羡林说：

> 多少年来，我个人就有个想法。我觉得，儒家伦理道德学说的重点不在理论而在实践。先秦儒家已经安排好了的：格物、致知、诚意、正心、修身、齐家、治国、平天下，是大家所熟悉的。

清华大学国学研究院院长陈来说：

> 儒家的治国理想，我们分五点来讲，即以人为本，以民为本，以德治国，以修身为本，以家庭为本。

成中英谈道：

> 儒家理想的政治体制是以民为本的圣王治理。圣王之为圣王有三个要素：第一，有完美的道德情怀，无私地关心百姓的待拯处境；第二，有智能与能耐解决或帮助解决社群面临的公共问题或灾难；第三，百姓表示听从有能有德者的组织安排，接受领导以发挥解决公共问题的作用。

复旦大学中国研究院院长张维为教授谈道：

> 中国今天的政党也不是西方意义上的政党。中国执政党本质上是中国历史上统一的儒家执政集团传统的延续，而不是代表不同利益群体进行相互竞争的西方政党。

纵观人类历史，最常见的合法性就是历史合法性。一个"文明型国家"数千年形成的政治理念和历史传承是最大的合法性来源。中国政权合法性形成的时候，今天西方的绝大多数国家尚不存在。这种历史合法性的最大特点就是"人心向背"的治国理念和"选贤任能"的政治传统，这是中国在数千年历史

的绝大部分时间内都远远领先西方的关键所在，是中华民族政治智慧的体现，也是中国模式超越西方模式的核心竞争力之一。

成中英说：

> 我对儒家的伦理哲学有两个重要的表述：一是基于对孔孟的认识所重建的德性体系，一是对整体人类伦理学（human ethics）的发展与儒家德性伦理的定位。就前者而言，我们都知道孔子以仁为人之本，以人为社会国家之本。
>
> 我的对仁的理解与认识是本体性的，仁为本，但仁也是仁本发展出来的仁体，故有子说"君子务本，本立而道生。孝弟也者，其为仁之本与！"（《论语·学而》）其精神在体现仁为基于孝悌推展出来的体性。
>
> 事实上，以仁为本，以仁为体，其最高的境界与理想就是与天下万物一体之仁，能参与天地的化育者，此乃人的本体存在的最高体现。
>
> 从仁本到仁体的完成乃是一个道德与伦理实现的过程，也就是不同德性凸显与实现的过程，因为这一过程中必然涉及各种人生处境与各种人物关系。

"仁"是君子所追求的价值观和人生观的综合体现，是"至德"，即君子最高的道德境界。综观孔子的"礼"，可以明显感到，它是从属于"仁德"这个崇高的道德目标之下的。"仁"是"礼"所追求的人生最高境界，是"礼"的价值观的集中体现，"礼"不过是"仁"得以实现的一种具体途径。

中国社会与国家对内的理想价值系谱是：诚信（良知）、忠孝、仁义、信义、礼数、责任、和善。对外的价值取向则是：传统的恩威并济、以德服人、怀柔、道义；现代的自主、互惠与友善。

张维为认为，中国长达数千年的家庭伦理又衍生出了"舍己为家"和"保家卫国"这种"家国同构"的传统，使得今天大多数中国人都把自己国家的强盛和尊严看得很重，并认为这与个人安全、幸福、自由、尊严密不可分。

五、中华儒学道德观不仅对东南亚产生深远影响，而且对欧洲国家产生深远影响，赢得天下人心

17、18 世纪，在欧洲从传统社会向现代社会转型的过程中，儒家德治思想对欧洲产生了重要影响。这种影响及于法国、德国等主要欧洲国家。法国的霍尔巴赫、狄德罗、伏尔泰、魁奈，德国的莱布尼茨、沃尔夫等当时欧洲启蒙运动的头面学者均对儒家德治主义政治思想给予了较高的评价。伏尔泰作为法国启蒙思想的领袖人物之一，认为孔子的哲学作为一套完整的伦理学说教人以德，用普遍的理性抑制人们利己的欲望，其目标是建立起和平与幸福的社会。为此伏尔泰力主法国也应当以儒家之道来治理国家，实行德治主义。莱布尼茨热烈地赞美儒学，宣称在道德和政治方面，中国人优于欧洲人。对儒家德治主义最为推崇的当推法国百科全书派的领袖人物霍尔巴赫。霍尔巴赫反对法国乃至欧洲的野蛮君主专制制度，推崇孔子以德治国的政治主张。他不仅自造了一个法文的"德治"新词，而且还写了一本名为《德治或以道德为基础的政府》的书。在他看来，在中国，理性对君主的权力产生了不可思议的效果，建立于真理之永久性基础上的圣人孔子的道德，却能使中国的征服者亦为所征服，而以之为政府施政的目标。由此，他把中国的政治制度理想化，认为"国家的繁荣，须依靠道德"，主张"欧洲政府非学中国不可"。这些议论虽然由于主要着眼于儒家政治思想的理论层面因而难免有溢美之词，但也的确从一个侧面反映了在欧洲启蒙思想家眼中理性而清明的儒家德治思想对欧洲思想界的重要借鉴意义。

正如儒家德治主义所显示的，以宋明理学为主体的中国哲学之所以能够对启蒙时代的欧洲产生影响，一个重要的原因在于：当时欧洲思想界的时代任务是冲破神的笼罩，确立人之所以为人的自主性；而以宋明理学为主体的中国哲学归根结底是以"人"为中心而无"神"的。正如早在 20 世纪 40 年代就撰写《中国思想对于欧洲文化之影响》一书的朱谦之教授所指出的，最值得注意的是当时的宗教家，除耶稣会士以外，均注意中国哲学和欧洲的不同，中国哲学是无神论的，基督教是有神论的，而在一般知识阶级，则即以此不同于基督教之"理学"，来作为启蒙运动的旗帜。

中国学者楼宇烈说：

从某种角度来讲，现在西方的人文主义，或者人本主义正是吸收了中国传统的人文精神而发展起来的。

它促使西方社会从中世纪的"神本主义"转向"人本主义"。

成中英认为：

> 中国历史上的政治管理不必雷同于西方的历史。西方霍布斯提出的神权说显然不适用于中国。但洛克与卢梭之社会契约说又如何呢？我认为两者的政治学说有可能受到启蒙时代传入的儒家学说的影响。

事实上，中华儒学对欧洲启蒙思想的影响是确认的事件。

以儒学为代表的中国文化早就摒弃了以强加于人为普世原则的行为，即使是善，也不可强加于人，只能"善与人同""与人为善"。这也才是"推己及人"的真正意思。

儒家政治哲学的一个重要概念是平天下。《大学》是把重点放在治国之道的延伸上，把治国的絜矩之道推引到人与人、国与国的关系上，也是建筑在以仁义道德为文明基石的信念上，故知孔子所说，"言忠信，行笃敬，虽蛮貊之邦行矣"（《论语·卫灵公》）。《中庸》云："经纶天下之大经，立天下之大本，知天地之化育。"天下的人民都能得到道德君子的管理而享受安乐与和平。也许可以看成一个最早期的全球化以社群思想为主的设想，对现代人类如何解决国家主权纷争与世界霸权争霸，提供了可供参考的方案。

至于近欧自由经济与资本主义以及科技发展，则在其强力的工具性上形成了强力的目的性，譬如，人们以聚集财富或大量牟利为最大之乐，此为西方发展出来的资本主义走向侵略压迫他国的帝国主义强权提供了发展的动力与动机。

成中英认为：

> 我们当然也要从人类发展的需要中认识到中国儒家哲学的复苏对人类社会与西方世界的重要性，而不仅是对中华民族的复兴与中国国家的崛起具有重大意义。在这个认识下，我们必须坚持在理论与实践上充实

儒学的活力，使其有能力在全球化的整体意识下建立一个正义与和谐的世界。

六、我们更有理由树立道德自信、文化自信

中华文明具有五千多年的悠久历史，是世界古老文明中唯一传承至今的文明。中华文明之所以能够薪火相传、生生不息，其根本原因在于中华传统文化源远流长、灿烂辉煌、博大精深、开放包容，具有强大生命力。中华文化积淀着中华民族最深沉的精神追求，代表着中华民族独特的精神标识，是世界文化大花园中绚丽多彩的一簇，对人类文明的发展发挥着重要作用。中华传统文化中"自强不息""天人合一""和而不同""厚德载物""见贤思齐"等理念和情怀，有着不可低估的当代价值。中国共产党在领导中国人民进行革命、建设、改革的伟大实践中，自觉肩负起传承发展中华传统文化的历史责任，创造了马克思主义革命文化和社会主义先进文化，为建设社会主义文化强国、增强国家文化软实力做出了卓越贡献。中国特色社会主义文化，是在继承中华优秀传统文化的基础上，以马克思主义文化为主导，吸收古今中外一切优秀文化的积极因素，弘扬革命传统文化，在改革开放实践中创造出来的文化。正是基于以上文化自觉，我们才有道路自信、理论自信、制度自信、文化自信。

这些年海内外唱衰中国的观点基本源于"欧洲中心主义"及其衍生出来的"历史终结论"。我们有必要正本清源，从源头上反思"欧洲中心主义"和"西方文明优越论"，从而更好地确立我们的道路自信、理论自信、制度自信和文化自信。

海内外已有许多学者做了大量考证和研究，使我们今天可以更接近历史的真相。这些研究的结论大致可以概括为以下几点：

第一，古希腊文明很大程度上源于东方的古埃及；第二，欧洲 16 世纪文艺复兴的主要动力之一来自东方，特别是中国；第三，欧洲的 17—18 世纪启蒙运动的起点某种意义上就是中国；第四，西方现代经济学和政治治理的一些核心概念和制度安排，如"自由放任"和"文官制度"等均来源于中国。

"欧洲中心主义"和"西方文明优越论"谬误百出，是站不住脚的。

现在国内国外、网上网下都有些言论，贬低中华文化，否定中华民族的历史贡献，否定近代以来中国人民的奋斗史，歪曲中国共产党的历史、中华人民共和国历史，歪曲中国改革开放历史。因此对中国人民和中华民族的优秀文化和光荣历史，要加大正面宣传力度，增强做中国人的骨气。坚定文化自信，是事关国运兴衰、事关文化安全、事关民族精神独立性的大问题。这是对文化自信问题在中国特色社会主义建设中所处重要地位的重大判断。

"四个自信"是习近平新时代中国特色社会主义思想的重要组成部分，是以习近平同志为核心的党中央擘画未来，绘制蓝图，为中国实现社会主义现代化强国，实现中华民族伟大复兴而奋斗的理论和精神支柱。尤其是其中的文化自信，由于文化的特殊本质和功能，发挥着更基础、更广泛、更深厚的作用，因而对道路自信、理论自信和制度自信具有文化和精神支撑作用，与坚持中国特色社会主义道路、理论、制度有不可分割的内在联系，构成习近平新时代中国特色社会主义思想的重要组成部分。增强文化自觉和文化自信，是坚定道路自信、理论自信、制度自信的题中应有之义。

成中英认为：

> 一个以仁为基础的道德与伦理具有动机与动力，可以导向责任与权利的意识，最后在责任与权利满足或实现的基础上导向对他者的功利。如此分析，其目的在指出儒家的伦理是一套德性伦理，却涵摄着一套责任伦理与相应的权利伦理，最后实现为超越私利的对他者或群体的功利伦理。如此论证，则可以看到对仁的理解不但是德性伦理的基础，也是责任伦理与权力伦理的基础，并不排除功利伦理的可能性。如此，我们甚至可以界定仁为实现责任与权利的公共利益行为，不但与西方的亚里士多德的德性伦理相谐和并包容，并且涵盖了康德以来的责任伦理与权利意识（个人之应得）以及以全体与多数及长远利益为利益的功利主义。在此一深入的对仁的理解下，仁可以成为全球伦理、生态伦理与经济伦理的基础与行为动力。

我们更有理由树立道德自信、文化自信，以孔子的"仁"赢得天下人心。

七、加强道德建设，推动解决当下国家危机——人口危机，弘扬家庭美德、加强家风建设迫在眉睫

以"家庭为本"。在政治管理方面，儒家也注重家庭的作用。孟子讲，"天下之本在国，国之本在家"，就是始终把家、国和天下看成是一个连续性的结构，家庭的原则适用于国家，国家的原则适用于天下。在古代的政治思想里，不是把家看成私的领域，把国看成公的领域，公私严格分开，而是把家始终看成跟国有同构性的东西。我们常说"忠臣出于孝子之家"，你对父母都不孝，怎么能期待你在国家的活动中忠于君主，忠于国家呢？虽然孝子只是实践家庭道德，但说明这个人有更普遍的道德意识，表面上是对家庭的忠诚，实际上是对道德承诺的献身。

当前，我国社会人口出现了三大问题：其一，离婚率居高不下；其二，单身成年人数激增，达两亿多人；其三，人口出生率持续低迷。三大问题归根到底是家庭危机。解决这个问题的突破口在于家庭美德、家风建设。当每一个家庭都传承家庭美德，有好的家风，广大年轻人对婚姻才有信心，才勇于承担生育、养育孩子的风险，民族才有希望，国家才有未来。

中宣部副部长黄坤明在《人民日报》发表文章《培育和践行社会主义核心价值观》，其中谈道："家庭是社会的细胞。家庭和睦则社会安定，家庭幸福则社会祥和，家庭文明则社会文明。培育和践行社会主义核心价值观要从家庭做起，大力加强家庭文明建设，深入开展文明家庭创建，发扬光大中华民族传统美德，重视做好家庭教育，传承良好家风家训，形成爱国爱家、相亲相爱、崇德向善、共建共享的社会主义家庭文明新风尚。孩子是民族的未来，青少年的价值取向影响着一生的价值取向，决定着未来整个社会的价值取向。要坚持从娃娃抓起，不断深化未成年人思想道德建设，教育引导广大青少年树立远大志向、培育美好心灵，勤学、修德、明辨、笃实，扣好人生第一粒扣子，打牢思想之基、价值观之基。"

习近平总书记曾谈道，"不论时代发生多大变化，不论生活格局发生多大变化，我们都要重视家庭建设，注重家庭、注重家教、注重家风"，使得"千千万万个家庭成为国家发展、民族进步、社会和谐的重要基点"。家是最小国，国是千万家；有了强的国，才有富的家。习近平给父亲的祝寿信中曾写道：

"这也激励着我将自己的毕生精力投入到为人民群众服务的事业中，报效养育我的锦绣中华和父老乡亲。"勤俭节约、务实亲民、心怀家国。清正和睦的家风对习近平产生了深远的影响，为他"扣好了人生第一粒扣子"、打好了价值观的底色，让他在成为一国领袖后，始终带着良好家风赋予自己的浓浓家国情怀。

弘扬传统家庭美德和加强家风建设将是我国今后道德建设的一项重大课题，也是解决当下乃至今后人口危机的重大良策，并将广泛赢得民心、民意。

注：此文 2018 年被第二届"问道玉渊潭"学术研讨会收入论文集；选入本书时，内容有删减。

三论道德——赢得人心的"制高点"

————◎————

一、崇高的信仰与道德相得益彰

了解一个民族首先要了解其文化。文化的核心是精神，精神的核心是信仰。这是一个民族的基因。基因决定了一个民族的特征、发展和变异。要知道一个国家未来向哪里去，可以先通过基因分析看看它从哪里来。

中国的国民性在古代是非常辉煌的。春秋时期，中国人性格阳刚勇武，思想灿烂绚丽，极富进取心也极富创造力。与之相得益彰的则是直到今天仍令我们神往的诸子百家，洋洋大观！他们信仰的是中国传统中最健康的东西，如信、义、仁等等。

中国传统文化是以儒家学说为主体的文化。儒家学说的道德论底色比较浓重，主要是伦理之学、道德之学、成人之学，是培养有道德的人，培养圣人、贤人、君子的文化。儒学传统下，无论是治国理政还是为君为民，都有各自的道德规范，这是它的不世之功，儒学至今仍然是我们重建道德和价值观的重要思想资源。

中国实学研究会副会长朱康有教授谈道，在高度评价过去取得的历史性成就之际，我们并不讳言存在的种种问题，甚至有些还比较严重。一个不容忽视的现象就是，物质需要满足之后，社会层面的信仰阵地被蚕食、基层群众的精神信仰被物化，需要引起我们的高度警觉。扶贫不只是靠经济手段，文化信仰同样也要注意"扶起来"。一些人物质上极度富裕，但内心却追寻其他寄托。这也提示我们："引领"不能停留在只是"实利"的表面，更需要无形的价值信仰贯穿其中。

中国宗教学会会长卓新平认为中国是有信仰的，一方面保持了传统信仰，但另一方面，也存在着信仰缺失问题。他说：如果大家更多地关注现实社会生活中的一些现象，就可以明显感觉到道德的缺失，这种道德应该是一个实践层面的表现，归根结底反映了一种人的精神状况，也就是人的价值体系存在状况。这个价值层面的问题关键在于信仰。

习近平总书记在庆祝改革开放40周年大会上的讲话中谈道，信仰、信念、信心，任何时候都至关重要。小到一个人、一个集体，大到一个政党、一个民族、一个国家，只要有信仰、信念、信心，就会愈挫愈奋、愈战愈勇，否则就会不战自败、不打自垮。无论过去、现在还是将来，对马克思主义的信仰，对中国特色社会主义的信念，对实现中华民族伟大复兴中国梦的信心，都是指引和支撑中国人民站起来、富起来、强起来的强大精神力量。

关于信仰，习近平总书记提出"人民应该有信仰"时，非常明确地用了"信仰"这一表述。由此，中国当代政治术语中已明确为"信仰"解经，信仰包括民族、精神、宗教、科学等方面。今天中国社会对信仰开始重新审视。中国人有无信仰，中华民族有无信仰本来是无须讨论的。

人们对信仰有着不同的理解，一般分为两大类：一类认为信仰乃宗教所独有，离开宗教则谈不上信仰；另一类认为信仰与现实有关联，涉及更大的社会领域。

中国人民大学陈先达教授谈道："有人问我，马克思主义是科学学说还是信仰？马克思主义当然是科学学说，但对以马克思主义为指导的共产党来说，对马克思主义者和一切反对资本主义制度的革命者来说，马克思主义学说可以成为一种信仰。"这里所说的信仰，就是行为原则、理想追求、价值目标。

中纪委的文件指出，"共产党人为之奋斗的理想和目标蕴含着中华民族的价值追求，要从中华传统文化精华中汲取智慧和力量，坚定对马克思主义的信仰、对社会主义和共产主义的信念、全心全意为人民服务的宗旨"。

对于传统文化的精华，不乏仁智之见。若要从信仰角度看，当之无愧应为宋明以后"三家（教）合一"（儒、佛、道合一）形成的理念。这是中国传统文化的哲学内核。"合一"不是在形下事功层面，而是在形上本体层面。很多学人已经指出，心性本体为"三家合一"处。儒家的修身养性、道家的葆真全性、佛家的明心见性，都是落在心性上。

有人把儒家看作是人文宗教。这一术语比较恰切地说明，它好像没有笼罩宗教来世的光环，却起到了类似的生命托付之功用。对"文庙"的演礼、供奉、祭拜等仪式，无形中传扬着人文的理念、超越的思考。董仲舒在儒学由"学统"转化为"政统"方面做出了重大努力。他在理论上突出的"天"，不仅对最高权力形成一种制约，同时对掌控意识形态的知识阶层，还有普通百姓的生活都有影响。

董仲舒上承孔子下启朱熹，对中国儒家学说的继承与发展起到了十分重要的承接作用。董仲舒以天为主导，以天人关系为轴心，以阴阳五行为材料，创造出一套以儒家学说为核心的，融合了先秦诸子思想的天人感应说、三纲五常说，并将它成功实践于国家政治与社会生活的各个领域。经过他的大力提倡，儒家学说成为汉帝国的官方意识形态，儒家学说也从此成为中国传统政治思想的主干，从汉至清，一直在中国思想界与官方的意识形态中处于统治的地位。

马克思主义作为信仰和宗教信仰有本质区别。马克思主义的信仰，是以事实为依据的信仰，是建立在规律基础上的信仰；宗教信仰是建立在"信"的基础上的信仰，我"信"因而我信仰。

马克思主义是救世的，是改造社会的，是认识世界和改造世界的学说。而宗教是救心的，宗教信仰是自救自赎。宗教不企图改变世界、改变社会，而是倡导各人回归自己的内心世界，改变自我。马克思主义解决的是社会不公问题，而宗教解决的是个人灵魂失衡问题。

有论者断言，在中国近百年历史上，是中国共产党的诞生和马克思主义的传入，斩断了中国传统文化的血脉，导致中国传统文化的危机。这种说法当然是罔顾事实的。事情正好相反，中国共产党的诞生是中国历史上开天辟地的大事，马克思主义的传入，改变了中国文化的原有结构，并增添了许多新的科学元素。在以马克思主义为指导的中国共产党领导下，中国革命取得胜利，中华民族从此站起来了。中国人民革命的伟大胜利，中国人民的解放，重新恢复了中华民族生气勃勃的民族生命力和文化自信心。

中国共产党人的理论自信源自中华优秀传统文化。共产主义理想是全世界共产党人的共同理想，是马克思主义科学理论的本质要求，但是它在不同的国家和民族可以有不同的国情和不同的文化土壤。中华优秀传统文化是共产主义理想能在中国深深扎根的重要原因，可以说，中华优秀传统文化是中国共产党人坚持共产主义理想的精神基因和文化渊源。邓小平曾用建设"小康社会"表述建设有中国特色的社会主义的阶段性目标。习近平总书记曾多次用"求大同""大同世界，天下一家"表达实现中华民族伟大复兴的理想追求。无论是"小康社会"还是"大同世界"都出自中华优秀传统文化。

中央编译局原秘书长杨金海在《深入开展马克思主义与中国传统文化关系的研究》一文中谈道，要加强马克思主义德治体系、信仰体系建设，加强对全社会的马克思主义思想道德和理想信念教育。马克思主义是科学理论体系，又是一种科学的信仰体系。过去我们比较注重前者，而忽视后者的研究和建设，甚至否定马克思主义是一种信仰。在这方面，也应当借鉴传统文化的成功经验。在中国传统文化中，有十分完善的德治体系和信仰体系。这体现在人们社会生活的各个方面，包括衣食住行，礼乐制度，也包括宗教载体及其制度等。我们要想马克思主义道德和信仰永远扎根于中国文化土壤，就需要建立这样的物质载体和制度载体。

山东大学马克思主义学院院长王韶兴教授谈道，中国共产党是以马克思主义为理论武装的无产阶级政党。马克思主义是中国共产党人理想信念的灵魂，丢掉了马克思主义就丧失了共产党的政治属性。同时，中国共产党是在中华优秀传统文化土壤里成长起来的马克思主义政党，是中华优秀传统文化的忠实传承者和弘扬者，积极引领者和践行者。马克思主义与中华优秀传统文化的价值融通，形成中国化的马克思主义。

信仰是人的心力之源、体力之源、定力之源，是团队的凝聚力、向心力、战斗力之源，也是社会的活力之源。信仰决定人的品位，点燃人的激情，激发人的潜能，坚定的信仰伴随坚定的力量。

信仰是精神的制高点。精神是人的内心世界及其外在表现的有机统一。信仰决定人的格局，决定人的胆略，也决定人的能量。一个以社会正义和人类解放为己任的人，必定高瞻远瞩，胆略过人，气场十足，更具凝聚力和影响力。信仰是社会的良心、是民族的灵魂、是人类的精神支柱，不朽的信仰伴随不朽的建树。

二、中华优秀传统文化与道德规范

中华优秀传统文化蕴含的思想观念、人文精神、道德规范，不仅是我们中国人思想和精神的内核，对解决人类问题也有重要价值。从思想观念方面看，"道法自然""以民为本""大同"等不仅是中华民族的宝贵精神财富，而且是世界文明发展的重要成果。从人文精神方面看，中华优秀传统文化是以"人"为主体的文化，人文传统深厚。从道德规范方面看，儒学的许多思想都与道德规范有直接关系。

从早期中国文化的演进来看，夏、商、周的文化模式有所差别，但三代以来也发展着一种连续性的气质，这种气质以黄河中下游文化为总体背景，在历史进程中经由王朝对周边方国的统合力增强而逐渐形成。而这种气质在西周开始定型，经过轴心时代的发展，演变成为中国文化的基本气质，这种文化气质在周代集中表现为重孝、亲人、贵民、崇德。

民本思想是中国传统文化中民主性和人民性的精华所在。

"知屋漏者在宇下，知政失者在草野"反映了王充长期处于社会基层的深切体会，也体现了产生于殷周革代之际的民本传统。殷人相信神权，认为自己享有天命，政权有上天保佑，"率民以事神，先鬼而后礼"。但真实的历史是，东夷成汤革了夏桀的命，西岐武王革了商纣的命。"汤武革命"促使周人反思保有一个政权的根本或者说一个政权存在的合法性所在。他们的结论是"惟命不于常""天命靡常，惟德是辅""皇天无亲，惟德是辅"。通俗地讲，就是没有永恒的天命，只有永恒的德性；帝或上天不会无原则地保佑一个政权，而只会保佑那些有"德"的政权；统治者的德性比天命更为重要。所以，为了"永命"，就必须认识到"民惟邦本，本固邦宁""敬德保民""以德配天"；否则就会被革命，身为天下戮。殷周以来，"革命"成为中国文化的传统。《易传》说："汤武革命，顺乎天而应乎人。""德"施与的对象是"民"，得民心者得天下。以"德"为媒介，周人把天、天命转化为民、民心；主张欲知天意，须听之于民。《尚书》上说，"天视自我民视，天听自我民听""天聪明，自我民聪明；天明畏，自我民明威"。

陈来教授说："中国的儒学，始终把仁德置于道德体系和价值体系的首位。有些学者认为，仁的提出是对血缘关系和氏族民主的自觉转化，是中华文明连续性的一种体现。"

李锦全教授认为:"孔子创立的儒家是一个建立以'仁'学为中心的学派。他把'仁'作为处理人与人关系的基本准则,又是个人修身立命的根本。他阐发了仁、义、礼、智、孝、悌、忠、信等许多道德规范,从而建立起一个以'仁'为中心的伦理思想体系。儒家'序君臣父子之礼,列夫妇长幼之别'(司马谈:《论六家要旨》),并提倡仁政、德治和礼教等,将道德规范与政治措施结合起来,形成儒家特有的政治伦理哲学。"

西周、春秋的主导价值是"礼",这从《左传》的评价体系可以清楚地看到。春秋时代的德目表很多,虽然还没有统一的对主德的认识,但大致可以说,"忠信"和"仁智勇"是春秋中后期主要的德行。《论语》中的孔子对"忠信"很重视,《中庸》也肯定"仁智勇"为三达德。但是到了春秋末期,在孔子思想中"仁"已经是最重要的价值和道德德行。

仁义礼智"四德"不仅是个人道德,也是古代社会的社会价值。就社会价值而言,仁是仁政惠民,义是正义原则,礼是文化秩序,智是实践智慧。此外,古代对道德修养的方法非常重视,儒家经典中有很多为了养成道德的方法,如克己、反身、存心养性、正心、诚意、戒慎恐惧、慎独等等,儒家道德修养的资源非常丰富。从汉至唐,崇仁、贵和、尊礼、利群,已成为中国文化的核心价值。

中华优秀传统文化是以"人"为主体的文化,人文传统深厚,长期占据主导地位的是人学而不是神学。中华优秀传统文化既讲自然界变化(称为"天文"),又讲人的思想文化的提升(称为"人文"),二者相辅相成,从而使中华人文精神在中国历史上不断传承发展。

"民惟邦本,本固邦宁"的民本思想,"仁者爱人""为政以德"的仁政文化,"知行合一"的从政理念,这些都是我们重点挖掘的传统文化的精神内涵和时代价值。

中华优秀传统文化是以"人"为主体的文化,这决定了它必然蕴含丰富的"文以载道、以文化人"的教化思想。在古代教育发展过程中产生了丰富的教化思想,特别是春秋末期儒家的教化思想一直影响着后代。儒家的教化思想特别重视德育,将德育与智育相结合。

中华优秀传统文化蕴含着丰富的道德规范,儒学的许多思想都与道德规范直接有关。中华优秀传统文化中的文野之分理论、文质统一思想以及一些具体的道德规范，在今天仍然具有重要的思想价值。

为弘扬优秀传统文化、中华美德，山东集中出版了《孔子家语通解》《百年儒学精华》《孝德教育读本》等图书，在报纸、电视台、新媒体上打造《天下父母》《节俭中国人》等品牌栏目，推崇"山东好人榜""齐鲁时代楷模""新乡贤"等道德模范，拍摄了《孟母教子》等影视剧、动画片。同时，山东在全国率先开设中小学《中华优秀传统文化》教育课程，建立国学经典"一校一导师"制度，创办了一批国学经典联盟校，开展经典诵读、感恩教育等活动，带动 1000 多所学校 100 多万名中小学生参加，全省中小学经典诵读普及率达 100%。

三、大力弘扬家国情怀

习近平总书记在 2019 年春节团拜会上发表重要讲话时强调，在家尽孝、为国尽忠是中华民族的优良传统。没有国家繁荣发展，就没有家庭幸福美满。同样，没有千千万万家庭幸福美满，就没有国家繁荣发展。我们要在全社会大力弘扬家国情怀，培育和践行社会主义核心价值观，弘扬爱国主义、集体主义、社会主义精神，提倡爱家爱国相统一，让每个人、每个家庭都为中华民族大家庭作出贡献。

著名思想史家张岂之教授认为，中国从原始社会走向文明社会，和西方古希腊走的道路不同。中国保留了氏族血缘传统，在思想观念上由此形成"天下之本在国，国之本在家"的信念。这极大地影响了中华文化的走向，把文化的"本根"——家庭放在第一位。"本根"有二义：一为来源，一为原创性文化。这二者有联系，但不能等同。

全国两会期间，民盟湖南省委副主委杨君武提出：珍视乡规民约家风家训。家是最小国，国是千万家。我们要大力传承和弘扬优秀乡规民约、家风家训文化，在全社会营造忠于祖国、忠于人民、热爱家乡、热爱家庭的氛围。一是广泛开展资料普查、征集、梳理活动；二是围绕忠、孝、善、勤、廉、俭、仁、义、礼、智、信等主题，开展研究利用，努力让其"活"起来；三是让民约、家训"飞入寻常百姓家",并与乡村振兴战略紧密结合,广泛开展村史、家谱编撰和宣传展示活动;四是讲好家风故事,创作更多反映优秀家风家训内容的文艺作品。

家国情怀是一种高贵的人文精神,它以君子为标准,追求身与心的和谐、人与人的和谐、人与天的和谐。它的爱是优雅的,"老吾老以及人之老,幼吾幼以及人之幼";它的情是博大的,"与天地合其德,与日月合其明,与四时合其序"。这份情、这份爱,数千年来流淌在中华民族的血液里,成为中华民族生生不息、流光溢彩的核心动力。

儒家价值观始终表达了担当责任的严肃性,如孟子讲"君子自任以天下为重",就是以天下大事为自己的责任。汉代人就明确讲要"以天下为己任",己任就是自己的责任。中国从先秦的"士君子"到汉代的士大夫,都很突出责任意识,强调对天下国家的责任,而不是突出个人的自由。汉代到宋代的士大夫,其责任意识的代表就是范仲淹提倡的"先天下之忧而忧,后天下之乐而乐",这是中国历史上最典型的例子。此后明代士人提出"家事国事天下事,事事关心",明清之际顾炎武提出"天下兴亡,匹夫有责",清代林则徐提出"苟利国家生死以",都是中国文化中常见的士大夫责任语言,为大家所熟知,并深刻影响到社会民间。

20世纪大儒学家梁漱溟先生在山东、河北从事乡治的运动实践,他在实践中得到一种体会,这就是中国文化在人和人的关系中强调义务为先,相互承担义务是中国伦理的根本特色。他认为西方近代以来个人主义盛行,形成一种个人本位的社会,不胜其弊,而中国则以伦理为本位。

中国人的伦理特别强调义务感。当然这种义务感是开放的,伦理的义务从家庭可以放大到宗族、社区,再到郡县、国家、天下、宇宙。总之,中国人的伦理观念强调义务感,义务取向的德行不是声张个人的权利,而是努力实现对他人的义务、履行自己身上所负的责任。

根据中国文化的看法,人在世界上的生存不是个体的独立生存,一定是在群体之中的生存生活,人的道德也一定要在社群生活中实现。超出个人的最基本社群单位是家庭,扩大而为家族、社区以及各级行政范围,如乡、县、市、省,直至国家。中华文明特别重视家庭价值,而家庭是第一个走出个人向社会发展的层级。

"先国后家，心胸开阔；先公后私，光明磊落；先人后己，先老后少；以孝为先，根深叶茂。"这是邹城市后八村的宋氏家训。村支书宋伟介绍，宋氏家训已传承了上千年，成为家族教育子孙后代的"宝典"。

在曲阜、沂南等地，每家每户门前的公示牌上都写有家风家训，有的在家中显要位置悬挂着装裱的家风家训，"国家兴亡，匹夫有责""位卑未敢忘忧国"。山东把弘扬传统文化中的爱国主义精神融入家庭教育和日常生活，不断厚植民众的家国情怀。

党的十八大以来，习近平总书记站在党和国家事业发展全局的高度，多次指出要注重家庭、注重家教、注重家风，强调家庭的前途命运同国家和民族的前途命运紧密相连，要使千千万万个家庭成为国家发展、民族进步、社会和谐的重要基点；强调家庭教育最重要的是品德教育，是如何做人的教育，要找准立德树人的切入点，帮助孩子扣好人生的第一粒扣子；强调要以培养社会主义核心价值观为主要内容，广泛深入开展家庭文明建设，以好的家风支撑起好的社会风气。

四、德才兼备、以德为先的用人原则，凝聚人心

中国古代对德和才的认识经历了不断发展的过程，形成了丰富深刻的思想观念。比如，提出"既知且仁""才行俱兼""才行兼备""才德兼优"等。这些思想中关于"德"和"才"的具体内涵，带有那些时代的鲜明烙印，特别是政治烙印，本质上是为维护少数剥削阶级利益服务的。但也表明，古人清醒地认识到，要想巩固政权，谋求长治久安，需要有一支既可靠又能干的官吏队伍。他们宣扬封建纲常伦理，用经、史、子、集，甚至"三百千千"（《三字经》《百家姓》《千字文》《千家诗》）这样的蒙学读物，来反复灌输，反映了国家治乱兴衰与选人用人之间的关系，达到一些规律性认识。这些规律性认识，今天仍然值得重视。

《易经》强调以德治国，以德立人，尤其强调任贤。古代有一段历史说的是：商代武丁即位，想复兴殷商，苦于无贤助，于是闷闷不乐，政事都交给太宰去处理。一天夜里做了一个梦，得一圣人名说。次日他暗察宫中无一个是梦

中之贤，于是派画工去暗访，终于在傅险这个地方找到了说。他作为刑奴在这里当建筑工人，武丁见了这个人，认出是梦中贤人，一交谈，果然如圣人，就把他封为宰相，殷商果然得治。于是给他起名傅说。这个故事充分反映出我国古代人任人唯贤的崇高思想境界。

干部标准是选人用人的衡量尺度，是干部工作的首要问题。我们党历来强调德才兼备，并强调以德为先。坚持德才兼备、以德为先的干部标准，是我们党100多年来干部队伍建设历史经验的科学总结，是党的性质和宗旨、党的理论和路线方针政策在选人用人上的集中体现，是选拔任用干部的根本标准。

我们要坚持德才兼备、以德为先、任人唯贤，着力培养忠诚干净担当的高素质干部队伍和宏大的人才队伍。我们要以反腐败永远在路上的坚韧和执着，深化标本兼治，坚决清除一切腐败分子，保证干部清正、政府清廉、政治清明，为继续推进改革开放营造海晏河清的政治生态。

五、教育坚持立德树人原则，文艺倡导弘美明德，以人民为中心

教育是国之大计、党之大计。2018年9月10日，在全国教育大会上，习近平总书记发表重要讲话，站在国家繁荣、民族振兴的战略高度，深刻总结党的十八大以来我国教育事业发展成就，作出重大部署，为做好新时代教育工作提供了根本遵循。习近平总书记强调，培养什么人，是教育的首要问题。广大教育工作者要深入学习贯彻习近平总书记重要讲话精神，激励学生坚定理想信念，把自己的人生追求同国家发展进步、人民伟大实践紧密结合起来，努力成为德智体美劳全面发展的社会主义建设者和接班人。

人无德不立，育人的根本在于立德。加强品德修养，培养奋斗精神，既要教育引导学生培育和践行社会主义核心价值观，踏踏实实修好品德，成为有大爱大德大情怀的人，也要教育引导学生树立高远志向，历练敢于担当、不懈奋斗的精神，拥有勇于奋斗的精神状态、乐观向上的人生态度，做到刚健有为、自强不息。

习近平总书记在全国教育大会上的讲话中指出，要深化教育体制改革，健全立德树人落实机制，扭转不科学的教育评价导向，坚决克服唯分数、唯升学、唯文凭、唯论文、唯帽子的顽瘴痼疾，从根本上解决教育评价指挥棒问题。要把立德树人融入思想道德教育、文化知识教育、社会实践教育各环节，贯穿基础教育、职业教育、高等教育各领域，学科体系、教学体系、教材体系、管理体系要围绕这个目标来设计，教师要围绕这个目标来教，学生要围绕这个目标来学。凡是不利于实现这个目标的做法都要坚决改过来。

党中央把"立德树人"作为教育的根本任务，抓住了人才培养问题的本质和核心，突出了"德"在人的全面发展中的突出地位，并特别强调了道德发展与人的全面发展的辩证关系。"立德"是为了"树人"，而"树人"首先要"立德"。司马光在《资治通鉴》中这样描述德与才的关系："才者，德之资也；德者，才之帅也。""才德全尽谓之圣人，才德兼亡谓之愚人，德胜才谓之君子，才胜德谓之小人。"全面贯彻落实立德树人的根本任务，就是要在注重知识传授、能力培养的同时，更注重人的价值观塑造和品格养成，使他们成为德才兼备、全面发展的圣人或君子。

早些年，文艺界的乱象非常严重，各种艺人的绯闻、婚变、奢侈豪华的报道充斥着各种新媒体。宫廷戏中各种勾心斗角、阴险毒辣的生存法则被群众津津乐道。家庭肥皂剧、现代婚姻"小三"上位剧、婆媳恶斗剧等层出不穷。可以说，西方资本主义国家通过资本渗透、股份、人力资源控制中国的各种新媒体，劣质价值观念在毒害中国人方面是非常严重的。各种垃圾视频、漫画、动漫、小说对青年人产生负面的影响。青年人普遍对婚姻产生不信任感，丧失传统的价值观念和责任感。

2019年3月4日，习近平总书记在参加全国政协十三届二次会议的文化艺术界、社会科学界联组会时强调，要坚持与时代同步伐、以人民为中心、以精品奉献人民、用明德引领风尚。这就要求文艺、社科工作者树明德之心，做明德之人，为明德之文。

2014年10月15日，习近平总书记在文艺工作座谈会上的讲话中指出，我国作家艺术家应该成为时代风气的先觉者、先行者、先倡者，通过更多有筋骨、有道德、有温度的文艺作品，书写和记录人民的伟大实践、时代的进步要求，彰显信仰之美、崇高之美，弘扬中国精神、凝聚中国力量，鼓舞全国各族人民朝气蓬勃迈向未来。

要坚持用明德引领风尚。文化文艺工作者、哲学社会科学工作者都肩负着启迪思想、陶冶情操、温润心灵的重要职责，承担着以文化人、以文育人、以文培元的使命。大家理应以高远志向、良好品德、高尚情操为社会作出表率。要有信仰、有情怀、有担当，树立高远的理想追求和深沉的家国情怀，努力做对国家、对民族、对人民有贡献的艺术家和学问家。要坚守高尚职业道德，多下苦功、多练真功，做到勤业精业。要自觉践行社会主义核心价值观，自尊自重、自珍自爱，讲品位、讲格调、讲责任。

德国诗人歌德说："如果想写出雄伟的风格，他也首先就要有雄伟的人格。"纵览古今，经典作品无一不展现出创作者崇高的灵魂，以及对人类命运的深刻思考。这些年，我国文艺事业得到了飞速发展，文艺作品百花竞放，但在一定范围内也确实存在价值扭曲、浮躁粗俗、娱乐至上、唯市场化等问题。文艺作品的这些问题，归根结底是创作者"精神缺失"的问题。一些文艺工作者放弃了文艺的尊严和崇高，忘却了文艺的庄严与神圣，在市场的诱惑下，失去了艺术创作的定力。究其原因，除了浮躁之外，还是"功利"两字在作怪。

明大德、立大德，才能成就伟大的作品和研究，也才能铸就伟大的艺术家和学问家。德艺双馨、德业双馨，说到底，德才是基础。正因此，习近平总书记指出："文艺要塑造人心，创作者首先要塑造自己。养德和修艺是分不开的。德不优者不能怀远，才不大者不能博见。广大文艺工作者要把崇德尚艺作为一生的功课，把为人、做事、从艺统一起来，加强思想积累、知识储备、艺术训练，提高学养、涵养、修养，努力追求真才学、好德行、高品位，做到德艺双馨。要自觉抵制不分是非、颠倒黑白的错误倾向，自觉摒弃低俗、庸俗、媚俗的低级趣味，自觉反对拜金主义、享乐主义、极端个人主义的腐朽思想。"人格魅力和作品魅力是相统一的。文艺不能当市场的奴隶，文艺工作者要德艺双馨。

"凡作传世之文者，必先有可以传世之心。"以大写的人，为大写的文；以纯粹的人，做高尚的文。作者与作品、学者与学问相互激荡，方能传递向上向善的价值观，引领社会与时代的风尚，汇聚起推动时代前行的精神力量。

2019 年 3 月 4 日，习近平总书记看望政协文艺界社科界委员并参加联组会时寄语广大文艺工作者，要"从当代中国的伟大创造中发现创作的主题、捕捉创新的灵感，深刻反映我们这个时代的历史巨变，描绘我们这个时代的精神图谱，为时代画像、为时代立传、为时代明德"。

六、中国的道德建设需要加强，但绝不是西方学者所宣扬的道德崩溃

近年来，国际上在唱衰中国，大谈道德崩溃的人不少。新加坡国立大学郑永年教授在 2018 年著的一本书——《中国的文明复兴》，其中的一些观点摘录如下：

> 当大家都在讨论中国崛起的时候，人们是否明了中国崛起的标志是什么呢？多年来，笔者在思考中国崛起时，越来越意识到，除了 GDP 的增长，还涉及至少四个相关的重要问题：中国社会道德体系的重建、全球化背景下当代中国意识形态建设、中国如何提升自己的国际话语权以及中国能否为这个世界提供一种文化选择。这些方面构成了人们所说的"软力量"。

> 就中国而言，没有人会认为，简单的金钱就可以组织和支撑起一个社会或者文明。没有道德体系，这个社会和文明就是一袋松散的"土豆"。社会"共同体"衰落了，何来文明的复兴呢？当代中国的两种显著并存的现象就是：一方面是改革开放以来经济高速发展；另一方面是社会道德体系受到破坏。那么，如何重建中国的社会道德体系就变得迫在眉睫了。

> 世界各文明在一定的历史阶段都会面临道德体系重建的问题。

> 一段时间以来，我们存在过度追求经济的增长而忽视了社会建设的问题。

> 一个没有道德的社会，无论你有多大的权力还是多大的财富，也难以生存。没有道德、没有信任，社会到处就会是陷阱。因此，重建道德

也就是社会的自救。要么自我毁灭，要么自我拯救，人们所面临的选择并不多。

笔者认为，不可置疑，从改革开放到党的十八大以前，自然生态恶化，有些官员腐败，但不至于道德崩溃。中国的经济建设和文化建设依然取得令世人瞩目的成就，十几亿人口生活得到显著改善，国家政权稳定，政治体制显示出较大的优势。党的十八大以后，以习近平同志为核心的党中央励精图治，整治腐败，恢复政治生态和自然生态的良性发展，人民的获得感和幸福感显著提升。

《王蒙对话王杰——畅谈文化自信与中华传统》一文中也谈道：

王蒙先生认为，文化自信是我们的根与魂，新时代呼吁文化自信。谈及文化自信的深层次原因，王蒙细数新中国成立以来国家的文化政策，谈到文化的创新与发展，其表示要深入领会文化自信的内涵。总结中华传统文化本身便有着尚德尚善、尚化尚通的精神特点。这些特点在治国理政上表现为文化监督与道德监督并行，重视道统、治统之间的相互配合与制衡，奉行圣贤精英主义、君子精英主义与中庸理性主义。他对中华传统文化的历史命运展开了思考，认为中华传统文化曾经是独树一帜的东方文化灯塔，它的凝聚力和生命力是无与伦比的，但是，中华传统文化也必须与社会主义现代化进行对接，需要有创造性转化和创新性发展，要与习近平新时代中国特色社会主义思想相结合，要与社会生产力的发展、国家地位的发展相结合。只有理解传统文化，同时又追求传统文化与社会主义现代化的对接，文化自信才有切实的正面意义。

王杰教授呼应王蒙"中庸理性主义"的思考，以"过犹不及"的例子阐述出"中庸"不仅是一种境界，更是处理人际关系的良方。同时，作为中国实学研究会和领导干部学国学委员会会长，王杰教授多次鼓励与会者将道德修养作为人生的必修课。他认为，中国历史上固然出现过一些缺陷和挑战，但无知不能无畏，经历过取其精华去其糟粕的传统文化，在今天仍有旺盛且不可限量的活力。他以当下热门的国学热为例，旁征博引地指出"人无德不立，国无德不兴，为政需有德，大德成大器",并提出文化与道德的重要性——天下唯有德者居之。呼吁领导干部小至修身养性,大到治国理政要将德置于心间。王杰教授对话中引经据典,结合实际紧密,体现了当代学者的使命意识和文化情怀。

2019年3月7日下午,习近平总书记来到十三届全国人大二次会议甘肃代表团,与代表们热烈交谈。总书记指出,现在距离2020年完成脱贫攻坚目标任务只有两年时间,正是最吃劲的时候,必须坚持不懈做好工作,不获全胜、决不收兵。总书记的重要讲话,再次发出了脱贫攻坚的宣言书、动员令,必将激励我们尽锐出战、迎难而上,真抓实干、精准施策,确保脱贫攻坚任务如期完成。

党的十八大以来,以习近平同志为核心的党中央,把扶贫开发工作摆在治国理政的突出位置,全面打响脱贫攻坚战。我国贫困人口从2012年的9899万人减少到2018年的1660万人,6年时间减少了8000多万人,连续6年平均每年减贫1300多万人,创造了人类反贫困史上的壮举。

40年来,我们始终坚持在发展中保障和改善民生,全面推进幼有所育、学有所教、劳有所得、病有所医、老有所养、住有所居、弱有所扶,不断改善人民生活、增进人民福祉。全国居民人均可支配收入由171元增加到2.6万元,中等收入群体持续扩大。我国贫困人口累计减少7.4亿人,贫困发生率下降94.4个百分点,谱写了人类反贫困史上的辉煌篇章。教育事业全面发展,九年义务教育巩固率达93.8%。我国建成了包括养老、医疗、低保、住房在内的世界最大的社会保障体系,基本养老保险覆盖超过9亿人,医疗保险覆盖超过13亿人。常住人口城镇化率达到58.52%,上升40.6个百分点。居民预期寿命由1981年的67.8岁提高到2017年的76.7岁。我国社会大局保持长期稳定,成为世界上最有安全感的国家之一。

改革开放40年的实践启示我们:为中国人民谋幸福,为中华民族谋复兴,是中国共产党人的初心和使命,也是改革开放的初心和使命。我们党来自人民、扎根人民、造福人民,全心全意为人民服务是党的根本宗旨,必须以最广大人民根本利益为我们一切工作的根本出发点和落脚点,坚持把人民拥护不拥护、赞成不赞成、高兴不高兴作为制定政策的依据,顺应民心、尊重民意、关注民情、致力民生,既通过提出并贯彻正确的理论和路线方针政策带领人民前进，又从人民实践创造和发展要求中获得前进动力，让人民共享改革开放成果，激励人民更加自觉地投身改革开放和社会主义现代化建设事业。

前进道路上，我们高举和平、发展、合作、共赢的旗帜，恪守维护世界和平、促进共同发展的外交政策宗旨，推动建设相互尊重、公平正义、合作共赢的新型国际关系。我们尊重各国人民自主选择发展道路的权利，维护国际公平正义，倡导国际关系民主化，反对把自己的意志强加于人，反对干涉别国内政，反对以强凌弱。我们发挥负责任大国作用，支持广大发展中国家发展，积极参与全球治理体系改革和建设，共同为建设持久和平、普遍安全、共同繁荣、开放包容、清洁美丽的世界而奋斗。

中国人民具有伟大梦想精神，中华民族充满变革和开放精神。几千年前，中华民族的先民们就秉持"周虽旧邦，其命维新"的精神，开启了缔造中华文明的伟大实践。自古以来，中国大地上发生了无数变法变革图强运动，留下了"治世不一道，便国不法古"等豪迈宣言。以数千年大历史观之，变革和开放总体上是中国的历史常态。中华民族以改革开放的姿态继续走向未来，有着深远的历史渊源、深厚的文化根基。

2019年3月22日，国家主席习近平同意大利众议院众议长菲科的一段对话："这么大一个国家，责任非常重、工作非常艰巨。我将无我，不负人民。我愿意做到一个'无我'的状态，为中国的发展奉献自己。"这是一个直抒胸臆、斩钉截铁的答案，这是一个振聋发聩、感人肺腑的答案。习近平主席简洁有力的回答，一腔赤诚溢于言表，彰显出人民领袖的真挚情怀。

"无我"是一种勇毅信念。《庄子·齐物论》中就有句话："非彼无我，非我无所取。"心为物役就会迷失自我，心有杂念就会患得患失。心中有国家、心中有人民，自然就没有"小我"的位置，于是也就能不言私利、恪尽职守、夙夜在公。从"有我之境"到"无我之境"，正是习近平总书记许党许国、忠于人民的鲜明写照。

中国的政治制度不同于西方的政治制度，意识形态也截然不同。这是中国人民的历史选择，这不是衡量中国与西方资本主义国家道德尺度的标杆。

民本思想是中国传统文化中民主性和人民性的精华所在。民主有主权在民的理念和实现这一理念的方式两方面内容。民本反映了主权在民的思想。习近平总书记 2013 年 8 月在全国宣传思想工作会议上指出："要讲清楚每个国家和民族的历史传统、文化积淀、基本国情不同，其发展道路必然有着自己的特色。"中国特色社会主义制度的"特色"之一乃是文化传统在现代的创造性转化和创新性发展。"为人民服务""代表最广大人民的根本利益""权为民所赋""以人民为中心"都是主权在民的表现；人民代表大会制度、中国共产党领导的多党合作和政治协商制度则是传统听之于民的制度的演进。"周虽旧邦，其命维新。"中国特色社会主义的生命力的重要源泉之一，就在于对传统不断地进行适应时代的转化和发展。

1988 年哈佛大学教授法兰西斯·福山作了一次题为《历史的终点》的讲座。随后，他在讲座的基础上写成论文《历史的终结》。1989 年，美国新保守主义期刊《国家利益》发表了这篇文章，标志"历史终结论"作为一个完整的理论体系正式推出。在他看来，历史的发展只有一条路，即西方的自由市场经济和民主政治制度。人类社会的发展史，就是一部"以自由民主制度为方向的人类普遍史"。（西方）自由民主制度是"人类意识形态发展的终点"和"人类最后一种统治形式"。

福山不是在标榜资本主义国家如何好吗？我们且看最发达的资本主义国家——美国，其主导的道德观念就高于全球吗？

据美国官方数据：过去七年来，美国中层以下人群收入平均降低了28%。而华尔街财阀收入则增长了 6.5 倍。

2015 年 10 月，美国网站 GOBankingRates 一个名为"你的储蓄账户里有多少钱？"的调查数据显示，逾 62% 美国人账户存款不足 $1000，其中三分之一的人根本没有储蓄账户，另外有多达 28% 的受访者表示自己存款是 0。

13% 的受访者表示自己存款少于 $1000，10% 的受访者称自己存款在$1000 到 $4999 之间，仅有 19% 的人表示，自己存款在 $4999 以上。而同时有 14% 的美国人存款余额大于 $10000。

美国特朗普政府中 72% 的内阁成员来自企业界高层，其他人物则从军队中产生。

文章还认为，由美国和其他主要大国打造的战争已成为战略石油地区的永久战争，并有可能演变为全球热核战争。在奥巴马执政期间，美国在阿富汗、伊拉克、叙利亚、利比亚、也门、索马里和巴基斯坦7个国家参与了战争、袭击和轰炸。华盛顿已经恢复针对个人、国家和社会的酷刑和暗杀。

善恶终有报，不是不报，时候未到。中国这些古训是真正的人生哲理，先祖教导我们：勿以善小而不为，勿以恶小而为之。其实，这个世界，善待他人就是善待自己。

一次意外事件，美国竟突然被严重孤立了，连盟友加拿大都"叛变"了。之所以如此，最直接的原因是2019年3月10日，埃塞俄比亚航空公司一架波音737 MAX客机从埃塞首都亚的斯亚贝巴起飞，飞机起飞后不久在距首都约45公里的比绍夫图附近坠毁，机上149名乘客和8名机组人员全部遇难。而就在4个多月前，同一型号的印尼狮航客机起飞后不久坠毁，机上189人全部遇难。

埃航客机失事后，越来越多的国家和航空公司意识到，该款飞机很可能存在严重的系统缺陷，从而导致飞机可能存在不可预知的风险。在这种背景下，波音公司不但没有要求各国航空公司暂停飞行，竟称对该型号客机安全充满信心。美国政府面对这样的情况没有表现出负责任的态度，而是选择"打掩护"。结果，波音公司和美国政府的态度更加刺激了各国对安全的担忧，全球20多个国家数十家航空公司禁飞了该型号客机。

据环球网2019年3月28日报道，前一天晚上在联合国安理会关于戈兰高地归属的会议中，15个成员国除了美国以外，清一色反对以色列对戈兰高地占有主权，就连美国的老朋友英法德这些欧洲国家，也站在了美国对立面。

俄罗斯莫斯科国际关系学院国际研究所文明和伙伴关系中心主任韦尼阿明·波波夫指出，西方文明已经陷入深层危机，世界文明的发展正在向东方倾斜。西方的霸权红利和掠夺红利正在耗尽，危机自然就来了。

西方文明是从海洋文化演变而来，捕鱼猎杀的活动演变成了掠夺的秉性。他们的社会财富在过去一两百年的时间里更多是靠侵略和殖民主义而获得的。今天，当他们再也不能在世界上肆意掠夺时，他们的高福利生活也就难以为继了，危机也就随之而来。西方文明的危机是深层次的，不是以美国为首的西方的国家能够轻易化解的。随着全世界人民的反对，霸权主义最终将会被消灭。

霸权主义国家——美国，现正搞乱世界，但也只是其最后的疯狂。只有劳动才能创造财富，伦敦金融城、华尔街都是骗人的资本主义把戏。瑞典遭遇爆炸事件、新西兰枪击等，整个西方世界，开始渐渐陷入危机，这是时代的大势，霸权红利耗尽，西方文明危机蔓延。

英国《金融日报》曾刊文说，英国国家网络安全中心认为，华为的5G建设并不会造成安全威胁。英国政府得出上述结论，令美国极为难堪。蓬佩奥对华为的指责，只不过是打着安全的幌子，企图扼杀中国高科技企业的合法正当经营。事实上，美国是在"贼喊捉贼"。"维基解密"创始人阿桑奇2019年4月被捕，而"棱镜门"的揭秘人斯诺登还在躲避美国政府的追捕。美国利用高科技公司对别国进行窃听，威胁他国国家安全世人皆知。

周小平在《一个阿桑奇倒下去，千万个阿桑奇站起来！美失其道，天下共讨》一文中写道：

> 其实，不仅是白头盔组织背后有美国的身影，就连ISIS组织本身，也是美国制造。阿桑奇公开的解密文件显示希拉里有一个筹款渠道，通过沙特、卡塔尔等国家组织仅一次就收取了数千万美元的经费，这些经费全部用于创建ISIS恐怖组织。也就是说，臭名昭著的ISIS恐怖组织，本身就是美国人一手策划、创办和筹建的。

每一个人对自己所生存的空间，都有维护和平的责任。我们不应该允许任何法西斯借尸还魂，大行其道；我们不能允许任何形式的宗教恐怖主义和国家恐怖主义横行无阻；我们有义务捍卫人类的尊严和维护自身的正当权益！我们有责任制止悲剧的发生和蔓延！而这一切都要从揭露资本集团危害世界的阴谋开始！

正如美国地缘政治学家威廉·恩道尔所说，西方发达国家利用"人权""民主"作为武器，迫使发展中国家接受其统治，而宗教则被认为是促成这一目标的有力手段和最佳途径。

应该看到，西方势力对于宗教的"青睐"很大程度上源于西方民主的"信仰基础"。由于历史原因，宗教在西方政治生活中发挥着重要的作用。尤其是在美国，"宗教一直是政治语言的重要组成部分"。"宗教的本能——始终存在、道德驱动、高度行动主义、坚持不懈、与政治相关、关注外部世界——使得其通向白宫、国务院和国会山的道路畅通无阻。"

中国社会科学院哲学研究所研究员李存山谈道：20世纪90年代，世界各大宗教的代表人士曾聚会倡导建构"全球伦理"。李存山也在其《宣言》中说："数千年以来，人类的许多宗教和伦理传统都具有并一直维系着这样一条原则：己所不欲，勿施于人。或者换用肯定的措辞，即你希望人怎样对待你，你也要怎样待人。这应当在所有的生活领域中成为不可取消的无条件的原则，不论是对家庭、社团、种族、国家和宗教，都是如此。"由此可见，儒家以"亲亲"之情为道德的本始，以"忠恕"之道为"一以贯之"的行仁之方，具有人类道德的普遍意义。

2014年3月27日，国家主席习近平在联合国教科文组织总部演讲时，强调："第一，文明是多彩的，人类文明因多样才有交流互鉴的价值。""第二，文明是平等的，人类文明因平等才有交流互鉴的前提。""第三，文明是包容的，人类文明因包容才有交流互鉴的动力。"习近平主席对文明的这些论述不仅精辟揭示了人类文明的本质特征，还深刻阐述了"文明交流互鉴"的内涵。

"文明因交流而多彩，文明因互鉴而丰富。"中国用五千多年文明史告诉世界，正是兼容并蓄、海纳百川的漫长进程，积淀出中华民族博大精深的文化传统和生生不息向前发展的强大动力。

旅法女作家边芹发表了系列文章《我们怎么会落到这一步》，认为西方文明在有意识地暗中扼杀中华文明，引起有识之士的反思与争论。

1.我们怎么会落到这一步（一）——悄然易手的审美权：在电影评论领域，把西方的标准当作是首要的标准，推而广之，在文化领域，把西方的标准当作首要的标准，这就是审美权的丧失。

2.我们怎么会落到这一步（二）——大门钥匙是如何被骗走的：按照西方的标准，培养文化的代言人，进而在这场文明的战争中，使得西方文化成为当然的主角，使得审美习惯和审美意识被逐渐西方化。

3.我们怎么会落到这一步（三）——文明战争那条隐线：文明的战争不仅是和平演变，更是思想和意识的重塑，是文化的征服。不警惕的结果，将是华夏文明的被消解。

　　4.我们怎么会落到这一步（四）——被静悄悄抽空的信仰：从苏联电影的嬗变，明白颠覆文明的终极技巧就是颠覆你的信仰。在文明的战争中，起于审美权的丧失，在文化的侵略中，每一个细节都可以造成思想和意识的被改变。对于文化战争，从历史上来看，我们从不是对手，从当下来看，尤其是以传媒、影像领域而言，我们兵败如山倒。失审美权与道义权必致文明失魂最终死亡。

　　面对西方资本主义国家针对中国进行文化侵略的步步紧逼，"颜色革命"的推进，我们必须作出部署，进一步加强道德文化建设，对抹黑中国、试图颠覆人心的做法提出批判，以正视听。中华的崛起是任何人都阻挡不了的，让崩溃论者崩溃。

七、五论儒学不是宗教

　　北京大学著名学者楼宇烈教授认为："与西方文化相比，以人为本的人文精神是中国文化最根本的精神，也是一个最重要的特征。中国文化中没有一个外在的神或造物主，中国家庭、社会秩序的维护都是靠道德的自觉自律。中国传统文化强调人的主体性、独立性、能动性。"

　　《尚书》里记载了周人对历史经验教训的总结："皇天无亲，惟德是辅。"这是非常重要的一句话。周人提出了一个重要的观念——"敬德"，而且要"疾敬德"，即努力地、迅速地提升自己的德行。这就形成了中国文化的人文特征，即决定命运、政权兴亡的不在于外在的力量，而在于人自身德行的好坏。

　　中国文化里的"天"不是简单地指天空，也不是指造物主。天的含义很丰富，是天道的天，天也代表民意。中国文化的人文精神重点就在于人不受外在的力量、命运主宰，不是神的奴隶，而是靠自身德行提升自己。以人为本的人文精神的核心就是决定人的命运的根本因素是人自己的德行，是以"德"为本，而不是靠外在的"天命"，人不能成为"天命"（神）的奴隶。

　　早期中国文化呈现的另一特点是对德的重视。近代以来已有学者提出中国文化是一种伦理类型的文化，就其主导的精神气质而言，中华文明最突出的成就与最明显的局限都与它作为主导倾向的伦理品格有关。在中国上古时代已经显露出文化的这种偏好，正是基于这种偏好而发展为文化精神。中国文化在西周时期已形成"德感"的基因，在大传统的形态上，对事物的道德评价格外重视，显示出德感文化的醒目色彩。而早期德感的表现，常常集中在政治领域"民"的问题上，民意即人民的要求被规定为一切政治的终极合法性，对民意的关注极大地影响了西周的天命观，使得民意成了西周人的"天"的主要内涵。西周文化所造就的中国文化的精神气质是后来儒家思想得以产生的源泉和基体。

可以说，西周礼乐文化是儒家思想产生的土壤，西周思想为孔子和早期儒家提供了重要世界观、政治哲学、伦理德性的基础。同时，西周文化又是三代文化漫长演进的产物，经历了巫觋文化、祭祀文化而发展为礼乐文化，从原始宗教到自然宗教，又发展为伦理宗教，形成了孔子和早期儒家思想产生的深厚根基。再向前溯，从龙山文化以降，经历了中原不同区域文化的融合发展，在政治文化、宗教信仰、道德情感等不同领域逐渐地发展，并在西周开始定型成比较稳定的精神气质，这种气质体现为崇德贵民的政治文化、孝悌和亲的伦理文化、文质彬彬的礼乐文化、天民合一的存在信仰、远神近人的人本取向。

中国文化以人为本的思想，曾对欧洲由中世纪进入近代社会起过重要的启蒙作用和推动作用，但其影响尚不止于此。20世纪，发生了两次世界大战，发源地都在欧洲。人类竟然发生如此残酷的互相残杀的战争，究竟是什么原因？追究战争发生的最终目的，无非是资源和财富的争夺。人为了得到资源和财富，而不顾道德、不择手段地去相互残杀，人完全被物欲所左右，人又一次自我异化，丧失了人的主体性、独立性和能动性，而沦为了物的奴隶。因此两次世界大战后，西方一批有见识的思想家，又一次提出了要确立人本主义的问题，高举起新人本主义的大旗，而且几乎一致地认为，这种新人本主义的思想资源要到中国传统文化中去汲取。如果说，17—18世纪欧洲启蒙运动时期，从中国文化中汲取到的以人为本的人文精神文化是为了使人从神的脚下站立起来，不做神的奴隶，做一个有独立主体、理性自由的人，那么20世纪两次世界大战后高举新人本主义的大旗，就是为了使人从物的牢笼中解脱出来，做一个遵循人道、关爱人类、懂得自觉自律的人。

在西方的文化里有一种冲突意识，总是想用自己的力量，以自我为中心，克服非我、制裁他者、占有别人。因此，西方历史上的宗教战争非常残酷，在中国则没有出现过这样的宗教战争。甚至可以说，20世纪两次世界大战，其根源都不在东方文化。总体来讲，跟西方文化相比，中国文化强调和谐高于冲突。

关于儒学是不是宗教的问题，20世纪80年代初期，任继愈先生在《中国社会科学》杂志发表了《论儒教的形成》一文，提出了儒学是宗教的观点，引起了海内外的广泛关注。《中国社会科学》杂志特约李锦全教授撰文，就儒学是不是宗教的问题发表见解。李教授撰写了《是吸取宗教的哲理，还是儒学的宗教化？》一文，发表在该刊1983年第3期上。文章认为，儒学并非现代意义的宗教，但是具有宗教的特点和功能。这篇文章的观点至今仍具有深远的影响。

《光明日报》于2019年2月2日刊登的文章《道法自然 止于至善》谈道："中国传统哲学和思想文化发展的规律和特点，是'矛盾融合，承传创新'；儒家的仁学本质上是一种人际关系学；中国传统哲学发展进程中，不仅有儒道互补，还有儒法互补；中国传统哲学发展史上，魏晋玄学的出现和宋明理学的出现，推进了中国哲学特别是儒家哲学的哲理化进程；儒学是一种吸取了宗教哲理的思想，具有宗教的特点和功能，但儒学本身并不是现代意义的宗教；中国传统文化与现代化既相适应又不相适应，关键在于要用现代化的理念去扬弃、转化传统文化的合理因素。诸如此类的见解，反映出李锦全先生尊重历史、崇尚学术真理的品质。"

为国家立心，为民族铸魂。一个国家、一个民族的强盛，总是以思想为先导、以文化为支撑的。实现中华民族伟大复兴，离不开文化文艺的繁荣兴盛，离不开哲学社会科学的繁荣发展。

2019年4月16日，习近平总书记在《求是》发表文章《一个国家、一个民族不能没有灵魂》，希望大家坚持用明德引领风尚。《左传》讲"太上有立德，其次有立功，其次有立言"，立德是最高的境界。文化文艺工作者、哲学社会科学工作者都肩负着启迪思想、陶冶情操、温润心灵的重要职责，承担着以文化人、以文育人、以文培元的使命。大家社会影响力大，理应以高远志向、良好品德、高尚情操为社会作出表率。

新时代的文化文艺工作者、哲学社会科学工作者明大德、立大德，就要有信仰、有情怀、有担当，树立高远的理想追求和深沉的家国情怀，把个人的艺术追求、学术理想同国家前途、民族命运紧紧结合在一起，同人民福祉紧紧结合在一起，努力做对国家、对民族、对人民有贡献的艺术家和学问家。

我们有这个使命和担当！

注：此文 2019 年被收入第三届"问道玉渊潭"学术研讨会论文集；选入本书时，内容有删减。

论道德是赢得人心的根本

———————◎———————

历史唯物主义认为，道德是一种社会意识形态。作为社会中的人共同生活的准则和规范，道德是社会发展的产物。不同的时代有不同的道德观念，没有任何一种道德体系和道德观念是永恒不变的。

中华民族是一个重视伦理道德的民族。在漫长的历史进程中，中华民族不断追求道德境界的提升，孕育了中华民族的宝贵精神品格，培育了中国人民对崇高价值的追求。这是中华民族在文明长河中绵延不绝、不断发展的精神力量。中国共产党领导人民在革命、建设和改革历史进程中，坚持马克思主义对人类美好社会的理想，继承发扬中华传统美德，形成了引领中国社会发展进步的社会主义道德体系，为中国特色社会主义事业发展提供了强大精神动力。

《鬼谷子》认为："天下不治，在于人心不治。人心不治，在于欲念横溢。欲治天下，首治人心；欲治人心，首治乱象。治乱不过是个手段，治心才是务本正道。若是我等只为治乱而治乱，只以强力统一天下，纵使成功，天下非但不治，只会更乱。"

庄子认为，救世的根本方法在于"救心"，让人们回归淳善的本性，即"归心大道"。所谓大道，就是道家所说的天地万物的根本之道。

被称为"十六字心传"的"人心惟危，道心惟微；惟精惟一，允执厥中"是儒学乃至中国传统文化的要义之一。简单地说，这句话的意思是说人心是危险难测的，道心是幽微难明的，应当一心一意、精诚恳切地秉承中正之道。"十六字心传"源于尧舜禹禅让的故事，既是修身之道也是治国之道，传递的是以"道心"调节"人心"。从此意义来说，道德自觉意识可谓是中国文化的精髓。

2014年5月9日至10日，习近平总书记在河南考察时强调："面对纷繁复杂的社会现实，党员干部特别是领导干部务必把加强道德修养作为十分重要的人生必修课，自觉从中华优秀传统文化中汲取营养，老老实实向人民群众学习，时时处处见贤思齐，以严格标准加强自律、接受他律，努力以道德的力量去赢得人心、赢得事业成就。"

2019年4月30日，习近平总书记在纪念五四运动100周年大会上的讲话中强调："青年要把正确的道德认知、自觉的道德养成、积极的道德实践紧密结合起来，不断修身立德，打牢道德根基，在人生道路上走得更正、走得更远。面对复杂的世界大变局，要明辨是非、恪守正道，不人云亦云、盲目跟风。面对外部诱惑，要保持定力、严守规矩，用勤劳的双手和诚实的劳动创造美好生活，拒绝投机取巧、远离自作聪明。面对美好岁月，要有饮水思源、懂得回报的感恩之心，感恩党和国家，感恩社会和人民。要在奋斗中摸爬滚打，体察世间冷暖、民众忧乐、现实矛盾，从中找到人生真谛、生命价值、事业方向。"

《新时代公民道德建设实施纲要》（以下简称《纲要》）是新时代加强公民道德建设的纲领性文献和行动指南。与2001年颁布的《公民道德建设实施纲要》相比较，《纲要》不仅具有鲜明的新时代特色，而且提出了一系列新时代公民道德建设的新要求、新任务、新举措，其中最突出的新特征和最基本的新要求就是以社会主义核心价值观引领公民道德建设。

2014年5月4日，习近平总书记在北京大学师生座谈会上的讲话中强调："核心价值观，其实就是一种德，既是个人的德，也是一种大德，就是国家的德、社会的德。国无德不兴，人无德不立。"只有加强全社会的思想道德建设，才能激发人们形成善良的道德意愿、道德情感，培育正确的道德判断和道德责任，提高道德实践能力尤其是自觉践行能力，引导人们向往和追求讲道德、尊道德、守道德的生活，形成向上的力量、向真的力量、向善向美的力量。

一、道德与文化软实力

在推进国家治理体系和治理能力现代化进程中，文化是一种巨大的精神、信仰、思想、道德支撑，对于增进社会成员对制度的认同、确保制度有效运行，具有重要意义。中华优秀传统文化是重要的思想文化资源，革命文化和社会主义先进文化是强大的精神力量，社会主义核心价值观是精神内核。

文运同国运相牵，文脉同国脉相连。中华民族是具有非凡创造力的民族，在五千多年的悠久历史中，中华民族培育和发展出了独具特色、博大精深的中华优秀传统文化。作为中华民族精神命脉的中华优秀传统文化，是中华民族最根本的精神基因和独特的精神标识，是中华民族的"根"和"魂"，也是我们最深厚的文化软实力。

梁启超说："国之见重于人也，亦不视其国土之大小，人口之众寡，而视其国民之品格。"

提高国家文化软实力，一个很重要的工作就是从思想道德抓起，从社会风气抓起，从每一个人抓起。

核心价值观是文化软实力的灵魂，是决定文化性质和方向的最深层次要素。国家文化软实力的竞争，说到底是核心价值观的较量。谁的价值观更强大、更贴近现实、更符合民心、更具吸引力，谁就能获得国际话语权，得到国际社会充分认同，进而在国际竞争中取得有利地位。

党的十八大以来，以习近平同志为核心的党中央高度重视国家文化软实力建设。党的十八届三中全会明确提出，"建设社会主义文化强国，增强国家文化软实力"。党的十九大报告提出，到 2035 年基本实现社会主义现代化，"社会文明程度达到新的高度，国家文化软实力显著增强，中华文化影响更加广泛深入"是一个重要指标。

作为人类历史上从来没有断流的悠久文明，中华传统文化中的优秀价值观，在这次新冠肺炎疫情防控中亮出了鲜明的底色。每个中国人面对危机时，牺牲个人利益自觉服从公共利益的家国情怀；中国人之间的守望相助、尊老爱幼……所有这些，正是绵延五千多年的中华优秀传统文化的传承与体现。

"道德当身，故不以物惑。"中华优秀传统文化，蕴含着丰富的思想道德资源。比如，在坚守道德底线方面，强调"己所不欲，勿施于人""与人为善""以己度人""推己及人""君子忧道不忧贫"，要恪守"良知"，做到"俯仰无愧"。再比如，在树立道德理想方面，强调"大道之行也，天下为公"，人要"止于至善"，有社会责任感，追求崇高理想和完美人格，倡导"兼善天下""利济苍生""修身齐家治国平天下""见贤思齐焉，见不贤而内自省也"，做君子，成圣贤。

湖北省军区政治工作局黄明村在《解放军报》发表文章《大力弘扬中华传统美德》，其中谈道：中华传统美德，是中华民族在漫长历史长河中生生不息、不断壮大的"根"和"魂"。五千多年的中华文明涵养出中华民族天下兴亡、匹夫有责的担当精神，精忠报国、振兴中华的爱国情怀，崇德尚礼、见贤思齐的社会风尚，孝悌忠信、礼义廉耻的荣辱观念，这是中华传统美德的集中体现。

人民军队历来是精神文明建设的排头兵。我军根植于祖国大地、滋养于中华文化，从诞生之日起就遗传着中华传统美德的基因，革命道路上铁心听党话、跟党走，诠释着"天下大德，莫过于忠"；战场上视死如归、血战到底，践行着"舍生取义，勇赴国难"；工作中全心全意为人民服务、不拿群众一针一线，彰显着"仁者爱人，守望相助"……正是有了深厚的传统美德底蕴，成就了一代代革命军人的精神高度，人民军队培育出雷锋、孟祥斌、杜富国、张富清等道德楷模，他们用生命、用青春、用坚守、用奉献铸就了崇高的道德丰碑。这些可贵的品德是对中华传统美德的继承与弘扬，在引领人民军队不断从胜利走向胜利的同时，也在全社会产生了极强的道德示范，成为全社会的道德标杆，为促进我国精神文明建设发挥了巨大作用。

二、正确对待马克思主义与中华优秀传统文化的关系

有着数千年历史的中华传统思想像一座宝库，每一个历史时期都产生了一批杰出的思想家，留下了许多珍贵的思想遗产和经典著作，为中华民族和全人类的文明进步做出了巨大贡献。马克思主义中国化的一个重要内容，就是不断把马克思主义基本原理同中国优秀传统思想创造性地结合起来，丰富和发展中国化马克思主义的理论宝库。

　　习近平总书记高度重视马克思主义信仰的精神功能和社会价值。在他看来，坚定马克思主义信仰，首先就要坚定共产主义理想信念。坚定马克思主义信仰，要把党性修养作为终生追求。党性修养是中国共产党人把马克思主义与中国传统文化相结合形成的加强自身建设的独特理论和实践，它是党员个体对马克思主义世界观、价值观和历史观这一价值属性从自发到自觉、从感性到理性、从理论到实践的过程，是共产党员"本质的改造"。习近平总书记多次强调："党性是党员干部立身、立业、立言、立德的基石。"共产党人应该始终心系党、心系人民、心系国家，把对马克思主义的信仰、对社会主义和共产主义的信念作为毕生追求，树立正确的权力观、地位观、利益观，自觉坚持党性原则。

　　马克思主义中国化立足于中国现实问题，为解决中国人民在实践中的重大问题提供了理论指导。在党成立一百多年的历程中，无论是干革命、搞建设，还是抓改革、促发展，中国共产党人始终坚持问题导向，围绕时代主题进行理论思考，不断推进马克思主义中国化。

　　马克思主义占据道义的制高点，因为马克思主义没有特殊利益，不谋私利，不是某个集团或阶级利益的代表，而是代表绝大多数人的利益和人类历史进步方向。

　　马克思主义之所以能占据真理的制高点，因为它是发展着的真理。马克思当年就明确宣布，"我不主张我们竖起任何教条主义的旗帜"，"我们不是以空论家的姿态，手中拿了一套现成的新原理向世界喝道：真理在这里，向它跪拜吧！"马克思主义主要是由马克思创立的，但马克思是奠基者，并非马克思主义科学体系的最终完成者和科学真理的结束者。马克思主义的发展永远不会终结，它在后继者与各国具体实际相结合中不断得到发展。

　　《毛泽东年谱》记载，1919 年 7 月 21 日，毛泽东在《民众的大联合》一文中，第一次提到了马克思。毛泽东何时成为马克思主义者的时间也是很清楚的。1936 年毛泽东在同斯诺谈话中说："有三本书特别深地铭刻在我的心中，建立起我对马克思主义的信仰。我一旦接受了马克思主义是对历史的正确解释以后，我对马克思主义的信仰就没有动摇过。"

　　对共产党而言，马克思主义就是旗帜。不高举马克思主义旗帜的共产党，就不是真正的共产党。若是共产党取消马克思主义指导，就是倒旗，倒旗就是倒党、亡党。对社会主义国家而言，倒旗同时意味着复辟，意味着和平演变。苏联社会主义模式失败就是前车之鉴。

马克思主义中国化的一个重要方面就是把马克思主义同中华优秀传统思想进行创造性结合。马克思主义中国化就是在坚持马克思主义基本原理的前提下，充分吸收中华优秀传统思想的创新成果。实事求是、与时俱进、小康社会、自我革命等马克思主义中国化的标识性概念，都是中华优秀传统思想在马克思主义指导下的凝练和提升。

陈先达教授谈道：我们要坚决反对把马克思主义与中国传统文化对立起来，把中国近百年的伟大社会变革，视为中国传统文化的中断，并把所谓"中断"归罪于马克思主义在中国的传播，归罪于中国革命的观点。

中国的近百年历史，是推进中华民族伟大复兴的社会变革史，是马克思主义在中国传播和马克思主义中国化的历史。社会主义道路不是简单延续我国历史文化的母版，如果延续儒学道统，就不可能走出民族衰败甚至灭亡的困境。以儒学为主导的中国传统文化，只有在中国站起来、富起来、强起来的社会大变革条件下，才能真正得到科学尊重和合理继承；也只有在社会主义中国，孔子才能从被历代封建统治者偶像化和工具化的地位，真正回归作为中国伟大思想家和教育家的崇高地位。儒学由政治化儒学到学术儒学，由制度化儒学到文化儒学的转变，是儒学真正复兴的开始而不是中断。这个过程，是在近百年中国社会变革中逐步实现的。我们要以历史唯物主义观点深刻理解中国近百年伟大社会变革的实质和它的指导思想转换的必然性和必要性，科学理解马克思主义和以儒学为主导的中国传统文化的辩证关系，正确评价马克思和马克思主义在中国近百年变革中的作用，继承中华优秀传统文化，坚持中华传统文化的创造性转化和创新性发展。

培育和弘扬核心价值观，有效整合社会意识，是社会系统得以正常运转、社会秩序得以有效维护的重要途径，也是国家治理体系和治理能力的重要方面。从一定意义上说，现代国家治理能力的重要方面就是培育和巩固社会成员对国家的政治认同和对核心价值观的信仰，即通过核心价值观建设实现社会思想意识整合，强化国家治理能力。

人民有信仰，民族有希望，国家有力量。必须在全社会大力培育和弘扬社会主义核心价值观，筑牢国家治理的核心价值系统，增强国家治理体系的深层文化结构，提高整合社会思想文化和价值观念的能力，掌握价值观念领域的主导权、主导权、话语权，引导人们增强中国特色社会主义道路自信、理论自信、制度自信、文化自信，不断巩固全体人民团结奋斗的共同思想基础，更好凝聚起应对重大挑战、抵御重大风险、克服重大阻力、解决重大矛盾的强大力量。

三、道德与教育

习近平总书记在党的十九大报告中提出："中国特色社会主义文化，源自于中华民族五千多年文明历史所孕育的中华优秀传统文化。"他对中华优秀传统文化的阐释与定位，使其成为中华民族精神的源头，并化为应对国内外重大挑战、实现中华民族伟大复兴中国梦、推动构建"人类命运共同体"的强大精神力量。

中华民族伟大复兴，绝不是轻轻松松、敲锣打鼓就能实现的，要依靠德智体美劳全面发展的建设者和接班人。堪当民族复兴大任的时代新人，不仅要掌握创新创业的关键能力，而且要有更强的责任感、更高的使命感，必须准备付出更为艰巨、更为艰苦的努力，才能把理想变成现实。这就要求年轻一代，不仅要继承中华优秀传统美德和红色文化基因，而且要在前人的基础上，站得更高、看得更远，以更加高远的使命感和更具韧性的责任感，在科学技术、经济社会、思想文化等领域创造出前无古人的业绩。

中国的孔、孟、老、庄、荀、墨、韩非，以及程朱陆王，距今少则数百年，多则千年或两千年以上，但他们思想中的精华仍然是构成中华优秀传统文化的重要组成部分，至今仍然在为我们修齐治平、育德树人提供智慧。

在几千年的历史演进中，中华民族形成了关于国家治理的丰富思想，包括大道之行、天下为公的大同理想，六合同风、四海一家的大一统传统，德主刑辅、以德化人的德治主张，民贵君轻、政在养民的民本思想，等贵贱均贫富、损有余补不足的平等观念，法不阿贵、绳不挠曲的正义追求，孝悌忠信、礼义廉耻的道德操守，任人唯贤、选贤与能的用人标准，周虽旧邦、其命维新的改革精神，亲仁善邻、协和万邦的外交之道，以和为贵、好战必亡的和平理念，等等。这些思想理念，既有升平之世社会发展进步的成功经验，也有衰乱之世社会动荡的深刻教训，体现了中国人几千年来积累的知识智慧和理性思辨，能够给我们以重要启示。

《礼记·礼运》中说："人者，天地之心也。""为天地立心，为生民立命，为往圣继绝学，为万世开太平。"这是北宋思想家张载为后世留下的宝贵精神遗产。"为天地立心"是指为社会建立一套以"仁""孝"等道德伦理为核心的精神价值系统。张载认为一切活动都是心的表现，人心一动、人心一变就会影响到天地万物的变化。人在天地万物之中有这么大的作用，所以人必须时时修养自己，不能松懈。

清华大学陈来教授在《儒家"学以成人"之"学"有何意义》一文中谈到儒家通过"圣人可学"的观念，肯定了"德可学"，即是肯定了德性与教育的联系。圣可学的观念是肯定通过学习获得德性的发展，而君子是孔子特别用来作为理想人格的概念。从整个孔子思想体系来看，最重要的是，"学"的目标是学为君子，以君子的人格态度来从事"学"。在孔子以前，"君子"一词是指统治阶级，孔子则将之改变为理想人格的名称，这是孔子对古代人文主义教育的根本性贡献。

人性光辉的信念使得儒家教育思想对于人不是抱着不信任的态度，而是最大限度地相信人的自我教育和发展的能力，因此，引导人的行为向善，不是依靠严刑酷法，而是依靠人的本性的自觉，去冲破社会污染的迷失。这是最根本的肯定人的尊严的思想。

孔子和孔子以后的儒家都把人的最高理想界定为使学习者成为圣贤。古代教育与学习，最重要的是设立道德的榜样，而这在人文主义文化中只能通过圣人的形象来达到。

立德树人是中国教师的初心和使命，实践是检验初心、砥砺使命的试金石。在新冠肺炎疫情这份残酷而现实的实践"考卷"面前，在战疫的实践过程中，读懂、悟透、讲好战疫这本鲜活而又深刻的教科书，上好战疫课，是教师坚守好立德树人初心、践行好立德树人使命的根本和基础。

修身是一切的根本，也是培养和提升爱的能力的基础。高校教师和青年学生要修其德、精其业、律其行，以全面提升个人素质和能力。高校教师要做好知识的传播者和技能的传授者，不断丰厚学生学识，逐步培养和提升学生爱的能力。

抗击新冠肺炎疫情是一场没有硝烟的特殊战役，全国教师要上好战疫之课，践行"树人"使命，坚守担当之心，弘扬道德之美，宣扬生命之贵，彰显法治之力，引领学生在疫情防控的大课堂中不断成长，共同迎接美好的明天。

当前，在国际、国内形势深刻变化，我国经济、社会深刻变革的大背景下，面对国内外风险挑战明显增多的复杂局面，必须解决道德领域的突出问题以及诸如网络道德建设的新问题，促进社会治理能力的现代化。在社会主义市场经济探索过程中，由于市场经济规则、政策法规、社会治理还不够健全，再加上受不良思想文化侵蚀和网络有害信息的影响，我国社会道德领域依然存在不少问题。譬如，某些地方、某些领域存在不同程度的道德失范现象，拜金主义、享乐主义、极端个人主义言行仍然比较突出；再如，某些社会成员道德观念模糊甚至缺失，缺乏区分是非、善恶、美丑的标准，存在见利忘义、唯利是图、损人利己、损公肥私的行为；另外，造假欺诈、不讲信用特别是网络诈骗的现象久治不绝，某些人的言行极为不负责任，突破公序良俗底线、妨害人民幸福生活、伤害国家尊严和民族感情的事件时有发生。这些问题如果任其发展，必然影响到中国特色社会主义经济建设、政治建设、文化建设、社会建设、生态文明建设目标的实现，也影响到国家形象和文化发展。

纠正一切失德行为，除了加强法治建设，重心还应放在法治教育上。法安天下，德润人心。从改革开放新时期到中国特色社会主义新时代，与法相关的概念经历了从法制到法治的变化过程，法的教育也从培养法制观念到培育法治理念。在全面依法治国、建设法治中国的进程中，青少年肩负着重要责任，关系到中国特色社会主义法治建设的未来和希望；青少年是法治教育的主要群体，要培育与养成青少年遵法、学法、守法、用法的基本理念和行为习惯，做遵纪守法的现代公民。

一切以人民为中心，是中国共产党的初心，是中国共产党的根本宗旨的体现，也是中国特色社会主义制度优越性的体现。

四、道德与家国情怀、家风建设

重视历史、研究历史、借鉴历史是中华民族五千多年文明史的一个优良传统。史书万卷皆"家国"。千百年来，中华民族之所以能够历经磨难而不衰、饱尝艰辛而不屈；近代以来，实现民族复兴之所以成为中华民族最伟大的梦想，根植于民族文化血脉深处的家国情怀厥功至伟。

自 2019 年 5 月 13 日中共中央政治局召开会议，研究部署在全党开展"不忘初心、牢记使命"主题教育以来，习近平总书记多次深入地方考察调研，身体力行推动主题教育扎实开展，并多次提及"历史"，引导人们厚植家国情怀，其情可鉴。

纵观中华五千多年的悠久历史，"家"可谓中国传统文化中的一个基础性范畴。正如国学大师梁漱溟所言，家文化乃中国文化的核心及伦理本位之所在，掌握了家文化就可以提纲挈领地理解中国传统文化。家文化在传承发展的过程中受儒家学说影响较深，其价值取向带有浓厚的家国情怀，可概括为"修身，齐家，治国，平天下"。

中华民族的家国情怀，是我们民族精神的重要组成部分。对于这种家国情怀的形成，中国传统文化诸流派都有其历史作用。

相传为曾子所作的《礼记·大学》云："大学之道，在明明德，在亲民，在止于至善……古之欲明明德于天下者，先治其国；欲治其国者，先齐其家；欲齐其家者，先修其身；欲修其身者，先正其心；欲正其心者，先诚其意；欲诚其意者，先致其知；致知在格物。物格而后知至，知至而后意诚，意诚而后心正，心正而后身修，身修而后家齐，家齐而后国治，国治而后天下平。"

朱熹在其所著《大学章句》中，对《大学》的中心思想作出概括，将"明明德""亲民""止于至善"称为"《大学》之纲领"，将"格物""致知""诚意""正心""修身""齐家""治国""平天下"称为"《大学》之条目"，后世称为"三纲领八条目"，简称"三纲八目"。儒学从其产生之日起便是"为己之学"，即注重儒者自身道德修养的学问，而这"三纲八目"将儒者自身的道德修养与家国情怀联成一系。"格物、致知、诚意、正心"是"修身"的途径，儒者应当以修身为本，"修身"的目的是"明明德、亲民、止于至善"，达到最高的道德境界，而最高的道德境界必须落实于"齐家、治国、平天下"。这就体现了儒家的家国情怀。

《老子·三十七章》云："道常无为，而无不为。侯王若能守之，万物将自化。"《老子·十章》还曾设问："爱民治国，能无为乎？"对此的回答则见于《老子·五十七章》："我无为而民自化，我好静而民自正，我无事而民自富，我无欲而民自朴。"老子心目中的理想政治是顺应大道，无为而治。在他看来，治理国家、安定天下，不必费尽心机地采取各种手段和措施，而可以"治大国若烹小鲜"，实现天下大治。

《庄子·天下》最早提出了"内圣外王之道"，认为人内心的道德修养是"圣功"，发挥出来救世安邦则是"王政"。

佛学本是"出世"之学，但宋代中国佛家却多有"入世"之说。其中最典型的是宋代高僧大慧宗杲（1089—1163）提出的"菩提心则忠义心"之说。

"菩提心"即佛家所追求的"觉悟"之心，它代表佛门的最高智慧。"忠义心"即儒家所提倡的"忠君爱国"之心，它代表封建社会世俗生活领域的最高行为准则。

就家国情怀而论，儒、道、佛三家虽形态有别，却具有共同的价值取向。正由于作为中国传统文化主流的儒、道、佛三家都心系天下、志在报国，都具有或强烈或深沉的家国情怀，才使得中国传统文化成为培育一代又一代中华儿女家国情怀的民族文化。

周朝时期，中华民族就已经创制了以周天子为"天下共主"，以各分封诸侯管理地方的政治体制，天下共主统一管理，分封诸侯维护天子，形成了天下统一的局面。经过战国时期的"礼崩乐坏"，秦始皇建立了中央集权政府，在政治制度上强化了国家的统一。汉承秦制，进一步加强统一的中央政权，"大一统"的思想观念得到系统化贯彻，文化上的"罢黜百家，独尊儒术"政策把"大一统"政治理念在意识形态上进一步加以巩固。从那时起，中国历史虽然历经朝代更迭，呈现分分合合的发展轨迹，但总体上是以统一为大方向，反对和抵制分裂、渴望和维护统一是大趋势。"大一统"的政治理念已经成为中华民族思想的深层精神追求和内在价值尺度。近代以来，在列强侵略和封建制度没落的双重夹击下，中国日益沦落为半殖民地半封建社会，国家失去独立，民族失去尊严，人民失去幸福，中华民族到了生死存亡之际。面对苦难，中国人民没有屈服，为捍卫国家主权独立和统一而奋起抗争，谱写了一曲曲可歌可泣的悲壮史诗。

孙中山强调，中国人黄色的原因，是由于根源黄色血统而成。祖先是什么血统，便永远遗传成一族的人民，所以血统的力量是很大的。孙中山的民族主义在发动民众抵御列强和统一中国时发挥了重要作用。

郑永年教授认为，共产党有效运用了民族主义来实现建立其理想中的民族国家的目标。民族主义曾帮助共产党发动群众反抗日本侵略者，也为其赢得民心而最终从国民党手中夺得执政权。在国内民族问题上，新中国成立不久后，实行民族自治，国家内部各民族的民族主义因此而被弱化。同时，党又用"爱国主义"来取代中华民族的民族主义，以此突出民族和国家的同一性，实现国家统一和境内各民族团结。

习近平总书记指出，弘扬爱国主义精神，必须坚持爱国主义和社会主义相统一，让爱国主义成为每一个中国人的坚定信念和精神依靠，等等。

在新时代，公民道德建设不能只停留在公共场合讲文明、上车排队、主动为老幼病残孕让座这样的要求上，而是在社会责任、生态文明、国家安全等公益精神上要有新的境界。

"在当代中国，发展先进文化，就是发展有中国特色社会主义的文化，就是建设社会主义精神文明。"良好的家风对社会而言，就是一种道德的力量。习近平总书记多次强调建设新时代家风要结合社会主义核心价值观的培育与践行，家风的本质就是一种"德"，既是个人之德，也是国家和社会之德，辐射良好家风在公民道德建设中的影响力，可以在社会中传播正能量，激发人们心中崇德向善的力量，从而推进社会主义精神文明建设。

党的十九大以来，习近平总书记将新时代家风建设提升到治国理政的新高度，使家风建设的重要性得到广泛认同。习近平总书记关于新时代家风建设的重要论述不仅承袭了中华优秀传统文化中优良家风家训之精髓，还与马克思主义家庭观、老一辈革命家的优良家风一脉相承，构建了"家庭、家教、家风"三位一体的家风建设体系。

习近平总书记家风建设论述传承了中华传统家文化的基本道德价值取向。在《习近平谈治国理政》第2卷中，习近平总书记谈到了个人与家庭、家教、家风的关系，并强调了发挥家风的"育人"作用。"家庭是人生的第一个课堂"，"家庭不只是人们身体的住处，更是人们心灵的归宿。家风好，就能家道兴盛、和顺美满；家风差，难免殃及子孙、贻害社会"。有鉴于此，只有当家庭承担起"帮助孩子扣好人生的第一粒扣子，迈好人生的第一个台阶"的重担，承载起帮助孩子"在为家庭谋幸福、为他人送温暖、为社会作贡献的过程中提高精神境界、培育文明风尚"的重任，才能为孩子的成长成才打下良好的思想基础、品德基础和人格基础，才能培育出对社会有贡献的人才。

家风既是家庭的风尚，代表着一个家庭精神层面的价值取向和行为准则，同时又是社会风气的重要组成部分，从家庭风气好坏便可窥见社会风貌如何。正如习近平总书记所强调的，家风是一个家庭的精神内核，也是一个社会的价值缩影。

家和万事兴，将相和，国富强；家人和，业必兴；夫妻协，玉山成。习近平总书记深谙"家国一体"的道理，将"治家"作为"治国"的基点，以实现中华民族伟大复兴的中国梦作为其家风建设论述的目标指引，号召全社会注重家庭、注重家教、注重家风，从而淳化民风、改善社风，为实现中国梦提供强大的精神动力。

领导干部的作风是关系到人心向背，关系到党生死存亡的大事，官员贪腐、违法乱纪等社会问题的根源之一就在于家风败坏。建设良好家风有利于推动实现干部清正、政府清廉、政治清明。

习近平总书记多次强调，"不忘历史才能开创未来，善于继承才能更好创新"。新时代重视家风建设，其实是在呼吁传统家风和红色家风中优秀家庭美德的回归和传承，推进新时代家庭美德的培育与发展，这既是推动文明家庭建设的重要之举，也是延续中华文化血脉的应有之义。

五、国际道义与人类命运共同体

仁者之爱，忠恕之道，在于民本。新冠肺炎疫情发生以来，中国始终坚持以人为本，本着对中国人民和世界人民高度负责的态度，发出了中国必将打赢疫情防控的人民战争、总体战、阻击战的时代最强音。"愿凭仁爱医苍生"，正是基于这种人民至上、生命至上的理念，中国政府以壮士断腕的决心，采取了最坚决、最有效的防疫措施，全力阻止疫情扩散蔓延，汇聚全国医疗资源和技术力量全力救治患者，努力提高收治率和治愈率、降低感染率和病亡率，尽最大努力保护人民健康、挽救生命，维护人类健康福祉。世界卫生组织和国际社会高度赞赏并充分肯定中国政府采取的果断措施，中国体制之有力和中国举措之有效世所罕见，令人敬佩。中国强有力的举措既控制了疫情在中国境内扩散，也阻止了疫情向其他国家蔓延，不仅是在保护中国人民，也是在保护世界人民。中国人民在疫情防控中展现出的中国力量、中国精神、中国效率，展现出的负责任大国形象，生动践行了构建人类命运共同体的庄严承诺。

"天下为公"的大同社会理想。《礼记·礼运》描绘道："大道之行也，天下为公，选贤与能，讲信修睦。故人不独亲其亲，不独子其子，使老有所终，壮有所用，幼有所长，矜、寡、孤、独、废疾者皆有所养，男有分、女有归。货恶其弃于地也，不必藏于己；力恶其不出于身也，不必为己。是故谋闭而不兴，盗窃乱贼而不作，故外户而不闭，是谓大同。"这种以"天下为公"为核心的大同社会理想，浸润在中国思想的底蕴当中，不仅成为知识精英的思想价值追求，甚至成为社会大众对现实社会的判断标准，在几千年的历史发展中呈现出不同的形态，构成了中华民族发展的强大理想的牵引力量。

中华优秀传统文化中有着"天下大同"的崇高理想，强调"四海之内皆兄弟也"。这一理想追求与习近平主席提出的"人类命运共同体"理念，以及人类所追求的公正合理世界秩序的价值目标是共通的。这次疫情防控中，中国与各国的守望相助、投桃报李令人印象深刻。在日本捐赠给武汉抗疫物资的纸箱上，写着"山川异域，风月同天"；在无锡回赠给日本丰川市的口罩包装箱上，写着"一衣带水，源远流长"……这场疫情防控，让人们对"人类命运共同体"理念有了更加深刻的感知，也让中华优秀传统文化的底色更加闪亮。

新冠肺炎疫情在全球的暴发让我们看到，不仅全国上下是一个"生命共同体"，甚至"地球村"也是个"人类命运共同体"。我们全力救治国民身体，守护健康，关注心理及生存状态的同时也不忘对其他国家民众的关怀，持续对89个国家4个国际组织提供了医疗物资的紧急人道主义援助。2020年3月26日，习近平主席出席二十国集团领导人应对新冠肺炎特别峰会，申明我们会

"秉持人类命运共同体理念，愿同各国分享防控有益做法，开展药物和疫苗联合研发，并向出现疫情扩散的国家提供力所能及的援助"。同时介绍了"中国经验"，阐述了"中国主张"，提出"中国倡议"，承诺继续做出"中国贡献"，彰显了中国的道义担当。

中国广泛分享防控经验，对外提供医疗防护物资，并积极派遣医疗队伍支援其他国家。截至 2020 年 5 月上旬，通过开设疫情防控网上知识中心，公开 7 版诊疗方案、6 版防控方案。设立 20 亿元人民币抗疫合作专项资金，同 160 多个国家和国际组织召开 120 余场视频交流会议，向 150 多个国家和国际组织提供医疗物资援助，向 19 个国家派出 21 支医疗专家组。中欧成立联合专家组，中韩建立联防联控合作机制，向世卫组织提供 5000 万美元现汇捐助。积极响应 G20 "暂缓最贫困国家债务偿付倡议"，同意暂缓 77 个有关发展中国家 2020 年 5 月 1 日至年底到期的债务本息偿付。国际社会普遍赞赏中方支持帮助，认为中方行动体现了患难与共、守望相助，进一步凸显了构建人类命运共同体的重要性。

面对新冠肺炎病毒这一共同的敌人，抗疫实践要求全球各国以非零和博弈的做法在团结互助中采取步调一致的行动。

在如今世界各国紧密相连、互通有无的经济全球化时代，面对汹涌而来的疫情，没有任何一个国家可以成为"世外桃源"，成为不受感染的"孤岛"。世界各国必须加强团结，结成广泛的人类抗疫统一战线，协调应对，才能真正战胜新冠肺炎病毒，或至少使该病毒的传播力处于一种可控的低弱状态。在抗疫实践中，如果隔岸观火、袖手旁观、抹黑嘲讽，甚至搞污名化、"甩锅"等举动或小动作，显然不利于人类的团结抗疫。人类在抗疫实践中要想大获全胜，不只在于少数国家感染人数的降低，而在于所有国家感染人数的降低，只有把全世界的疫情控制住，才有可能不让病魔卷土重来。

疫情防控让我们更懂得敬畏生命，关怀他人，尊重大自然各类生命体的生命权利和生存秩序。善待其他的类存在（植物和动物），从"亲亲而仁民""仁民而爱物"到"民胞物与"，从"人类命运共同体"到"人与天地万物为一体"，这也是人文关怀的最终旨归和实现。

"志合者，不以山海为远"。病毒是人类共同的敌人，疫情没有国界。面对日益严峻的疫情形势，世界需要前所未有之大联动、大合作、大协同。中国将同世界各国同舟共济、共克时艰，为夺取全球抗疫的最终胜利贡献中国力量和中国智慧，与各方一道在抗击疫情过程中推动构建人类命运共同体。

六、二论儒学不是宗教

中华优秀传统文化注重人伦的优秀道德思想，道德伦理学说是中华思想体系中的重要组成部分。春秋战国时期，中国古代思想逐步实现从重神到重人的转变，由此带来了对人际关系及道德伦理的重视，推动了道德观念的升华。随着伦理道德逐渐变成世俗化的普遍的社会政治规范，"德"的地位日益凸显。人们对道德的价值功能进行了讨论，并将伦理作为指导社会政治生活的根本法则之一。儒家对道德规范的认识价值和行为操作价值作了充分论证，赋予每一项道德规范具体的政治功能，主张以道德原则规划社会政治，约束政治行为。秦汉以后，伦理学、哲学与政治学混合在一起的儒家学说居于意识形态的主流地位，深刻影响了中华思想的走向。此后历代学者均将思考的重心放在道德伦理方面，形成并发展了丰富的道德伦理思想。在这个思想体系中，以仁、德为核心，"天下为公""以德配天""为政以德""修齐治平"成为理想的政治准则，仁义礼智信、温良恭俭让等受到推崇并成为规范行为准则。思想家和经典著作对伦理道德进行了多方面阐述，如：孟子言五伦、论四端；荀子则隆礼、亲师，重视后天修养；汉儒倡导"三纲五常"之说；《中庸》提倡知、仁、勇，《大学》论格物、致知、诚意、正心、修身、齐家、治国、平天下，归本于明德、亲民、止于至善等。这些丰富的道德伦理学说，在当代社会历史条件下依然具有深远影响和重要意义。

中国古代思想注重现实人生，但并不局限于现实人生，而是追求"内在的超越"，追求崇高的精神境界，以升华现实人生，关于道德修养方法和认识方法的许多见解，都凝结着深邃的智慧和不倦的人生追求，是当今涵养社会主义核心价值观的道德源泉。

宋代以后，中国化佛教思想已经成为中华传统思想的有机组成部分，影响到哲学、政治、文艺以及日常习俗等各个方面。宋明时期，以程朱理学、陆王心学等为代表的"新儒学"兴起。新儒学思想家们虽然往往都以"辟佛"自任，但理学本身正是儒学在广泛吸收佛教思想的基础上形成的。理学对佛学的排斥，与其说是思想冲突，毋宁说是为保持自身身份的清晰与独立而不得不采取的一种措施。明清之后，儒释道"三教合一"日益被人们接受，儒释道三家思想已经浑然一体而共同构成中华传统思想的主体内容。

任继愈于 20 世纪 80 年代推出儒教论。为进一步阐述"儒教论"，我曾在五篇论文里阐述儒学不是宗教。任继愈的学生、著名学者张岂之教授对老师提出儒教论的背景作了一番研究，并不认同其老师儒教的观点。以下内容引自《张岂之谈中华优秀传统文化》一书。

1938 年考取西南联大北京大学文科研究所第一批研究生，师从汤用彤和贺麟教授攻读中国哲学史和佛教史。1941 年毕业，获硕士学位。

任继愈先生的一生是人文学术研究的一生，与其学术研究密切联系：

1988 年任先生在《熊十力先生的为人与治学》一文中提出：我过去一直是儒家的信奉者。新旧中国相比较，逐渐对儒家的格致诚正之学，修齐治平之道，发生怀疑。对马列主义的认识，逐渐明确。在 1956 年，我与熊先生写信说明，我已放弃儒学，相信马列主义学说是真理，"所信虽有不同，师生之谊长在"，"今后我将一如既往，愿为老师尽力"。熊先生为我国现代著名学者，诚信儒家学说，他是中国佛学研究的大家，是任先生的老师。新中国建立后，任先生经过学习，相信中国化的马克思主义是真理。

"文革"结束以后，我国进入新的历史时期，即改革开放的历史时期，这个时候，任继愈先生思考一个大问题：20 世纪 60 年代，为什么中国会发生"文化大革命"？为此，任先生写了一篇长文，名《朱熹与宗教》，发表于《中国社会科学》杂志 1982 年第 5 期。

在任先生看来，儒教是中国土生土长的宗教，它以封建宗法制为核心，吸收了佛教、道教中的一切宗教修养方法（如禁欲主义、静坐、反省），把人们引向信仰主义、蒙昧主义、偶像崇拜的死胡同。对此，任先生着重指出："人们记忆犹新的十年动乱时期的造神运动所以得逞，千百万群众如醉如狂的心态，它的宗教根源不是佛教，不是道教，而是中国儒教的幽灵在游荡，只不过它是以无神论的面貌呈现在人们面前的。"

任先生关于中国儒学是宗教的长文于《中国社会科学》杂志发表以后，在学术界引起了争论，有同意，也有许多不同的意见。我不想去评价自己老师的上述观点是否准确，因为这不完全是学术问题，其历史意义重于学术价值。我虽然不同意中国儒学是宗教，但是我认为，任先生反思中国为什么会发生"文化大革命"，认为"文革"按其实质说乃是封建主义残余的一次大表演，说明文化思想领域必须肃清封建宗法主义残余，是有重要现实意义的。我想强调一点：我国人文社会科学的前辈学人走过太多曲折的道路，有不少痛心疾首的教训，他们思考的并非都是学术问题，而主要是与现实密切相关的问题，关于民族复兴的大问题。今天学人们可以对任先生的上述观点提出这样或那样的疑问，例如，我国 20 世纪 60 年代的造神运动是否来源于儒学的传统，苏联共产党内长期流行的对于斯大林的个人崇拜是否影响过中国，我党在"文化大革命"前是否有对领袖的个人崇拜？总之，提出问题，才便于讨论。

张岂之教授认为，在思想上，孔子有三个重要的理念：（1）"道"，即人生目标、理想。孔子说："朝闻道，夕死可矣"，"士志于道"，"君子忧道不忧贫"等。（2）"仁"，即爱人，由亲亲扩展到爱大众，进一步主张"己欲立而立人，己欲达而达人"。这是孔子的核心理念。（3）礼与乐，孔子认为这是社会和谐的基石。

从唐代开始，到北宋时形成理学，南宋理学体系进一步完善，"三教合一"真正定型。所谓"三教合一"，佛教、道教是宗教，而儒学并非宗教，是一种有效的教化，"以文载道，以文化人"。

认为儒家学说或教化在中国历史上演变为与佛教、道教鼎足而立的宗教，这是任先生的独特学术观点，有些学者持不同的意见。对此我也作过一些研究，我的浅见是：佛教有释迦牟尼，儒学有孔夫子；佛家有"真如佛性"，儒家有"至诚之道"；佛教有成佛的途径，儒学有达到至诚的"五步法"（即博学、审问、慎思、明辨、笃行）；佛家以释迦牟尼为佛祖，儒学以孔子为圣人；佛教有继承的佛法关系，儒家有道统。儒学在面对佛教挑战时没有被动摇，还有了发展。

朱子（朱熹）难能可贵的地方在于他没有造神，他提出君子要研究两门学问：一是"尊德性"，一是"道问学"。这两门学问都要学习。"尊德性"就是宏观的道德修养，而"道问学"则是具体的知识。人们在学习过程中既要博大又要精微，既有宏观又有微观。如果在这两方面都有了功夫，则必有所得。这就比视孔子为神明要高明得多了。

重视人的主体思想，正是反映了儒家学说的精髓，因为儒学思想的实质是"人学"。

注：本文为2021年参加"第三届世界文化论坛"的论文；收入本书时，内容有删减。

再论道德是赢得人心的根本

————— ◎ —————

2021 年 3 月 22 日，习近平总书记在福建考察时强调："我们要特别重视挖掘中华五千年文明中的精华，把弘扬优秀传统文化同马克思主义立场观点方法结合起来，坚定不移走中国特色社会主义道路。"

中华文明已有 5000 多年的历史，具有深厚的历史与文化底蕴，与古代埃及文明、两河文明、印度文明并称为历史最悠久的世界四大文明。与这三个古文明相比较，能够清楚地看出中华文明的延绵不断。

习近平总书记在庆祝中国共产党成立 100 周年大会上明确指出，"坚持把马克思主义基本原理同中国具体实际相结合、同中华优秀传统文化相结合"。马克思主义是革命的科学理论体系，为中国革命、建设、改革提供了强大思想武器。中华优秀传统文化是中华民族的根和魂，为中华民族克服困难、生生不息提供了强大精神支撑。坚持把马克思主义基本原理同中华优秀传统文化相结合，是中国共产党百年奋斗历程中始终关切的一个重大理论和实践问题。

一、道德与文化软实力

"中华优秀传统文化是我们最深厚的文化软实力，也是中国特色社会主义植根的文化沃土。"进入新时代以来，以习近平同志为核心的党中央站在实现中华民族伟大复兴的高度，深刻洞察中华优秀传统文化与中华民族发展的内在关系，对中华优秀传统文化作出新的判断、新的概括和新的定义，赋予崭新的时代内涵，体现了高度的文化自信。中华文明绵延数千年，有其独特的价值体系。中华优秀传统文化已经成为中华民族的基因，植根在中国人内心，潜移默化影响着中国人的思想方式和行为方式。党中央对传承弘扬中华优秀传统文化的一系列举措，在全社会点燃了中华文化创造性转化、创新性发展的强大引擎，中华优秀传统文化的生命力、影响力、凝聚力和创造力不断增强。

我们这个伟大的民族立于世界民族之林，生生不息；我们灿烂的中华文明源远流长、历久弥新，一个重要奥秘就是文以载道、以文化人。而典籍，正是中华文化永不枯竭的源头活水，是永远给中华儿女以精神滋养、提醒我们不断进行精神反刍的范本。

"人能弘道，非道弘人。"谁都知道中华文化源远流长、博大精深，历经上下五千多年而文脉不绝，根本在于一代代华夏子孙以典籍为媒，薪火相传，接续前行。

在中国历史上，最初形成的核心价值观被称为"五教"。司马迁在《史记·五帝本纪》中指出："天下明德皆自虞帝始。"虞帝，又称舜帝、虞舜，是与尧并称的一代圣王。虞帝开创和推行的"明德"是一个道德价值体系，其中"五教"居于核心地位。可以说，中国古代社会核心价值观的形成肇始于虞帝。

虞舜受尧帝禅让继位后，针对当时社会上出现的"百姓不亲，五品不逊"的现象，大力推行"五教"。《尚书·舜典》对此有记载："帝曰：契，百姓不亲，五品不逊，汝作司徒，敬敷五教，在宽。"契是商人的祖先，被虞帝任命为司徒，负责教化事宜。"五品"，历来的解释是指五伦，即父、母、兄、弟、子。"五教"自然就是五品之教，指义、慈、友、恭、孝，要求父亲正义、母亲慈祥、兄长友爱、弟弟恭敬、子女孝敬。父、母、兄、弟、子全是家庭成员，"五教"是针对家庭成员而提出的伦理要求。"五教"的产生，意味着虞帝时代的中国社会组织由氏族演变为家族乃至家庭。家庭一旦产生，便成为稳定的社会细胞，其价值也得到了普遍肯定和推崇。虞帝开创的"天下明德"，除"五教"外，还有温、和、恭、宽、让、直等，但"明德"作为一个道德体系，以"五教"为核心，这实际上揭示了"五教"是虞舜时代构建的社会核心价值观，也是中国历史上最早形成的社会核心价值观。

儒家是春秋战国时期构建社会核心价值观的引领者。孔子、孟子、荀子等大儒站在时代前沿，把握社会脉动，研判发展趋势，纷纷拿出自己构建的核心价值观的方案。

孔子是儒家的宗师，他最早构建了一个道德价值体系，提出了一系列道德范畴，如仁、礼、智、勇、和、中庸、孝、悌、忠、恕、温、良、恭、俭、让、宽、信、敏、惠等。这些道德范畴，有的属于道德理念，有的既是道德理念也是道德规范，但无一例外都蕴含着某种价值要素，为后世儒家乃至国人所推崇。

在中华民族5000多年的文明历史中，形成了诸多具有永恒魅力、极具时代价值的文化理念。在政治实践领域，中华优秀传统文化中求同存异、和合与共、推己及人、兼容并蓄、守望相助、天下大同、厚德载物、精忠报国等理念，深刻影响了中国式民主的价值取向和行为规范。这些文化理念经过创造性转化和创新性发展，成为中国式民主生成与发展的文化基因。中国共产党人在马克思主义指导下，从中华文明中汲取政治智慧，为中国式民主的理论建构和实践推进提供了精神动力。例如，"民惟邦本，本固邦宁""水则载舟，水则覆舟"等，都是中国古代民本思想的直接体现，对于发展社会主义民主有重要思想价值。

中华民族精神所蕴含的共同理想信念和充沛的道德价值规范，有助于人民提升精神境界、增强相互信任和理解，在为整个中华民族共同体的社会风尚和发展方向提供规范性指导的基础上，为中华民族共同体的健康发展和进步繁荣提供持续的信念支撑和有效的价值统领，推动中华民族成为充满自觉性、坚定性、凝聚力的共同体。

中国式民主以辉煌灿烂的中华文明为依托，在中国共产党领导人民进行革命、建设和改革的长期奋斗中发展成熟，有着深厚广泛的实践基础。因此，中国式民主绝不是对别国民主模式的照搬照抄，而是立足中国基本国情、面向人民群众需要所进行的民主创造，是中国品格和中国精神的具体体现。

任何民族共同体要想在激烈的变局中立于不败之地，都需要具备与时俱进的生命活力。中华民族历史上经历过很多磨难，但从来没有被压垮过，而是愈挫愈勇，不断在磨难中成长，从磨难中奋起。中华文明数千年来历经各种艰难险阻而持续发展，近现代历经民族发展的诸多挫折而繁荣昌盛，是各族人民务实探索、自强不息、共同奋斗的结果，所彰显出来的正是各族人民积极进取、生生不息的民族精神活力。中华民族精神是中华民族在历史的洪流中屹立不倒、奋勇向前的根本原因所在。我们要探索、挖掘、继承并弘扬各族人民实践总结的各种精神内容和由此汇聚而成的中华民族精神，为中华民族共同体持续注入生命力和创造力。

人民有信仰，民族有希望，国家有力量。由理想信念、精神追求、文化价值等元素构成的文化软实力是一个国家综合国力的重要体现。实现中国梦必须弘扬中国精神——以爱国主义为核心的民族精神和以改革创新为核心的时代精神。中国精神是凝心聚力的兴国之魂、强国之魂。

在《人民日报》刊登的《重视挖掘中华五千年文明中的精华（大家手笔）》一文谈到习近平总书记在福建考察时强调："我们要特别重视挖掘中华五千年文明中的精华，把弘扬优秀传统文化同马克思主义立场观点方法结合起来，坚定不移走中国特色社会主义道路。"

在与时俱进中对中华优秀传统文化进行创造性转化、创新性发展，必将进一步增强走中国特色社会主义道路的坚定性。

中国共产党从成立之日起，就把马克思主义写在自己的旗帜上，并且在马克思主义的指导下继承和发展中华优秀传统文化，"既是中国先进文化的积极引领者和践行者，又是中华优秀传统文化的忠实传承者和弘扬者"。百年实践也充分证明，马克思主义和中华优秀传统文化，哪一个都丢不得，无论丢了哪一个都不利于中国社会的发展进步。

马克思主义是科学的世界观、历史观和方法论，是中国革命、建设和改革开放实践的指导思想。中华优秀传统文化是民族的精神命脉和固有根本，是我们在世界文化激荡中站稳脚跟的根基。

马克思主义是西欧文化语境与无产阶级革命运动背景下的理论产物，能否在中国传播发展、被中国人民所接受与运用，是马克思主义中国化历史进程中面临的一个重要问题。有学者认为尽管中西文化之间存在特定的差异性，但并不阻碍马克思主义在中国的传播与发展，相反中西文化在很大程度上的共通性，构成马克思主义在中国生根的必要条件。例如，田辰山以马克思主义辩证法与中国《易经》的"通变思维"进行对比，得出马克思主义辩证法在中国能够传播与发展的结论。

传统文化作为中华民族数千年历史发展过程的思想结晶，已成为彰显本民族精神的特质，构成民族文化心理结构的主要成分，这是中华民族区别于其他民族的显著因子。这种民族文化心理结构具有强大的稳定性，可以随着时间的流逝与实践的发展，呈现出内在基因不变的超稳定性结构。

马克思主义在中国的传播与发展，必须实现与传统文化的有机融合。马克思主义理论与传统文化的结合不仅体现在早期的比附、解释，而且表现在后期借助传统文化构筑马克思主义在中国易于接受、人民群众喜闻乐见的传播方式。

从更深远的意义上来说，中国传统文化与马克思主义的深度融合不仅体现在外在形式的支撑，更需要深入到内容的供给，即运用传统文化中的精华补充发展中国马克思主义理论。中国传统文化中的一些优秀因子，是马克思主义理论所没有涉及的内容，如传统文化中关于命运和谐共生的优秀理论因子，对于丰富发展当代中国马克思主义理论中的人类命运共同体思想具有重要的借鉴意义。

马克思主义之所以能够在中华优秀传统文化中扎根，从根本上说还是在于二者内容上的契合性与融通性。比如，中华优秀传统文化主张讲仁爱、行仁政，提倡"以天下为己任"，强调"天下兴亡，匹夫有责"；相应地，马克思、恩格斯在《共产党宣言》中就曾明确宣告："无产阶级的运动是绝大多数人的、为绝大多数人谋利益的独立的运动。"再比如，中华优秀传统文化历来讲"水能载舟亦能覆舟""得民心者得天下"；马克思主义认为，人民群众是人类历史的创造者，人民群众不仅是社会物质财富和精神财富的创造者，更是社会变革的决定力量。对人类社会发展的理想追求上，中华民族期盼的是"大道之行也，天下为公"的大同世界；马克思主义认为，共产主义社会是人类最进步、最美好的社会制度，是人类最崇高的社会理想。毛泽东就曾用"大同"来表述共产主义的社会理想。2021 年 3 月 22 日，习近平总书记在福建武夷山朱熹园考察时说："如果没有中华五千年文明，哪里有什么中国特色？如果不是中国特色，哪有我们今天这么成功的中国特色社会主义道路？我们要特别重视挖掘中华五千年文明中的精华，弘扬优秀传统文化，把其中的精华同马克思主义立场观点方法结合起来，坚定不移走中国特色社会主义道路。"可以说，马克思主义与中华优秀传统文化在内容方面的契合性、融通性揭示了二者能够结合起来的内在规定性。

"中国社会主义之于欧洲社会主义，也许就像中国哲学与黑格尔哲学一样。"今天，推进马克思主义中国化，需要我们高度重视、深入挖掘中华优秀传统文化精华，在推动创造性转化、创新性发展中汲取理论创新的思想营养，坚定文化自信。

二、道德信仰是基石，立国之本

真正的共产党人信仰什么？1945 年在党的七大的闭幕词中，毛泽东就曾鼓励全党："一定要坚持下去，一定要不断地工作，我们也会感动上帝的。这个上帝不是别人，就是全中国的人民大众。"从根本上说，中国共产党人的信仰就是人民，即全心全意相信人民、依靠人民、为了人民，也就是说人民是共产党人心中的"上帝"。在阶级或有阶级的社会里，普通劳动大众始终占社会的绝大多数，绝大多数人的利益、意愿、意志和力量是创造历史的真正动力，最终决定历史的发展方向。这是历史唯物主义的真谛。信仰人民，这一信仰高尚而光荣，是社会的现实和历史的真实，而不是社会和历史的虚幻。无论是革命战争时期，还是社会主义建设、改革年代，无数中国共产党人用自己的汗水、热血甚至生命，为民族的独立解放，国家和人民的繁荣富强，默默坚守着这一信仰。

对共产党人来说，信仰人民就是信仰马克思主义。马克思主义诞生于亿万人民群众的实践，揭示了人类历史发展的根本规律和最终归宿。真正的共产党人信仰马克思主义并使人民群众觉悟，带领大家一起奋斗，就能最终实现马克思、恩格斯所说的"每个人的自由而全面发展"这一美好的社会即共产主义社会。从一定意义上讲，信仰马克思主义和人民，是顶层和终极的信仰。共产党员必须遵守党章，信仰马克思主义，为着人民。

历史和现实反复证明，一个政党有了远大理想和崇高追求，就会无坚不摧、无往不胜，就能经受一次次挫折而一次次奋起，赢得一个又一个伟大胜利。

学史增信，就要用党的光荣传统和优良作风坚定信念、凝聚力量，用信仰信念信心照亮奋斗之路。

心中有坚定信仰，脚下有无限力量。"敌人只能砍下我们的头颅，决不能动摇我们的信仰"，"为共产主义奋斗终身，我已不是三思而行，而是百思已定"，这是硝烟战火的淬炼；"把一只脚放在另一只脚前面"，"只要还有一口气，就要将革命进行到底"，这是万里长征的丈量；"我是党员，我先上"，这是时代发展的呼唤。

建设新时代文明实践中心的一个重要任务就是要不断满足人民日益增长的精神文化需求。贵州龙里县冠山街道西联村以社会主义核心价值观为牵引，以"说文明话、做文明人、树文明观、办文明事、建文明村"为抓手，倡导"讲文明、讲礼貌、讲卫生、讲秩序、讲道德"，推进文明和谐；倡导"心灵美、语言美、行为美、环境美、家乡美"，推进乡风文明；倡导"热爱村邻、热爱家乡、热爱共产党、热爱祖国、热爱社会主义"，推进感恩奋进。他们还注意挖掘农耕文化中蕴含的优秀思想观念、人文精神、道德规范，提高群众文明素质和农村社会文明程度，提升群众的生活品质。

道德水准的提升更体现在思想觉悟的提升，体现在信仰的确立与巩固。在龙里村寨走访，能够看到不少上了年纪的老人在深秋的暖阳下做着木匠活，他们是在为村里建休闲乘凉用的亭子。材料是捐献的，劳动也是义务的，虽然劳动辛苦，但他们脸上的表情是愉快的，精神是昂扬的。

信仰正是在对美好家园和美好社会的向往中确立，人生的价值与意义也正是在为美好生活和美好社会的奋斗中彰显。龙里的新时代文明建设，既以中国优秀传统文化为根基，又以中国特色社会主义为根据，丰富了人民的精神世界，增强了人民的精神力量，提升了人民的精神风貌，也巩固了中国特色社会主义的精神信念基础。

需要清醒地看到，统治美国的盎格鲁撒克逊—犹太资本神圣同盟，有着强烈的称霸世界的宗教天命（当然，他们同盟内部也存在着毫无调和余地的"终极信仰冲突"），这就需要中华民族和青年一代，一定要坚定文化自信，展现强大的"信仰的力量"。

延续了几千年的文明传统，加上中国革命和新中国成立后的革命英雄主义情结，深深刻在了我们民族（包括青年一代）的灵魂深处，即使偶尔被商业社会的惯例所遮掩，在重大命运关头，这个强大的"信仰的力量"依然会自动展现出来，对此我们有着充分的信心。

在存在"终极信仰冲突"的当今世界，中华民族包容的"天下主义"精神信仰，对推动世界持久和平与共同繁荣，具有特殊重要的意义。

习近平总书记在给复旦大学《共产党宣言》展示馆党员志愿服务队全体队员回信中指出："希望广大党员特别是青年党员认真学习马克思主义理论，结合学习党史、新中国史、改革开放史、社会主义发展史，在学思践悟中坚定理想信念，在奋发有为中践行初心使命，努力为实现'两个一百年'奋斗目标、实现中华民族伟大复兴的中国梦贡献智慧和力量。"高校作为人才培养的重要场所，加强大学生"四史"教育，是落实立德树人根本任务的必然要求。

要让新时代大学生在思想上弄清楚、理解透中国共产党为什么"能"、马克思主义为什么"行"、中国特色社会主义为什么"好"，就必须坚持以唯物史观为指导，引导大学生树立正确的历史观，坚定理想信念，学会运用马克思主义理论的观点和方法，提高明辨是非、分析问题、解决问题的能力，以史为鉴，筑牢信仰基石。

三、以人为本与以人民为中心

清华简中的《厚父》《芮良夫毖》是两篇不曾传世的西周文献。《厚父》所记周武王与厚父君臣间的对话，不仅代表了周人对国家起源的认知，也反映了中国早期民本思想的萌动。过去不少学者认为民本思想是战国时期才有的政治理念，然《厚父》提出"民心惟本"，表明这种思想以及概念早在西周初年即已产生，适与《尚书》周初诸诰明德、重民思想相印合。

儒家常常把"人"作为"万物"之"秀者""灵者"和"贵者"加以赞颂，要求"人"最大限度地发挥他的独特本性，完成天赋予他的使命。对儒家来说，人类或人之所以为人的本质是人的"道德性"。

核心价值观必须成为全体社会成员的共识，举国上下同心同欲，知行合一，真正落实在日常生活实践上。而要做到这一点，必须深入了解和把握民心民意，明白"民之所欲，天必从之"、人心不可违的道理，谨记管子的名言"政之所兴，在顺民心；政之所废，在逆民心"，以及孟子所引述的名言"天视自我民视，天听自我民听"。在凝聚人心、达成共识的基础上构建社会主义核心价值观。只有这样构建出来的社会主义核心价值观，才拥有强大、永久的生命力。

人类善恶并存，需要道德的劝善和导善，也需要法律的惩恶和防恶。国家治理离不开法治，也离不开德治。法治也好，德治也罢，都是人在治，治来治去治的都是人。以人为本，就是以人性为本，抓住人性就抓住了根本。

以人为本的实质是顺应人心。人心即人的愿望，包括人的需求、欲望、动机。老子说，圣人无常心，以百姓心为心。以人为本追求的是人心所向。

"人民是历史的创造者，是决定党和国家前途命运的根本力量。我们党来自人民、植根人民、服务人民，一旦脱离群众，就会失去生命力。""人民第一""人民至上""全心全意为人民服务""人民对美好生活的向往，就是我们的奋斗目标"，我们党是这么说的，也是这么做的。人民是我们党执政的最大底气。

2020年9月8日，在庄严隆重的全国抗击新冠肺炎疫情表彰大会上，习近平总书记发表近万字的长篇讲话，发出弘扬伟大抗疫精神的时代强音！

一段段深情的回顾，一句句深刻的总结，一声声热情的讴歌，都离不开一个字——"人"。强调人民立场、盛赞人民伟力、着眼人类未来，讲话中145次提到"人"。以"人"立题，以"人"为本，这个"人"字可谓是讲话之魂。

大疫当前，举国同心。党中央一声号令，全国上下闻令而动，最精干的人员、最急需的资源、最先进的设备千里驰援，四面八方的战疫力量火速向重点地区集结。各行各业扛起责任，国有企业、公立医院勇挑重担，460多万个基层党组织冲锋陷阵，400多万名社区工作者在全国65万个城乡社区日夜值守，各类民营企业、民办医院等机构积极出力，广大党员、干部带头拼搏，人民解放军指战员、武警部队官兵、公安民警奋勇当先，广大科研人员奋力攻关，数百万快递员冒疫奔忙，180万名环卫工人起早贪黑，新闻工作者深入一线，千千万万志愿者和普通人默默奉献，14亿多中国人民同呼吸、共命运、肩并肩、心连心，凝铸起一道阻击疫情的钢铁长城。抗疫斗争伟大实践再次证明，中国人民万众一心、同甘共苦的团结伟力，是战胜前进道路上一切艰难险阻的力量源泉。只要紧紧依靠人民、一切为了人民，充分激发广大人民顽强不屈的意志和坚忍不拔的毅力，我们就一定能使最广大人民紧密团结在一起，不断创造中华民族新的历史辉煌。

新冠肺炎疫情防控中，中国共产党和中国政府坚持人民至上、生命至上，不惜一切代价拯救生命、保护人民生命健康安全。习近平总书记强调，我们党没有自己特殊的利益，党在任何时候都把群众利益放在第一位。

一部中国共产党的历史，就是一代代中国共产党人为中国人民谋幸福、为中华民族谋复兴的历史。中国共产党成立近百年，连续执政70多年，引领中华民族迎来了从站起来、富起来到强起来的伟大飞跃。中国共产党为什么能？就是因为其根基在人民、血脉在人民。党团结带领人民进行革命、建设、改革，根本目的就是为了让人民过上好日子，无论面临多大挑战和压力，无论付出多大牺牲和代价，这一点都始终不渝、毫不动摇。所以，广大人民群众才会理性地认同、坚定地支持中国共产党。

2013年3月，习近平总书记在十二届全国人大一次会议上的重要讲话中明确要求，全体共产党员特别是党的领导干部，要始终把人民放在心中最高的位置，矢志不移为党和人民事业奋斗。五年之后的2018年3月，在十三届全国人大一次会议上的重要讲话中，习近平总书记再次强调一切国家机关工作人员，始终要把人民放在心中最高的位置，始终全心全意为人民服务，始终为人民利益和幸福而努力工作。始终把人民放在心中最高的位置，全心全意为人民服务，始终坚持以人民为中心，是一代代中国共产党人的坚持和传承，新时代中国共产党人高高举起的旗帜，不仅赢得了全中国人民发自内心的支持和拥护，也赢得了全世界人民的好评和点赞。

全心全意为人民服务是我们党的根本宗旨。"为什么人，靠什么人"的问题，是检验一个政党、一个政权性质的试金石。马克思、恩格斯指出，"无产阶级的运动是绝大多数人的、为绝大多数人谋利益的独立的运动"，在未来社会"生产将以所有的人富裕为目的"。马克思主义以科学的世界观和方法论，为中国共产党人提供了认识世界、改造世界的真理，以鲜明的人民性激发了中国工人阶级和中华民族的觉醒。中国共产党从诞生之日起，就把人民立场作为根本政治立场，这种立场是中国共产党与生俱来的特质。

　　始终把人民放在心中最高的位置，是由我们党的性质所决定的，从毛泽东到习近平都为我们作出了表率。1942年5月，毛泽东在《在延安文艺座谈会上的讲话》中特别强调："为什么人的问题，是一个根本的问题，原则的问题。"1944年9月8日，他在张思德同志追悼会上作了《为人民服务》的著名演讲，通过赞扬张思德同志为人民而生、为人民利益而死的共产主义精神，阐述了为什么要为人民服务、怎样为人民服务等问题，号召大家学习张思德同志完全、彻底地为人民服务的精神。

　　始终把人民放在心中最高的位置，决定了我们党和国家的发展必须围绕实现让全国人民过上更好的日子这一目标，永远把人民利益放在第一位。国家主席习近平2017年11月30日在北京人民大会堂会见来华出席"2017从都国际论坛"的世界领袖联盟成员时说："我们的目标很宏伟，但也很朴素，归根结底就是让全体中国人都过上更好的日子。我们有充分的信心实现我们的目标。"

　　新中国成立70多年来，中国共产党始终立足国情、情系人民，迎时代之潮流，扬思想之巨帆，聚全民之伟力，探索开辟了一条符合我国国情和颇具时代特色的共同富裕道路。邓小平曾指出，"社会主义的本质，是解放生产力，发展生产力，消灭剥削，消除两极分化，最终达到共同富裕"。2012年12月30日，习近平总书记在河北考察时强调，"消除贫困、改善民生、逐步实现共同富裕，是社会主义的本质要求，是我们党的重要使命"。坚持走共同富裕道路，事关全面建设社会主义现代化国家的推进，事关国家的长治久安和人民群众的福祉，事关中华民族伟大复兴中国梦的实现。

　　习近平总书记2019年10月31日在党的十九届四中全会第二次全体会议上的讲话中指出："制度优势是一个国家的最大优势，制度竞争是国家间最根本的竞争。"2020年10月29日，党的十九届五中全会提出把"全体人民共同富裕取得更为明显的实质性进展"作为到2035年基本实现社会主义现代化的远景目标之一，不仅是对社会主义本质的深刻诠释，而且是对中国共产党全心全意为人民服务根本宗旨的生动体现，彰显了中国特色社会主义制度的优势，有助于加快实现中华民族伟大复兴。

四、德治与法治相结合

在社会政治生活中，儒家有一种强烈的"德治"信念，也称之为"德政"和"仁政"。按照这种信念，理想的社会政治秩序，主要是靠有德者譬如贤人、君子乃至最高的圣人依据一系列软性的美德来治理，而不是靠硬性的、强制性的法律和政令来形成。对儒家来说，法律和政令充其量是不得已而用之的辅助性手段。儒家相信，只要为政者是以身作则的有德者，他们就能感化社会，使大众心悦诚服从善如流。这是基于统治者人格魅力的示范性政治。

儒家的"德治"有悠久的源头和复杂的历史演变，也有广泛的内涵。概括起来，一是儒家把德治同天道、天命联系起来，就像《尚书·蔡仲之命》中记载的"皇天无亲，惟德是辅"那样；二是儒家把民众视为邦国的根本（即"民本"）；三是儒家推崇的理想政治人格（如圣人），叙列了以尧、舜、禹、汤、文、武、周公等为典型的德治人格谱系，宣扬三代盛世或黄金时代；四是儒家提倡禅让，提倡任人唯贤；五是儒家强调为政者要勇于承担一切政治责任（如说"百姓有过，在予一人"）；六是儒家提出了一系列为政者的道德规范，如宽、廉、信、惠、公、敬等；七是儒家提出了以个人修身为基础的修养论和知行论；八是儒家主张分配正义，均贫富；九是儒家提倡王道，反对霸道，主张以理服人，反对征服和侵略；十是儒家肯定诛伐恶政、暴君的革命行为的正义性。

古代德治法治并重不仅体现在规范体系的融通上，还体现在实施体系的完备上。《孟子》说："天下之本在国，国之本在家，家之本在身。"《大学》以个人道德修养为起点，扩展到天下治平，所谓修身、齐家、治国、平天下。古代中国把家庭、家族视为个人人格养成的亲属团体。家被赋予一定的自治权，亲属之间的纠纷有些可以在家的内部自行解决。地方政府负责本区域内律典、政令的实施，以强制力保障秩序安定，同时又注重道德教化作用。

坚持依法治国和以德治国相结合，是中国特色社会主义法治道路的鲜明特点。《法治社会建设实施纲要（2020—2025年）》提出："坚持依法治国和以德治国相结合，把法律规范和道德规范结合起来，以道德滋养法治精神。"

党的十九大报告指出，坚持全面依法治国，必须"坚持依法治国和以德治国相结合""提高全民族法治素养和道德素质"。习近平总书记在中央全面依法治国工作会议上强调,"坚持依法治国和以德治国相结合",并将其作为"坚持建设中国特色社会主义法治体系"的一项具体要求。

坚持依法治国和以德治国相结合,需要完善弘扬社会主义核心价值观的法律政策体系,把社会主义核心价值观要求融入法治建设和社会治理。一方面,要强化法律法规的价值导向,推动社会主义核心价值观入法入规。坚持把社会主义核心价值观融入中国特色社会主义法治体系之中,贯穿到法治国家、法治政府、法治社会建设全过程,贯穿到科学立法、严格执法、公正司法、全民守法各环节,使社会主义法治成为良法善治。

道德是法治精神的重要滋养。法律和道德都是具有一定约束性的社会规范,都能发挥规范人们行为的作用,但发挥作用的具体机制不同。

现代法治强调良法善治,实现这一目标离不开道德作用的发挥。道德为法律创制提供伦理基础,为法律的正当性提供评判标准,也为法律实施提供道义支持,对于法治体系的建立和运行具有重要支撑作用。道德能够通过价值认同,引导个体自觉尊崇良法善治,增强个体的权利意识、平等意识、契约意识、责任意识等,让法治精神更加深入人心,成为人们的自觉信仰。

礼法结合、德法共治是中华传统法治文明的重要内容。中华传统法治文明强调"为政以德",反对"不教而诛",在法典创制中"引礼入法",在司法实践中实行"尚德缓刑",注重以道德加强内心引导、以法律进行行为约束。今天,以道德滋养法治精神,推进全面依法治国,仍须强调法治和德治不可分离、不可偏废,既重视发挥法治对道德的保障作用,也注重发挥道德对法治的支撑作用,把道德要求贯彻到法治建设中,把法律和道德的力量、法治和德治的功能紧密结合起来,树立良好行为规范和社会风尚。

法律是成文的道德,道德是内心的法律,只有德法并举才是治国的关键。到了唐代,著名的法典《唐律疏议》就吸取了儒家思想的精华,形成了"德礼为政教之本,刑罚为政教之用"的鲜明特色。说到最后,还是德与法的辩证关系,道德、礼仪是治国的根本,刑法、刑罚是治国的手段,两者缺一不可。

儒家特别强调道德教化的作用,认为治国理政的根本方法是提高国民的道德意识和道德水平。在诸多德目之中,儒家特别重视孝悌之道并将其泛化为一种政治原则。儒家礼治思想强调统治者个人的道德表率作用,强调将家庭道德层层推进到国家治理层面，强调国家治理最终要靠人民的道德自觉。

政治要从正身做起，治理国家要从统治者、管理者的个人修养做起。这也就是所谓用道德引导民众、用道德教化民众的中心思想。

德治与法治相辅相成。在国家治理上，法治是现代化建设的必然要求，而德治是中华优秀传统文化的优势所在。德治优势的形成是由中华优秀传统文化的德性特点决定的。在中华优秀传统文化中，人被看作是一个道德的存在，人和动物的不同在于"仁者爱人"，人有恻隐之心，有道德责任和道德能力。

中国悠久的道德本位主义传统，反映在政治上就是推崇德治。"为政以德，譬如北辰"。中国德治实践中最重要的措施就是道德教化。道德教化是中华文化的一项伟大创造。

王杰教授说：对一个官员来说，除了他自己的生命外，他所背负的一切——地位、权力、财富、名誉等，都是外在表象、身外之物。若要守住保住这一切身外之物，与自己的自然生命相始终，唯有积善成德，靠德行来支撑，也就是《周易》上讲的"厚德载物"。只有积累德行，有崇高的道德，高尚的品格，才能承载现在所拥有享有的一切。"

五、立德树人是教育的根本

与西方的宗教文化传统不同，中国文化是一种重视伦理道德教育的伦理文化。如果说在西方的宗教文化传统中，宗教承担着道德教育的职能，政治与道德教育相分离是其基本特征，那么中华传统的伦理文化，则以政治与道德教育合一为基本特征，甚至政治本身就具有教育的内涵。在这种政治体系中，道德教育由国家来负责，通过家庭教育、学校教育、社会教育、宗教教育等不同形式，使中华传统的伦理道德教育深入人心。

通过学校教育进行道德教育，是中国治理的一大特色。古代的君王，无不把教化人民作为治国要务，设立太学在国都推行教化，设立庠序（地方学校）在地方教化人民。在道德教育中，坚持以孝道为本、文化为要、身教为先的原则，通过以礼、乐、射、御、书、术为内容的教育，把人培养为文质彬彬的君子、圣贤，即德、智、体、美、劳全面发展的人。

习近平总书记 2021 年 3 月 6 日在看望参加全国政协十三届四次会议的医药卫生界、教育界委员时指出："'大思政课'我们要善用之，一定要跟现实结合起来。""思政课不仅应该在课堂上讲，也应该在社会生活中来讲。"

习近平总书记高度重视教育优先发展战略，高度重视新时代高校立德树人的工作，高度重视思政课的建设发展。思政课是落实立德树人根本任务的关键课程，具有不可替代的作用。习近平总书记 2019 年 3 月 18 日在学校思想政治理论课教师座谈会上指出："讲好思政课不容易，因为这个课要求高。"我们要不断推动思政课改革创新，不断增强思政课的思想性、理论性和亲和力、针对性，紧密结合现实，把"大思政课"讲得有深度、有力度、有温度。

坚持教育者先受教育，引导广大思政课教师自觉按照"政治要强、情怀要深、思维要新、视野要广、自律要严、人格要正"的要求练好基本功，努力成为先进思想文化的传播者、党执政的坚定支持者，更好担起学生健康成长指导者和引路人的责任。

中华优秀传统文化是中华民族得以血脉延续的纽带和精神力量。习近平总书记 2014 年 9 月在纪念孔子诞辰 2565 周年国际学术研讨会上指出："优秀传统文化是一个国家、一个民族传承和发展的根本，如果丢掉了，就割断了精神命脉。"高校作为人才培养的主阵地，应传承中华优秀传统文化蕴含的思想观念、人文精神、道德规范，从中汲取丰富营养，积极培育和践行社会主义核心价值观，以文化人、以文育人。

让校园文化活动火起来，搭建传承中华优秀传统文化的重要平台。互联网技术和新媒体的迅速发展，使各种新思潮发酵传播，影响大学生的心理状态和对中华优秀传统文化的认知。高校要在丰富校园文化内容的过程中，利用大学生的创造力，将中华优秀传统文化融入其中，通过各种社团活动和文化节，传承弘扬中华优秀传统文化。可以定期开展传统文化书法摄影展、中国古典音乐欣赏、中华经典书目读书会等活动，发挥大学生的主观能动性，提高大学生的中华优秀传统文化素养。

将教育教学融起来，让课程成为传承中华优秀传统文化的重要载体。古为今用是中华优秀传统文化对教育现代化的回应。2017 年初，中共中央办公厅、国务院办公厅印发《关于实施中华优秀传统文化传承发展工程的意见》，明确提出，围绕立德树人根本任务，遵循学生认知规律和教育教学规律，按照一体化、分学段、有序推进的原则，把中华优秀传统文化全方位融入思想道德教育、文化知识教育、艺术体育教育、社会实践教育各环节。高校应依据自身实际情况，确定传统文化进课堂的总体教学目标和框架，开设与中华优秀传统文化相关的选修课或必修课。

习近平总书记 2021 年 2 月 20 日在党史学习教育动员大会上强调，这次学习教育"总的来说就是要做到学史明理、学史增信、学史崇德、学史力行，教育引导全党同志学党史、悟思想、办实事、开新局"。认真学习领会这些重要论断，切实做到学史崇德，对于我们从党的百年历史中感受共产党人的政治品格和道德风范，赓续共产党人的精神血脉，鼓起迈进新征程、奋进新时代的精气神，具有十分重要的意义。

国无德不兴，人无德不立。道德之于个人、之于国家，都具有基础性意义。习近平总书记指出，我们党的用人标准是德才兼备、以德为先，因为德是首要、是方向。一个人只有明大德、守公德、严私德，其才方能用得其所。党面临的"四种危险"是尖锐的、严峻的，我们要通过学习党的历史，坚守住共产党人的"德"，永葆共产党人的政治本色，把党和人民的事业更好推向前进。

六、忠孝为本，家国情怀

《论语·为政》记孔子之言："道之以政，齐之以刑，民免而无耻；道之以德，齐之以礼，有耻且格。"这段话可以视为儒家礼治主义的宣言。孔子推崇的政治手段是道德感化和舆论制裁、礼俗约束，他认为这是一种治本的方法——让民众从内心对各种反社会的行为、不道德的行为感到羞耻，自然会形成一种内在的约束，这种约束比统治者采用的行政强制和刑罚制裁更为有力和有效。

古人讲，"夫孝，德之本也"。自古以来，中国人就提倡孝老爱亲，倡导老吾老以及人之老、幼吾幼以及人之幼。随着时代的发展，人的思想观念也在不断与时俱进，然而对于传承了几千年的中华传统美德，我们不应将其束之高阁，而应该去积极践行。忠孝观潜移默化影响着中国人的情感方式和行为方式，成为百姓日用而不觉的价值观，构成中国人的独特精神世界。

"家国同构"是古代宗法社会最鲜明的特点之一，将家庭内部孝悌亲亲之道推扩到国家、天下的体制和规范，使家庭与国家连为一体是儒家社会伦理以及政治秩序的天然基础。

传统家训文化十分重视家国意识与天下情怀，而这种意识和情怀本身具有内在超越性，其终极目标不仅是停留在"家""国"的一国利益之中，而且是以"天下为怀"，包容不同的疆界和国家，包容不同的文化和文明的一种秩序观。

《孝经》引孔子曰"夫孝，德之本也，教之所由生也"；"夫孝，始于事亲，中于事君，终于立身"；"教民亲爱莫善于孝，教民礼顺莫善于悌，移风易俗莫善于乐，安上治民莫善于礼"；"君子之事亲孝，故忠可移于君；事兄悌，故顺可移于长；居家理，故治可移于官"。这些论述的主旨，是要将家族道德扩展为政治道德。

儒家礼学强调亲族伦理与政治伦理、天然等级与国家等级一体同构，这对中国人的思维方式也产生了重大影响。

在家国一体的局面下，国君往往被视为最高的族长和家长，由此导致的严重后果是，中国历代专制君主都同时统领所有的文化事业，君主即是全民族的精神领袖，最高层次上的君和师是合而为一的。

孝与忠在实践中是紧密相连的。家是国的基础，孝是忠的基石。一个在家不孝顺父母的人，很难想象他能忠于国家。历史也一再证明，凡是不孝顺的人，在国家危难关头，往往背信弃义，唯利是图，甘做卖国贼，大肆出卖国家利益。孝与忠都要求人们秉持一颗真诚的心。这种真诚的心，不是与生俱来、一蹴而就的，而是需要在道德实践中培养。在历史发展过程中，忠孝渐渐成为难以分割的整体。在家尽孝，为国尽忠，为子女孝敬父母，为官则忠于国家，成为中华民族延续数千年的优良传统。

儒家对礼仪的重视与中国古代家国同构的社会政治形态有关。先秦时期，各级政治首领往往同时扮演各级族长、家长角色，故本应由宗族、家族操办的社会性礼仪如各种祭典、各种嘉礼之类，成为不同等级的政治首领必须承担的重要职能，其中祭天地、祭祖先等大型祭典被视为显示政治身份和政治地位最重要的国家职能。

忠孝观不仅是世代传承的优秀思想，同时也融入了我们的法治社会。"成年子女有赡养扶助父母的义务""维护国家荣誉、利益"及"保卫祖国抵抗侵略"等法律条文对"忠国"和"孝亲"做出了明确的要求。忠国孝亲还是建设中国特色社会主义物质文明和精神文明的需要，对协调家庭关系、维护社会稳定都有积极的促进作用。

中国古代沿着由家而国的路径进入文明社会以后，维系宗法伦常关系的血缘纽带依然坚固。特别是在政权的推动下，宗法制度化，成为命官、立政、建立封国的重要根据，所谓"亲贵合一"。

孟子说："使契为司徒，教以人伦，父子有亲，君臣有义，夫妇有别，长幼有序，朋友有信。"孟子所说的君臣、父子、夫妇、兄弟、朋友之间的人伦通称为"五伦"。五伦是不变的常道。在五伦之中最主要的是君臣、父子。宋儒程颐说："父子君臣，天下之定理，无所逃于天地之间。"儒家的伦理道德学说就是以此为核心而展开的，经过论证形成了一整套的道德哲学。

孔门弟子有子说："君子务本，本立而道生。孝弟也者，其为仁之本与！"儒家还强调家国相通，忠孝一体。

在中国古代，孝作为伦理道德的基石，不仅是修身的重要信条，而且是齐家的根本要求。家是社会的构成单位，齐家不仅是再生产的需要，而且是承担赋税的保障，只有齐家才能治国，进而平天下。

经过国家制定法的强力约束，加上儒家学说的熏陶渗透，孝与忠深入人心，成为不可动摇的道德标准和必须严格遵守的法律规范。遵守道德的义务与遵守法律的义务是相统一的，最终形成了中华民族孝亲与爱国并重的民族精神。这种民族精神以亲伦的血缘关系为纽带，以国家的存在与富强为载体，以建立礼乐政刑控制下的社会秩序为目标。

习近平总书记在2021年春季学期中共中央党校（国家行政学院）中青年干部培训班开班式上的重要讲话中指出，对党忠诚，是共产党人首要的政治品质；我们党一路走来，经历了无数艰险和磨难，但任何困难都没有压垮我们，任何敌人都没能打倒我们，靠的就是千千万万党员的忠诚。

全党同志要强化党的意识，牢记自己的第一身份是共产党员，第一职责是为党工作，做到忠诚于组织，任何时候都与党同心同德。

作为中华优秀传统文化的重要组成部分，家训文化历来是维系我国社会公序良俗和维持社会稳定的精神力量。

中国传统社会十分重视家风的培育和传承，传统家训的宗旨不仅局限于教家立范，更蕴含着修、齐、治、平的人格理想和社会理想。

党的十八大以来，兴家与强国一体的国家治理思想以及家风建设之于国家治理现代化的价值阐释更为深入。

新时代家风建设传承和转化传统家训文化、吸收和借鉴红色家训文化和国外家庭教育文化，融入时代精神和价值要求，能为国家治理现代化提供文化和道德的有益滋养，筑牢国家治理现代化的价值信仰基石，夯实新时代中国之治的社会根基。

传统家训文化强调出世与入世相统一，追求"内圣外王"的道德人格，寻求人与自我的合一性，既强调内在道德修养，又强调外在社会功用。

传统家训文化之传承不仅重视家族精神基因和价值体系的认同传承，更关注具体生活规范的代际传递。传统家训以教家立范为宗旨，注重生活性、实践性和细节性，在各方面都提出明确且可操作的行为规范，让子孙时时按照家训规范践行。

我国自古就十分重视家教、家风、家训。民法典规定："家庭应当树立优良家风，弘扬家庭美德，重视家庭文明建设。"这是通过立法推动社会主义核心价值观落地生根的有益实践。只有法治与德治充分发挥各自作用，做到融会贯通、相得益彰，才能推动形成法安天下、德润人心的良好局面。

七、天下为公与人类命运共同体

中华优秀传统文化具有浓厚的家国情怀。这主要是以血缘关系为纽带的宗法制度，使家族成为中国人社会生活的基础，也成为政治秩序的基础，于是便形成一种移家为国、移孝为忠的家国同构治理模式。虽然在周代以后严格的宗法制度不复存在，但家国同构模式和文化却延绵于漫长的传统社会，形成中华优秀传统文化中浓郁的家国情怀。

从家到国，从国到天下，其中最可贵的在于一种不断超越的精神。正是这种超越精神，使得传统的家国情怀具有了突破家国局限、升华为世界意识的精神纽带；使得中华优秀传统文化在经济全球化背景下，具有了促进全人类共同发展的当代价值；还使得中华优秀传统文化在"人类只有一个地球，各国共处一个世界"的共识下，能够为人类"树立命运共同体意识"提供中国方案。

党的十八大以来，习近平总书记立足中华文明"亲仁善邻、协和万邦"的处世之道，致力于把世界各国人民对美好生活的向往变成现实，在解决当今世界面临的普遍性难题的探索进程中，提出了"构建人类命运共同体，实现共赢共享"的中国方案。

中国共产党既是中国先进文化的积极引领者和践行者，又是中华优秀传统文化的忠实传承者和弘扬者。中华文明虽几经兴衰，但依然具有异常强大的吸纳和更新、解释和同化的能力。正如习近平总书记2014年在文艺工作座谈会上谈道："古往今来，中华民族之所以在世界有地位、有影响，不是靠穷兵黩武，不是靠对外扩张，而是靠中华文化的强大感召力和吸引力。我们的先人早就认识到'远人不服，则修文德以来之'的道理。""四海之内皆兄弟也"，"海内存知己，天涯若比邻"，"大道之行也，天下为公"等，是中华优秀传统文化的显著特征。以理服人、以文化人、以德服人，是中华文化的生命禀赋和生存耐性。在这种理想的大同世界里，每个人都可以实现身体的安放，获得心灵的栖息。期待各取所需的太平盛世，实现各尽其能的崇高社会理想，是中华文明一以贯之的价值追求。这一大同世界所积蕴的"天下为公""公则一，私则万殊""天下情怀"等观念，包含着为人民谋幸福、为民族谋复兴、为世界谋大同的责任担当。新时代，中华文明的天下情怀找到了具有共同价值取向的现实载体，融入了中国共产党人以实现人的自由而全面发展为终极目标的理想社会方案。可见，中国特色社会主义发展道路既是一个社会主义方案，也是承载着中华文明的天下情怀的中国方案。在中国自身对更好社会制度的探索和创造中形成的中国方案，也是对中华文明的天下情怀的创新性发展。

任何一个国家的制度和治理体系皆非凭空出现，一定有其历史文化的渊源。正如2014年11月，习近平主席在中南海瀛台对美国总统奥巴马所说，

"要了解今天的中国、预测明天的中国，必须了解中国的过去，了解中国的文化。当代中国人的思维、中国政府的治国方略，浸透着中国传统文化的基因"。

守望相助，展现全球战疫负责任大国担当。新冠肺炎疫情发生以来，习近平主席同多方密切沟通、深入交流，频频开展元首外交，阐明中国立场，提出重要主张，呼吁各国携手抗疫。在8个多月时间里，习近平主席先后同4位访华外宾会见会谈，同50多位外国领导人、国际组织负责人通话、会面，向数十个国家领导人和区域组织负责人致慰问电，表达谢意与支持，传递情谊与信心，提出中国主张、分享中国方案，向世界传递中国同国际社会同舟共济、共渡难关的真诚意愿，推动构建人类卫生健康共同体。在全球抗疫的艰难时刻，习近平主席出席二十国集团领导人应对新冠肺炎特别峰会，在第七十三届世界卫生大会视频会议开幕式上致辞，主持中非团结抗疫特别峰会并发表主旨讲话，在2020年中国国际服务贸易交易会全球服务贸易峰会上致辞，提出重要倡议，推动务实合作，为各国合作应对疫情指明方向、校准航向，赢得国际社会广泛认同。中国始终本着公开、透明、负责任的态度，秉持团结协作、开放合作的精神，及时发布疫情信息，交流分享抗疫经验成果，向多个国家和地区提供物资和技术援助，为守护全人类生命安全、维护世界各国人民健康福祉作出了贡献、树立了榜样。

马克思主义认为，人类社会最终将从各民族的历史走向世界历史。经过40多年的改革开放，我国同世界的联系空前紧密，中华文明对世界文明的影响、世界文明对中华文明的影响都是前所未有的。在新的时代条件下，中华文明要为人类文明进步作出更大贡献，就必须更好地走向世界，既要不断丰富内容、提高层次，也要不断丰富手段、创新模式。

中国在这次新冠肺炎疫情防控中提出"以人为本，生命至上""一方有难，八方支援""谋大局、开新局"等理念，竭尽全力帮助世界各国人民抗击疫情，正是源于中华文明的大同理想和天下情怀。

八、文明冲突论可以休矣

考古发现证实，距今 200 万年前的中华大地上已有古人类活动，在安徽、山西、云南等地发现距今 200 万年到 170 万年的人类活动遗存。这些成果说明中华大地是世界上早期古人类活动的重要地区之一。

考古新发现和体质人类学研究驳斥了"夏娃理论"，论证了东亚地区现代人是北京猿人的后代。考古研究和体质人类学研究都表明，中华大地上的古人类及其文化是连续进化的，以元谋猿人、蓝田猿人和北京猿人为代表的古人类是现代中国人的祖先。

参天之木，必有其根；怀山之水，必有其源。一系列重要考古发现和研究表明，中国具有百万年的人类史、1 万年的文化史、5000 多年的文明史，也说明了中华民族和中华文明多元一体、家国一体的形成发展过程。通过考古发现我们深刻认识到，中华文明是全世界独一无二的文明，具有多元一体、兼容并蓄、延绵不断的基本特征。其中，"多元一体"体现了中华文明起源的独特性，"兼容并蓄"体现了中华文明形成与发展的独特性，"延绵不断"体现了中华文明区别于其他人类文明的独特性。

以往的文献记载至多只能将中国历史上溯到 5000 多年前，我们平常所说的中国是有 5000 多年文明史的古国，大约是指从黄帝时代以来的历史。考古学家层出不穷的新发现，已将中国历史的远古时代上溯到距今 1 万年左右。比如，我国考古学者从河姆渡文化中发现距今约 6000 年的古稻遗存，随后又相继发现湖南城头山、彭头山和江西万年仙人洞、吊桶环等多处遗址，将我国新石器时代稻作农业的起源上溯到距今 1 万年前后，中国成为世界公认的稻作文明起源地。

自冷战以来，西方世界通过报刊、书籍、好莱坞大片大讲"美国梦"与"美国故事"，向全世界推销美式民主与价值观，国会山、自由女神像总是以标杆形象出现。美国长期自诩为"山巅之城"和"世界灯塔"，美国人是"上帝的选民"，总是站在所谓的"道德高地"，指点甚至插手其他国家的民主与自由，以至于"历史终结论"在冷战终结之后甚嚣尘上，"山巅之国"风头无二。

冰冻三尺非一日之寒。就连"历史终结论"缔造者法兰西斯·福山都承认"美国正在失败"。一些西方媒体对美国的遭遇充满"同情"，甚至第一次

"可怜"美国人，其欧洲盟友对美国的好感度跌至历史最低点。

美国政府秉持"美国优先"，不顾国际道义一味追求自身利益最大化，一系列单边主义操作更让其失去了道德制高点。

《西方文明的东方起源》一书写道：

> 在18世纪，"没有一个欧洲人认为欧洲（文明）是其自身创造出来的"；英国的农业革命和基于它的工业革命都是被中国因素促成的；英国的工业化明显是"外生性"（other-generated）……它可以追溯到古代中国的许多发明创造上；亦即，"英国工业化只是更早的中国的原创发明与向外传播的最后阶段"。

按照近代西方的讲法，"文明"即世俗化（去宗教化），由"人"自我管理，建立社会。但教会的宣传则是：脱离宗教的"人"就是洪水猛兽，相互嚼噬（末日怪圈）。然而，启蒙思想家们毅然决然地选择中国或儒家的模式，这是迄今为止人类社会中唯一成功和亘古长存的"世俗文明"。

亚当·密茨凯维兹大学副教授罗加茨（Dawid Rogacz）指出：

> 在17世纪下半期和整个18世纪，西方与中国思想的接触这件事，促成了欧洲世俗主义的兴起和发展，这成为启蒙运动的鲜明特征。……儒学对于"启蒙世俗主义"的潮流起着决定性的作用。

关于西方以伪造历史来抹杀中国的作用，弗兰克（1929—2005）指出：

> 欧洲人从（18世纪）把中国当作榜样和模式，到（19世纪）则称中国人为"永远停滞不前的民族"。为什么会有如此陡变？欧洲工业革命的到来与其殖民主义在亚洲的挺进，这两件事改变了西方人的心理；他们虚构历史——即使不是所有的历史，也至少是在发明一种以欧洲为主轴的虚假的古今"普世主义"。到19世纪后半叶，不仅世界历史被全盘改写，而且"普世性的社会科学"也诞生了，它们都是欧洲或西方中心论的伪造物。

然而，18—19世纪之交的西方掀起"反启蒙"的逆流，主要是"去中国化"，并且从"慕华"到"仇华"；其代表人物包括康德和黑格尔，他们变本加厉地抄袭中国思想，却又丧心病狂地盗憎主人。

另一方面，19世纪的西方全面而系统地伪造了"古典"（希腊—罗马），充当其"优秀传统"。以前是教会杜撰，而且是反动的，例如在17世纪，亚里士多德被当作"真正科学精神的大敌"。

芝加哥大学教授顾立雅（1905—1994）说：

通过耶稣会士的报告，儒家思想影响了欧洲启蒙运动和法国革命；再通过富兰克林和杰斐逊与法国启蒙思想家的友谊，儒家思想又影响了北美的建国与民主。

西方特别是美国正在政治领域失去最基本的实事求是精神。他们的精英们对中国的描述越来越偏离事实，美国等社会内部的政治争斗也在突破底线，为了政治目的而编造谎言逐渐习以为常。他们的社会实际上接受了政客们的这种做派，舆论精英们有意无意地配合了政坛。

看看美国的执政力量和一些精英在如何恶毒地抹黑中国吧。他们对领导中国前进并主张世界友好合作的中国共产党进行极其恶毒的攻击，将中国描述成破坏世界秩序的"邪恶力量"。他们将中国与美国等国家的正常竞争定义成颠覆性的敌对，并且将中国的科技力量、留学生群体通通标签化，视为中国情报体系的一部分。

美国和西方精英对中国治理的定性完全是主观、傲慢的，且是非常恶毒的。那些定性完全脱离了中国的现实，成为一种霸权主义的政治消费，它的逻辑不再是真实情况是什么，而成为"我说什么，就是什么"。美国通过大嗓门和蛮力营销针对中国的口号，欺骗整个西方世界的公众。

《环球时报》记者注意到，这些对华"鹰派"毫不含糊地将中国定位为"美国建国以来所面对的最严重的生存威胁"，断言美国正与中华文明陷入"生死存亡斗争"，他们强调，"大敌当前，而美国还在梦游"，"美国人该警醒了！""无论在经济上、军事上、政治上、文化上、宗教上，还是战略上，中国都是美国的对立面，双方的矛盾不可调和，而且只可能会越来越激烈"，"过去几十年，中国其实已在经贸、文化、科技等领域向美国发起进攻，而美国在浑然不觉中一直处于劣势，现在必须警醒和全面反抗"，"必须就战胜威胁所需的政策和优先事项达成新共识"，"必须采取更强有力的防务、经济和政治等措施应对中国现存威胁"……

认为自己的人种、文明、制度高人一等，执意改造甚至取代其他文明和制度，在认识上是愚蠢的，在做法上是灾难性的。

弘扬平等、互鉴、对话、包容的文明观，必须走出"文明优越论""文明冲突论"的观念桎梏。近代以来，依托先发优势，西方国家不仅建立了自身主导的国际战略格局，也建立了以西方价值观为主要取向的国际关系理念。在新的时代条件下，尽管文明多样性是人类进步的不竭动力，不同文明交流互鉴是各国人民的共同愿望，但不时沉渣泛起的"文明优越""文明冲突"等论调仍在干扰着文明的交流互鉴。实际上，"文明优越""文明冲突"等论调的背后，无不深藏着一些国家内心深处挥之不去的优越感以及由此而来的霸权思维。在此思维之下，单边主义、保护主义、逆全球化思潮甚嚣尘上，严重影响了不同文明之间的平等交流对话。伴随着国际战略格局的深度调整，"文明优越论""文明冲突论"愈益显示出与时代要求的不相适应。在世界文明发展的新十字路口，人类在呼唤一种崭新的文明观。习近平总书记提出的平等、互鉴、对话、包容的文明观，无疑为世界文明发展提供了一种崭新的超越了强权政治和文明霸权主义的思路和选择。

九、加强勇德、武德建设的重要性，增强斗争精神

中国古代社会构建的核心价值观，荦荦大者至少有七八种，每一种都极为简单，少者只有三条，如《中庸》倡导的知、仁、勇"三达德"；多者也不过五条，如董仲舒阐述的仁、义、礼、智、信"五常"；居中的是四条，如齐国以国策方式确立的礼、义、廉、耻"四维"……每一条都以最简洁、最凝练、最准确的语言予以表述，朗朗上口，易记易诵。其中，勇德慢慢为世人所遗忘。当今之世，世界并不太平，忘战必危。

中华民族不仅将勇德视为"三达德"之一，而且很早就开始了对其理论上的阐释。如孔子提出"见义不为，无勇也"的命题。该命题开始把勇与仁义、道义联系在一起，意味着勇业已正式跻入中国道德伦理的领域，并使所谓"见义勇为"成为千古传颂的优良品德。孟子对勇的思考可视为是孔子勇的思想的深化和继续，他在中国思想史上第一次认真讨论了勇的性质、勇的根本及勇的途径，而他的"浩然之气"学说的推出则为所谓"勇气"概念奠定了坚实基础。如果说中国儒家更多是从"人道"方面为我们揭示了勇的性质的话，那么，中国道家则更多是从"天道"方面切入勇的应有之义。庄子"知穷之有命，知通之有时，临大难而不惧者，圣人之勇也"的论述，无疑可视为这种"天道论"之勇说的显例。宋以后，有王阳明对勇的"敢直其身，敢行其意"的力行力为的力倡，有颜元对宋明"重文轻武"的唇舌之儒、文墨之儒的力辟，还有戴震对"益之以勇，盖德之所以成也"这一勇的"道德执行力"的力肯，以至于可以说，儒学虽有以"柔"训"儒"、以"懦"训"儒"的解读，但以儒学为传统的中华民族从未停下对勇和勇德追求、探索的步履。

中华文明源远流长，5000多年来一脉相承，始终没有中断。中华民族创造的优秀文化、形成的伟大民族精神，是维系民族团结和国家统一的牢固纽带。

教育部2021年印发《习近平新时代中国特色社会主义思想进课程教材指南》以及中华优秀传统文化、革命传统、国防教育和爱国尚武精神进中小学课程教材指南，实现各学科课程教材整体落实，指导编好系列主题教育读本。

学生要学习勇德，拥有尚武精神，学校要加强武术教育，加强《孙子兵法》《三十六计》等军事谋略教学。

武术是中华民族宝贵的文化遗产，是中华民族对人类文化的一大贡献。它以儒家的中和养气为核心，同时融会了道家的守静致柔、释家的禅定参悟等理论，呈现出三教合一的文化风貌，深蕴着天人合一的东方韵趣，从而构成一个博大精深的武学体系，成为世界上独一无二的"武文化"。

有的学者直接提出"以武修生"的观点，认为武术是一项促进生命进化的运动模式，是一种悟道的表达形式。关注生命是武术生产要素的逻辑起点。与劳动类似，武术在其发展过程中逐渐脱离了现实生产，超越了其作为"谋生手段"的历史局限性，返璞归真，终指向了对生命的关怀——促进人的自由与全面发展。当今的武术是以个体的生命价值为中心，多向发展的一项现代体育项目，其意义在于满足人们的"乐生"需求，服务于"人的解放事业"。阮纪正先生指出，"生命旨归"是武术隶属于中华文化谱系的主要特征。

武术作为我国国粹和民族体育中最具有代表性的体育项目，对继承和弘扬中国传统文化有着重要的意义。中国武术作为中国特有文化，是中国的文化品牌，它具有深厚的文化底蕴。通过武术作为载体进行教育，对传承与弘扬中国传统文化，增强民族认同感和凝聚力都具有重要价值。

传承斗争精神，始终保持中华民族和共产党人敢于斗争的风骨气节、操守胆魄。在中华民族5000多年的文明史中，斗争精神是中华民族的先辈和党的先烈们留给我们的宝贵精神财富，是中华优秀传统文化不可分割的重要组成部分。

"年轻干部要自觉加强斗争历练，在斗争中学会斗争，在斗争中成长提高，努力成为敢于斗争、善于斗争的勇士。"2021年3月1日习近平总书记在中央党校（国家行政学院）中青年干部培训班开班式上的讲话，如黄钟大吕，余音绕梁，为年轻干部的成熟成长指明了前行的路。

学斗争思想。斗争得有思想理论作指导，才不会偏向偏航。斗争是政治、经济、社会、文化、思想及军事的较量，这种较量既有硬的又有软的，既有看得见摸得着的又有看不见摸不着的。一味地温良恭俭让换不来天下太平、和谐安宁；韬光养晦、"刀枪入库"不等于忍气吞声、忍辱负重；当鸵鸟、做绅士赢不来尊重。

学斗争本领。斗争是要真刀真枪干的，得有硬功夫、真本事，靠空喊口号不行，靠花拳绣腿早晚得败下阵来。斗争的真功夫、大智慧在善于斗争，有时得硬碰硬，有时得迂回、婉转，以柔克刚、绵里藏针。示强不意味着好强、逞强，示弱不等于软弱、懦弱，斗争不是一味地强势，逞匹夫之勇，武功中有"四两拨千斤"的境界，其中蕴含着的就是技巧和艺术。

中国共产党自成立之日起就不断汲取中华优秀传统文化中的养分，坚定马克思主义和共产主义信念，义无反顾地投入到了振兴中华的革命、建设与改革事业中。毛泽东在《论反对日本帝国主义的策略》中说："我们中华民族有同自己的敌人血战到底的气概，有在自力更生的基础上光复旧物的决心，有自立于世界民族之林的能力。"这是对中华民族、中国共产党人斗争精神的完美诠释和最好肯定。在长期的工作实践中，斗争精神逐渐丰富发展为中国共产党人进行政治斗争、新闻舆论斗争、意识形态斗争、治党治军的重要思想武器。

刀在石上磨，人在事上炼。我们要认清斗争精神和斗争本领对于党的事业发展的重要性，贯彻好党中央决策部署。党员干部要在实践中培养斗争精神，提升斗争本领，永葆共产党人敢于斗争、敢于胜利的政治品格，始终保持党的先进性、纯洁性。

皮之不存，毛将焉附。美国布局和深耕了72年的全球冷战机器早已兵临城下，在看不见的文化战场上狼烟四起。

从红色精神谱系中立心铸魂，从英雄人物和时代楷模身上体悟道德风范，就要明大德、守公德、严私德。作为党员，尤其需要将提高政治品德与精神境界放在自身建设的重要位置。明大德，就要像生死考验中立场坚定的革命先驱那样，认清大是大非、锤炼坚定党性；守公德，就要像孜孜不倦为民解难的优秀干部那样，以人民为中心、以天下为己任；严私德，就要像物质诱惑前严于律己的先锋模范那样，厚植良好家风、公事不掺私情。

学史崇德有利于抵御精神懈怠的危险。2021年2月20日，习近平总书记在党史学习教育动员大会上的讲话中指出，100年来，在应对各种困难挑战中，我们党锤炼了不畏强敌、不惧风险、敢于斗争、勇于胜利的风骨和品质。这是我们党最鲜明的特质和特点。

从党的历史中体悟共产党人理想信念坚定的大德。2018年3月10日，习近平总书记在参加重庆代表团审议时指出，明大德就是要铸牢理想信念、锤炼坚强党性，在大是大非面前旗帜鲜明，在风浪考验面前无所畏惧，在各种诱惑面前立场坚定，这是领导干部首先要修好的"大德"。崇高的理想，坚定的信念，是中国共产党人的政治灵魂。

十、三论儒学不是宗教

一个国家的现代化建设，离不开文化的繁荣，而文化的繁荣必须回到历史传统中去寻找文化的根基和动力。

在物质文明、制度文明等的建设上，现代化优势尽显，但人们的精神动力、道德慰藉和心灵归属等问题需要在优秀传统文化的传承和创新中解决。

中国传统文化对人生命价值的尊重，体现在对人的身心关系上，主要表现在两个方面：

一是身（形）是心（神）的基础。如荀子提出的"形具而神生"的思想，南北朝思想家范缜在其《神灭论》中提出的"形存则神存，形谢则神灭"的思想。有了肉体，然后才有精神的存在，反映了身心统一、神形不离的思想。

二是在承认身心统一、神形不离思想的基础上，强调社会上的每一个成员，都要重视修身和正心，重视道德修养。因为在一个社会系统中，人的身心（包括心理、生理、阴阳、脑体等）平衡是一切和谐平衡的基础。

夏商时期，由于生产力水平极其低下，人们对自然界的种种现象充满了敬畏，统治者遂假借天意，动用刑罚，所谓"天讨有罪，五刑五用"。商朝统治者崇尚神权政治，设计了上帝与帝廷。但商朝的上帝与西方宗教中的上帝完全不同。商朝的上帝是商王死后升格为上帝，实际是商王的祖宗神。商王对于上帝尊崇备至，以期祖先的亡灵维护其现实的政治统治。这种天道观带有宗法的色彩。

"君权神授"一直是殷商时期社会的主流意识形态，但鸣条之战、牧野之战等造成政权不断更迭的现象，引起了周朝统治者对"君权神授"观念的怀疑与反思。既然夏、商之君是"受命于天"，那么他们为何会被天所抛弃，其原因就在于统治者是否敬天，是否重视民意。因此周人得出了"惟命不于常""天命靡常，惟德是辅""皇天无亲，惟德是辅"的结论，提出了"敬德保民"的政治主张，"民为邦本，本固邦宁"的民本思想应运而生。

"商周之变"是德法关系的一次大变革。"商周之变"颠覆了以往"祖先即为天神"的天命观，把天塑造为具有道德人格的主体，确立了天命靡常、与天同心才能以德配天的观念。以德配天要求从内心检视自己的行为、约束自己的欲望，从而符合天道的要求。这就使得"礼"这一德的规范化形式在整个治理体系中的地位大大提高。商朝假借天命的刑罚观念也因此受到限制，这为西周提出"明德慎罚"打下了思想基础。以德节制罚、以德引导政令的治理理念逐步形成。

以周公旦为代表的周朝统治者，鉴于商亡的教训，把关注的焦点从天上转移到人间，从重神转移到重人，提出了具有理性思维的一系列观点，作为新王朝的治国方略。其一，提出"人无于水监，当于民监"，把人心向背作为决定国家兴衰的根本。其二，提出"皇天无亲，惟德是辅"，即天只赞助有德之人为君，周之代商正是周人有德所致。其三，提出"明德慎罚"的立法原则，强调明德是慎罚的精神主宰，慎罚是明德在法律领域的具体化，避免商朝滥刑亡国之祸。其四，通过"制礼作乐"，建立礼乐政刑综合治国的管理体制。如《史记·乐书》说："故礼以导其志，乐以和其声，政以壹其行，刑以防其奸。礼乐政刑，其极一也，所以同民心而出治道也。"其五，以因时、因地、因势、因族为立法的考量。《尚书·吕刑》说"刑罚世轻世重"；《周礼》说"刑新国用轻典，刑平国用中典，刑乱国用重典"，一直被后世奉为立法的圭臬。其六，司法行"中罚"。周公特别推崇"司寇苏公，式敬尔由狱，以长王国，兹式有慎，以列用中罚"。所谓中罚即公平、公正之意。孔子曾经论证司法不中的危害，"刑罚不中，则民无所措手足"，只有刑罚得中才符合中道，才能达到和的效果。

中华民族理性务实民族精神的形成，受到儒家思想的深刻影响。儒家主张"人为万物之灵"。孔子不仅"不语怪力乱神"，而且明确表示"敬鬼神而远之"，"未知生，焉知死"，"未能事人，焉能事鬼"。他立足现世，以积极务实的态度关注人生，提出"仁者爱人"。与西方宗教关于彼岸世界的说教完全不同，孔子所关注的是现实主义的此岸世界。孔子之后，孟子将"仁者爱人"进一步发展为仁政学说，把人们关注的焦点吸引到政治主张上来。儒家思想从汉武帝时被确立为统治思想以后，由于它符合统治者的政治要求、贴近国情和人们的心理状态，因而不断深入人心，这有助于形成重理性的务实求真的民族精神。

古代中国的德治法治并重模式具有鲜明特征。为政以德关乎能否服众，一旦失德，就是有违天命，政令、刑罚就会失去正当性。德治法治并重是一种建立在共同价值取向基础上的秩序追求，即以价值共识、道德教化、礼制规范以及一定的国家强制，实现以德服人而不是以力服人的善治秩序。

"百家之学"渗透着溯本求源的辩证精神、天人合一的和谐精神、注重人格养成的道德精神、博采众家之长的文化会通精神、以天下为己任的经世致用精神以及奋发图强、生生不息的自强精神等。尤其是儒家创始人孔子把"人"

作为理论探讨的中心，在中国思想文化史上首次系统地论述关于人的价值、人的理想、人的完善、人的道德、人际关系、人与自然的关系等问题。

"形而上者谓之道，形而下者谓之器。"这宏大非凡的概括力，展现了中华文化卓越的思维魅力。一方面，道是最高的哲学范畴，是宇宙的总根源，或一切事物运动的总体规律，是中华优秀传统文化的宇宙观。中华优秀传统文化在某种意义上可称为道文化，文化的使命在传道、明道，人生的意义在悟道、行道。丢掉了道这一范畴，以及与其相关的阴阳、仁、和、天人合一等一套核心理念，就丢掉了中华文化的根和特色，我们就会在现代化建设中迷失自我。另一方面，与无形的道相对的是有形的器。在道与器的关系上，中华优秀传统文化的基本态度是以道驭器、重道轻器，由此形成传统文化特别注重探究道理、道路、方向、原则等重大问题的特点，但也具有忽视科技等器的因素的一面。

以道御器就是在充满竞争的现代化建设中，发挥道文化的优势，驾驭器物之用，引导人类役物而非役于物；道器并重就是道与器协力，使传统文化道的优势和现代化器的优势形成互补互进的良性状态，促进经济建设、生态建设、科技创新等更好更快发展。

安顿人心与制度建设的相得益彰。安顿人心，予人以精神家园，这是文化的重要功能。中华优秀传统文化是中华儿女共同的精神家园。就是说，只有从世代相传的文化所给予我们的特有的思维方式、生活方式和语言方式中，从讲仁爱、重民本、守诚信、崇正义、尚和合、求大同的价值认同中，我们才能找到支撑精神、安顿己心的基本力量。

中国的成功，归根结底是中国制度和中国治理模式的成功，所以世界各国越来越多的学者开始探究中国治理的特质和优势。在中国制度形成的过程中，有很多因素都发挥了作用，其中重要的当属中国几千年的文化传承。

中华优秀传统文化之所以优秀，是因为它是"志于道"的文化，追寻的是宇宙人生的大道。中国古人认为"人皆可以为尧舜"，即任何人通过学道都可以成圣成贤（"全知"）。但是在西方文化中，"全知"的上帝只有一个。

中国古人很早就形成了"以天地万物为一体"的世界观，在这种"一体之仁"的观念之下，父与子、夫与妇，乃至兄弟、朋友、君臣、国家之间都是和谐一体的关系，因而一荣俱荣、一损俱损。在这种整体的思维方式下，中国虽然经历了漫长的历史发展过程，但是仍然保持了人与人、人与自然、人与社会乃至国与国之间的和谐相处，从而使得中华文明作为历史上唯一一个没有中断的文明得以延续。

梳理《陈来讲谈录》一书，对儒家的源流、儒学不是宗教有更清晰的认识。

值得注意的是"儒家者流，盖出于司徒之官"这句话，什么叫"出于司徒之官"呢？在《周礼》这本书里，司徒之官主要的职能是主掌教化和管理。《汉书》认为，儒家这套知识，从前掌握在司徒这个王官手里。因为司徒这个职官是主掌教化的，而儒家也是主张教化的。

古人的论儒，第一项，我们举的是《淮南子·要略》。《淮南子·要略》从西周讲起："武王立三年而崩，成王在襁褓之中，未能用事，蔡叔、管叔辅公子禄父而欲为乱……成王既壮，能从政事，周公受封于鲁，以此移风易俗。孔子修成康之道，述周公之训，以教七十子，使服其衣冠，修其篇籍，故儒者之学生焉。"这是一套讨论儒者之学发生的论述。在这样的一个讲法里，整个周代的文化，也可以说"周道"，是儒者之学的根源。今天我们讲儒学的根源、儒家思想的根源，这是其中一种很清楚的讲法。

我们现在讲的这个"儒"，儒家思想，到底跟巫术、魔法、巫师有关系吗？跟帮助别人做丧礼有关系吗？我们看这两种研究方法，一种是语言学的、文字学的方法，一种是历史学的方法，都没有切中思想史研究本身。如果我们从思想史研究本身出发，就很容易提出这样的问题：孔子主张仁义，主张六经的思想是不是仅仅在巫师这里就可以产生出来？或者是不是仅仅从相礼、做丧事这样的职业就可以产生出来？因此，我主张研究一种思想的起源，首先是要关注这个思想体系内部的元素在历史上有没有出现过，怎么样发展，怎么样承接，怎么样改造。如果我们不研究这些问题，仅仅从职业、从文字的角度去看这些问题，我们就很难达成一致的意见，而且很可能永远不知道答案。

正如《论语》里面所呈现的，儒家思想首先是一套伦理的思想。六经是孔子思想的一个来源，比如说在《尚书》里就记载了周初的政治家、思想家周公旦。周公提出两个重要的思想，第一个叫作敬德保民，第二个是明德慎罚。

在《尚书》里，有几句话我觉得很重要。第一句话叫作"天视自我民视，天听自我明听"。天在古代是具有宗教意味的概念，天怎么听呢，通过老百姓来听；天怎样看呢，通过老百姓的眼睛看。还有一句叫"民之所欲，天必从之"，就是老百姓的欲望，天一定会顺从。最后一句话，"天道福善祸淫"。天道就是整个宇宙变化运行的最高法则，这个法则的内涵是什么呢，是对善人有好处，对恶人有惩罚。这几句话，很明显是被后来的儒家思想所继承的。比如说它的民本主义思想构成了后来儒家政治思想所继承的重要部分。这一切构成了西周政治、文化的传统。

早期中国文明的演进，从巫觋文化进入到祭祀文化，从祭祀文化转到了西周文化，我们把西周文化定义为礼乐文化。礼乐文化是中国文化一个非常重要的特色，有了礼乐文化，中国的文化才有了确定的基因，在这个基础上开始得到进一步的发展。

周礼作为一个社会文化的体系，它的主体部分已经不是殷商时期沟通人神的那种祭祀礼仪了，它更加占主导地位的是人世间的交往礼仪，所以我们可以看出，在周代，"礼"可以说慢慢地人文化了。"礼"从仪式的角度来讲是一种他律的文化，但是这种他律的文化不是礼仪和礼俗的形式，这当然就是人文化的一种表现了。所以我们可以说，六礼是围绕人的生命过程所展开的一些仪式活动和行为，这就使得周代的礼乐文化有一种很强大的人文主义趋向。

总的说来，西周这个时期已经开始在政治文化、宗教信仰、道德情感方面逐步发展出我们现在叫作"儒学"的一些东西。那么这些东西是什么呢？最主要是已经养成了一种现在我们所熟悉的精神气质，这种气质体现为几个不同的方面：一个是体现为崇德贵民的政治文化，一个是孝悌和亲的伦理文化，一个是文质彬彬的礼乐文化，一个是天民合一的存在信仰，特别到春秋时期还发展出远神近人的人本趋向，就是要自觉地敬鬼神而远之，要更接近人本身。

儒家思想之所以能在汉代以后居于中国文化的主流地位，除了社会——政治的结构原因以外，有一个重要的原因就是儒家思想本身是三代以来中国文化的产物。

表层的"礼"是指各种程序化的仪式、礼典、礼节及与之相关的事物。这是礼仪、礼乐、礼器之"礼"。春秋时期楚大夫蓮启彊曾说："朝聘有珪，享觌有璋；小有述职，大有巡功；设机而不倚，爵盈而不饮；宴有好货，飨有陪鼎；入有郊劳，出有赠贿，礼之至也。"蓮氏列举的事例虽然仅限于外交礼仪，但仍可反映礼节、仪式的主要特征。这是"礼"字较通常的含义，是冠、昏、丧、祭诸礼典以及揖让周旋等各种繁文缛节的统称。春秋时期某些政论家还特意将"礼"的这一层面称作"仪",强调它与政治等级意义上的"礼"有重大区别。古代礼书中常见的威仪、曲礼、礼仪、礼乐、仪节、节文、仪式、仪注等名称,均特指"礼"的这一层面。

"礼"是包括慈、孝、忠、信等道德要求在内的伦理道德体系,是统领各种德目的最高的道德。这是礼仪、礼教之"礼"。春秋后期齐大夫晏婴有大段论礼的名言,其中提道:"君令臣共,父慈子孝,兄爱弟敬,夫和妻柔,姑慈妇听,礼也。"又说:"君令而不违,臣共而不贰,父慈而教,子孝而箴,兄爱而友,弟敬而顺,夫和而义,妻柔而正,姑慈而从,妇听而婉,礼之善物也。"晏婴将"礼"视为超越于各种道德名目之上的纲领性范畴。春秋人又往往把"礼"理解为世人应当遵守的公理、正义和规则,如周内史过所谓"昭明物则,礼也",周单襄公所谓"奉义顺则谓之礼"。

"礼"是指政治等级、国家秩序及一系列相应的政令法规。这是等级制度、国体政体之"礼"。晋卿随武子说:"君子小人,物有服章,贵有常尊,贱有等威,礼不逆矣。"楚大夫申叔时谈到太子教育时说"教之礼,使知上下之则","明等级以导之礼"。(《国语·楚语上》)他们都强调"礼"的实质是等级制度。晋大夫女叔齐所谓"礼,所以守其国,行其政令,无失其民者也",则是强调政治等级意义上的"礼"比表层的"仪"更为根本和重要。

儒家全面总结了春秋后期礼治思潮的思想成果,围绕着"礼"概念的三层内涵建立起一套完整系统的礼学体系。儒家礼学主要由重礼仪、倡教化和明宗法三个思想构建而成,三者分别是对"礼"概念中某层内涵的扩大和延展,彼此之间精神贯通、相辅相成而又各有侧重,故可称之为儒家礼学三层次。

儒家学说能够成为中国秦汉以来占主导地位的学说,可以说是"六艺之学"特别是礼学的胜利。儒家礼学三层次所具有的文化优势,是儒家学说被确立为国家主导思想最为关键的决定性因素。

儒学的生命学问,是对人类自身生命本质的反思之学,是人的使命之学,它表现为对人类的一种不可遏制的悲天悯人的情怀。孔子对人类的自觉,对士的自觉,对儒的自觉,都体现了他对儒学的强烈情怀。

作为生命的学问,儒学首先是一种信仰之学。儒家对天、对天命、对鬼神的信仰同它的人文主义和入世、淑世是统一的。在这一点上,从"三代"到孔子具有一定的连续性。儒学的天、天命信仰与个人和社会生活的完善是统一的。从春秋开始，儒学就建立起了天人同德、天人同志的生命理性。孔子具有超验世界的情感和体验。孔子有关天和鬼神的说法，有一点复杂，但如果看《礼记》的话，孔子对天和鬼神也保持着一种虔诚的信仰。

儒学讲以人为本，它是针对以神为本的思想，所以它代表一种人文思想的进步。其实从西周已经开始了，在2800年以前就开始有人文思潮的跃动，在这个跃动中，把人和神的关系做了颠倒，不是"神是人的"，而是"人是神的"。

清康熙初年，允许西方传教士到中国传教，康熙五十九年（1720），罗马教皇派人来华向天主教徒发布禁约，禁止教徒祭天、祭祖、祭孔。为此康熙帝下谕："以后，不必西洋人在中国行教，禁止可也，免得多事。"可见，中国古代统治者对宗教保持高度的政治警觉，不让其干预现实中的政治活动。西方中世纪存在的教会法与宗教法庭，在中国是没有的。中国传统法文化中制度的构建、法律生活的缔造、法律文化的延伸渗透了中华民族理性与务实的民族精神。

田心铭教授在《推进当代中国无神论学科体系、学术体系、话语体系建设——学习习近平〈在哲学社会科学工作座谈会上的讲话〉》一文中谈道：

> 无神论的发展经历了古代朴素的无神论、近代以自然科学为基础的无神论（也称科学无神论）、马克思主义无神论等几个阶段。我们所要建设的当代中国的无神论，是马克思主义无神论，即以马克思主义为指导思想和理论基础、以坚持马克思主义指导为根本特征的无神论。

习近平总书记2016年5月17日在《在哲学社会科学工作座谈会上的讲话》（后简称《讲话》）中提出："要善于融通古今中外各种资源。"他指出："哲学社会科学的现实形态，是古往今来各种知识、观念、理论、方法等融通生成的结果。"《讲话》中所说的研究"资源"，包括各学科中传承的知识、观念、理论、方法等，这些也就是恩格斯所说的"思想材料""观念材料"。《讲话》将其概括为三个方面的资源："一是马克思主义的资源"，"二是中华优秀传统文化的资源"，"三是国外哲学社会科学的资源"。

对儒家的无神论思想研究是当今的一项重大课题，这关系到文化软实力问题，马克思主义与中华优秀传统文化有机融合问题，更关系到道德信仰问题。

葛剑雄教授在国际儒学联合会发表的文章——《对待传统文化要分清"传"和"承"》中谈道："有的学者认为儒家是宗教，我不赞成这种说法。任何宗教都有神，儒家谁是神？孔子是神吗？孔子自己都不信神。宗教要有一套宗教仪式，儒家有什么仪式？祭孔仪式是后来慢慢加上去的，当时没有。宗教是不需要怀疑的，总是对的，但孔子是接受学生提出疑问的。

"正因为儒家不是宗教，现在就遇到了挑战。宗教的信仰是不需要问为什么，只要宗教本身不发生变化，就还能够起作用。但是，儒家的学说、中国的传统文化不是宗教，所以是可以被质疑，可以讨论为什么，可以改变的。"

哲学家张岱年曾说，中国传统文化的一个特点，是以道德教育代替宗教，把人生理想及对理想的追求都放在日常生活中，在生活中体现理想，有所谓"广大高明不离乎日用"的说法，道德教育起到了代替宗教的社会作用。所以，中国不像西方那样，宗教的势力和影响并不深远。这是一个很好的传统。

不忘本来、吸收外来、面向未来。我们既要善于继承和弘扬中华优秀传统文化精华，又要兼容并蓄积极吸收世界先进文明的成果，还要登高望远，科学判断中国特色社会主义发展趋势，努力开创新时代中国特色社会主义的新境界，推动中国特色社会主义道路越走越宽广。

注：本文为 2021 年参加第五届"问道玉渊潭"学术研讨会论文；收入本书时，内容有删减。

三论道德是赢得人心的根本

─────── ◎ ───────

习近平总书记高度重视弘扬中华优秀传统文化。2021年，党的十九届六中全会通过的《中共中央关于党的百年奋斗重大成就和历史经验的决议》指出："习近平新时代中国特色社会主义思想是当代中国马克思主义、二十一世纪马克思主义，是中华文化和中国精神的时代精华，实现了马克思主义中国化新的飞跃。"这一重大论断，将"中华文化"置于极其重要的位置。传承和弘扬好中华优秀传统文化，是新时代继续推进马克思主义中国化的需要，是中国特色社会主义发展的精神动力，也是中华民族能够屹立于世界民族之林的重要根基，必将为中华民族取信天下、结交天下、卓立天下铺垫更宽阔的道路。

"人心所归，惟道与义"出自《晋书·熊远传》。作为二十四史之一，《晋书》是唐太宗在贞观二十年（646）下诏撰修的。

西晋一度统一南北，本应成为继汉而起的强大王朝，但是统一之后却迅速由盛转衰，不待旋踵而亡。"人心所归，惟道与义"这句话是大臣熊远上书给东晋开国皇帝晋元帝司马睿的谏言，代表了当时有识之士对这一问题的深刻思考。在熊远看来，人心归附是国家的立国之本，而人心归附又有其必然规律，即只有关心民众利益和满足民众期待的道义力量，才能真正地聚合民心、收服民意。

中华文化历来重视人心民意，并由此认识到道义对于人心民意的统合作用。熊远对西晋历史的反思正反映了中华文化这一悠久的思想传统。

关于"文化"，中国古典哲学文献《易传》中说要"观乎人文，以化成天下"。在这个过程中，文化不断发扬光大，人类的各种知识、技能等就像滚雪球一样，越滚越大。不可否认，中国传统文化的重要功能之一，是要安顿人的身心、开发人的德性与智慧。

中国传统哲学与文化就非常重视"心性之学"。此"心"与"性"代表道德心，也即"道德的主体性"。所谓"为天地立心"，就是强调人要充分展示自己的道德心，做一个堂堂正正的人。人的道德心立起来了，人才能够与动物相揖别，堂堂正正地站起来。人若于道德心上不能立起来，那么，发展程度再高的科学、技术等文化，也会因缺乏道德价值的导向、追求，变得危险、可怕。这是中国哲学与文化的一个核心思想，也是其贡献于人类发展的非常重要的一点。

关心生命的成长，关心人心的安顿，就是当代学人的重要担当和责任。

中国传统文化中，无论是人的自处还是人与社会的关系，抑或是人与自然的关系都体现出和谐、稳定的结构特点，仁、义、礼、智、信、温、良、恭、俭、让成为中国传统文化中的核心价值，安身、安神和安心成为中国人恒久追求的价值目标。

德是中华民族特有的精神文化符号，是中国人最早的治国理念，是国家兴盛的基石，也是个人修身的标准。崇德以性善论为理论依据，以教化为手段，用自律来约束，实现对社会的有效治理。

周朝以德治国。中国历史上第一次提出系统治国理念的是周朝。武王伐纣建立周朝以后，对于新政权合法性的解释是"皇天无亲，惟德是辅"，就是说：上天无亲无疏，只辅佐有德行的人。周朝统治者从商朝灭亡的教训中深刻认识到，商纣王残暴无道是失德行为，也就失去了上天的佑护。国家要想长治久安，必须以德立国，敬天爱民，上下明礼，由此提出了"以德治国"的理念，并通过分封亲属和功臣亲信建立诸侯国，辅之以礼乐制度来进行统治，一直延续了近八百年。

一、道德与文化软实力

提升国家文化软实力需要发挥中华文化的强大魅力。一个国家在世界的崛起离不开软实力建设，文化软实力的强大是国家走向世界、加快走向世界舞台中心的必备条件，文化软实力和竞争力是国家富强、民族振兴的重要标志。

"道之以政，齐之以刑，民免而无耻；道之以德，齐之以礼，有耻且格。"孔子指出行政法律等治理手段只能从外在规范层面约束百姓的言谈举止，而德礼代表的道德教化则可以令百姓在内心为之感化而归服。孔子之后，孟子、荀子都继承了孔子这一德政思想。孟子讲"以力服人者，非心服也，力不赡也；以德服人者，中心悦而诚服也"。在孟子看来，道德具有上行下效、潜移默化的特点，在对人心施加影响方面，"德"比"力"更能感召人心，因此如果一个政权能够居仁行义、以王政待民，那么"民之归仁也，犹水之就下"，百姓归顺这一政权就像水流向低处一样不可阻止。

文化认同是最深层次的认同，是民族团结之根、民族和睦之魂，加强中华民族大团结，长远和根本的是增强文化认同。面对多重文化思潮的冲击与影响，文化认同成为巩固思想基础、凝聚价值共识、汇聚精神力量的迫切需求。与此同时，面对世界范围内的竞争越来越倾向于软实力竞争特别是价值观和话语权竞争的态势，文化认同也成为提升文化软实力、增强文化自信、建设文化强国的必然选择。因此，身处大变局的时代洪流之中，保持文化清醒与自觉、坚定文化认同与自信，是增强中华民族战略定力、抵御外部挑战的强基固本之举，是巩固发展各族人民大团结的重要精神支柱。

道德风尚是最具感召力的文化认同，缺乏道德滋润和感召，文化认同就缺乏坚实的信仰基础和责任担当。要持续深化思想道德建设，坚持马克思主义道德观、坚持社会主义道德观，全面提高公民道德素质，弘扬真善美、贬斥假恶丑，培育知荣辱、讲正气、作奉献、促和谐的良好风尚。坚持古为今用、推陈出新，努力实现中华传统美德的创造性转化、创新性发展。深入实施文明创建、公民道德建设、时代新人培育等工程，教育引导各族人民向往和追求讲道德、尊道德、守道德的生活，以文育人、成风化人。只要中华民族一代接着一代追求真善美的道德境界，我们的民族就能永远团结向上、永远充满希望。

2022年4月中旬习近平总书记在海南考察时强调，越是深化改革、扩大开放，越要加强精神文明建设，并提出，"要持之以恒抓好理想信念教育，培育和弘扬社会主义核心价值观，广泛开展群众性精神文明创建活动，不断提升人民文明素养和社会文明程度"，"要加强诚信建设，倡导遵纪守法、诚实守信的社会风尚"，为在全面深化改革开放中进一步加强精神文明建设指出了前进方向。

精神文明建设挺起了中国脊梁、激发了中国力量、引领了中国风尚，推动形成更加坚定的主流价值、更加高扬的道德旗帜、更加清朗的社会风气，聚合起中华儿女同心同德的磅礴伟力。

加强精神文明建设，要培育和弘扬社会主义核心价值观。社会主义核心价值观是当代中国精神的集中体现，凝结着全体人民共同的价值追求。要发挥社会主义核心价值观对国民教育、精神文明创建、精神文化产品创作生产传播的引领作用，把培育和弘扬社会主义核心价值观作为凝魂聚气、强基固本的基础工程，以培养担当民族复兴大任的时代新人为着眼点，强化教育引导、实践养成、制度保障，把社会主义核心价值观融入社会发展各方面，转化为人们的情感认同和行为习惯。坚持全民行动、干部带头，从家庭做起，从娃娃抓起。继承和发扬中华优秀传统文化和传统美德，不断夯实中国特色社会主义的思想道德基础。

社会主义核心价值观中的一些内容，是对中华优秀传统文化和伦理观念的传承和弘扬。我们可以对历史上有代表性、有影响力的家训家风文本进行梳理和归纳，吸收其中与社会主义核心价值观相符合的思想观念、人文精神、道德规范等，发挥其促进社会主义核心价值观培育和弘扬的积极作用。

核心价值观，其实就是一种德，既是个人的德，也是一种大德，就是国家的德、社会的德。将社会主义核心价值观内化于心、外化于行，需要把正确的道德认知、自觉的道德养成、积极的道德实践紧密结合起来。一些优秀的传统家训家风之所以流传得广，与其注重通过各种仪式进行潜移默化的教化有关。

二、马克思主义基本原理同中华优秀传统文化相结合的本质内涵和真谛要义

学习党的十九届六中全会通过的《中共中央关于党的百年奋斗重大成就和历史经验的决议》，总结党的百年历史经验，深刻认识到：把马克思主义基本原理同中华优秀传统文化相结合，既是马克思主义中国化的成功之道，也是

中国共产党领导力不断提升和持续强化的重要因素。中国共产党把握马克思主义同中华优秀传统文化的内在关联，并进行有机结合，不仅体现了理论清醒和使命担当，而且凸显了政治领导力、思想引领力、群众组织力、社会号召力。

中国共产党百年奋斗的历史闪烁着马克思主义基本原理的思想光辉，也融合着中华民族的精神血脉和中华优秀传统文化基因。深刻领悟和充分认识把马克思主义基本原理同中华优秀传统文化相结合的重要意义，大力提升把马克思主义基本原理同中华优秀传统文化相结合的能力，是马克思主义中国化的必由之路和成功之道。

党的十八大以来，以习近平同志为核心的党中央不断推进马克思主义中国化时代化，加强思想理论建设和文化创新发展，凸显中华文化"民族基因""文化血脉""精神力量"定位，推进中华优秀传统文化的创造性转化、创新性发展，将传承弘扬中华文化提升到新高度。可以说，习近平新时代中国特色社会主义思想回望历史、立足当代、远观未来，深刻汲取中华文化理念智慧，其宏阔性视野联通着中华文化的历史赓续，其创新性思维深植于中华文化的丰厚沃土。

中华优秀传统文化成为东方文化的核心，推动了东方世界的历史发展，它与西方世界形成了不同的历史文化特点。这些长期积淀起来的历史文化特点，可以看作是中国特色社会主义的历史根据。

中国历史从秦以来都是统一在一个大中华的国家内，分裂是暂时的，国家的统一是历史的总趋势。

各民族交往交流交融，支持了大一统的中国，这个向心力是历史的基因，历经两千多年而不变。"车同轨，书同文"，具体形式会有很多变化，但基本精神是延续下来了的。

我国古代有丰富的唯物主义思想资源，"天行健，君子以自强不息""民贵君轻""水能载舟，亦能覆舟""实事求是"……都是唯物主义的，不是唯心主义的，即都是以事实为根据的，不是以想象为根据的。这些都为中国人接受马克思主义思想打下了思想的基础。中国古人还有丰富的无神论思想。有一个美国学者说过，中国古代神话传说故事，反映的都是无神论思想，欧洲古代神话反映的是有神论思想。孔子"不语怪力乱神"，范缜《神灭论》"神即形也，形即神也，形存则神存，形谢则神灭"的论述极为精彩，这些都是唯物论观点，为中国人接受马克思主义、共产主义理论打下了基础。

中华优秀传统文化的丰富哲学思想、人文精神、教化思想、道德理念等，可以为人们认识和改造世界提供有益启迪，可以为治国理政提供有益启示，也可以为道德建设提供有益启发。因此，中华优秀传统文化精华，可以成为社会主义核心价值观的道德源泉。

马克思主义是迄今为止人类最优秀的精神文明成果，凝聚了人类的最高智慧，闪烁着灿烂的真理光辉。它从根本上揭示了人类社会发展规律和思维认识规律，为我们提供了认识和改造世界的强大思想武器和科学的世界观方法论。中华优秀传统文化是五千多年中华文明最宝贵的结晶、最纯粹的精华，积淀着中华民族最深沉的精神追求，蕴含着中华民族最根本的精神基因，代表着中华民族最独特的精神标识，是五千多年来中华民族生生不息、绵延繁盛、发展壮大的精神乳汁和思想奶酪。中华优秀传统文化不仅是 14 亿多中国人民的珍贵精神财富，而且是全人类共同的宝贵精神财富。

我们开创了马克思主义基本原理同中华优秀传统文化相结合的精神文明。经过中国共产党百年的锻造，中华民族的精神面貌发生了根本的变化。这种精神面貌，是以前历史上未曾见过的，是新时代中国特色社会主义制度下中国人的精神面貌，是把马克思主义基本原理同中华优秀传统文化相结合的深刻意蕴。

马克思主义基本原理同中华优秀传统文化相结合这一重大命题的本质内涵和真谛要义，就是坚持把马克思主义的基本立场观点方法同凝聚着五千多年中华文明精华的中华优秀传统文化相结合。这一结合需要遵循马克思主义的基本原理和基本方法，如果抛弃马克思主义的基本立场观点方法，那么所谓马克思主义中国化就丢掉了真正的本色。同样，如果排斥中华优秀传统文化的涵养滋润，所谓马克思主义中国化也就失去了应有的特色。

全国人大代表、齐鲁制药集团总裁李燕在全国两会发言时说，做好马克思主义基本原理与中国具体实际、与中华优秀传统文化"两个结合"，推动中华优秀传统文化的创造性转化、创新性发展，对山东省来说，就是要立足文化资源丰富优势，重点挖掘和阐发儒家文化的时代价值，使儒家文化优秀基因与当代文明融为一体。李燕认为，新时代儒商，要重点做好"六道"——"仁义"之道、"诚信"之道、"创新"之道、"和合"之道、"规矩"

之道、"担当"之道。

历史证明，中华文化使中华民族保持了坚定的民族自信和强大的修复能力，培育了共同的情感和理想追求。每到重大历史关头，文化都能发时代之先声，为人民、为国家增强凝聚力。

三、崇德尊法，法安天下，德润人心

法律和道德是现代国家治理不可缺少的两种重要手段。习近平总书记在中央全面依法治国工作会议上指出："要坚持依法治国和以德治国相结合，实现法治和德治相辅相成、相得益彰。"坚持依法治国和以德治国相结合，是中国特色社会主义法治道路的鲜明特征，是建设社会主义法治国家必须遵循的基本原则。落实依法治国基本方略，加快建设社会主义法治国家，必须坚持依法治国和以德治国相结合，把法律和道德的力量、法治和德治的功能结合起来，既重视发挥法律的规范作用，又重视发挥道德的教化作用，做到法治和德治两手抓、两手都要硬。

《尚书》为"政书"之祖，是中国乃至世界最早的政治历史文献汇编。《尚书》诠释治国安民之道、盛衰兴废之理，引导修身务学，重在选贤举能，至言要道，备在此书。

君圣臣贤。君王要认清自己的政治责任，以德治国、勤勉政事，才能配享天命。《尚书》记载的夏商周三代国家治理的史实表明：有德之君必有有德之臣辅佐。"贤者在位，能者在职。"

克己慎行。良好的道德修养不仅来自学习和体悟，更来自实践的锤炼和考验。统治者需要在道德实践中不断提升修养。

德主刑辅。德与刑是辩证统一的，《康诰》全篇反映了德主刑辅的思想，这是对夏商时期"刑期于无刑"预防犯罪思想的进一步发展。

格物、致知、诚意、正心是中国古代儒家思想的重要概念。人在被纳入社会关系网络前，首先需要提高自身的知识水平，通过探察事物获得新知，而除了才学外更重要的是心智的提升，使心意真诚、心思端正。《中庸》中讲："故君子戒慎乎其所不睹，恐惧乎其所不闻。莫见乎隐，莫显乎微。故君子慎其独也。"达到自身的和谐状态是修身的重要环节，"穷则独善其身，达则兼济天下"，这不仅体现出中国古代知识分子的政治理想和社会责任感，也凸显出对于自身的道德约束。

《大学》讲："所谓治国必先齐其家者，其家不可教而能教人者，无之。故君子不出家而成教于国：孝者，所以事君也；悌者，所以事长也；慈者，所以使众也。"这是因为在君主世袭的家天下里，家与国具有同构性。虽然在各级社会单位中，家庭是最小的单位之一，但孝悌至关重要。家长好比国家的君王，兄长好比工作中的官长，子女好比统治的子民，如果自己的家中不能做到父慈子孝、夫妻和顺、兄友弟恭，那就很难在大的治国上提出什么良策了。

以忠孝为核心的"德"文化渗透到社会的方方面面。西汉时期，董仲舒提出"罢黜百家，独尊儒术"的建议，得到了汉武帝刘彻的采纳，从此，"以德治国"的儒家思想成为皇家正统。

到了汉武帝时期，国力强盛了，转而实施儒家的治国方略——"德主刑辅"。从此，历代统治者都把以"德"为核心的儒家思想作为旗帜，占领意识形态的道德高地，统一人们的思想；而把法家学说作为操作手册，管理人们的行为，有效治理国家。

法安天下，德润人心。法律和道德都是具有一定约束性的规范体系。法治重在他律，具有强制性、威慑性，可稳定人们的预期，规范社会成员的行为；德治重在自律，具有调节性、劝导性，滋润社会成员的心灵。法律是成文的道德，道德是内心的法律。法律的实施有赖于道德支持，道德的践行离不开法律约束。法治是现代国家治理的基本方式，法治运行得好需要有内容完备、有效实施的法律。德治是我国国家治理的重要优势和优良传统，德治发挥作用需要道德的教化与践行。

四、国际关系与道德正义

孔子作《春秋》就以"春秋大义"评判和讥刺不合礼法、不合道义的战争和罪恶。他不主张对外侵略和征服，而提出"修文德以来之"，国与国之间应以"和为贵"。孔子主张符合道义的战争而反对不道义的战争。

进入战国时期，战争越来越多，规模越来越大。孟子反对非正义战争，指斥"春秋无义战。彼善于此，则有之矣。征者上伐下也，敌国不相征也"。战国时期诸侯国之间的战争都不符合"义"的标准，即不但违反了西周以来礼制所规定的名分制度，也给人民带来了无穷无尽的灾难。

对于能够解民于倒悬的王者之师，孟子则加以赞扬，因为他们是为民而战，拯救人民于水火之中的正义之师。荀子在战国末期经历了更多规模更大的战争，他不是反对战争，而是反对不义战争，提倡"仁人之兵"。

由于儒家的影响，我们中华民族历来爱好和平，提倡"化干戈为玉帛"，但也不怕战争，勇于参加保家卫国的自卫战争和替天行道的仁义战争。"国虽大，好战必亡；天下虽安，忘战必危"，即使是强大的国家，好战必然灭亡；天下虽然暂时安定，而忘记了还有战争也不行，会处于危险之中，还要居安思危，居危思进。

清华大学俄罗斯研究院副院长吴大辉对俄乌危机的阐述相当精辟。他认为，北约东扩无法维护欧洲和平稳定，不利于欧洲长治久安。北约做出不接纳乌克兰的承诺就能阻止一场战争，但美欧没有这样做。这充分体现了欧洲领导层分不清时局的"蠢"，美国领导层希望借助这场危机实现"吃"住俄罗斯、"夹"住欧洲、"看"住经济利益的"坏"。于是，本可以避免的一场战火，就这样在乌克兰点燃。

本应成为东西方沟通桥梁的乌克兰，如今却变成了大国对抗的前沿。乌克兰局势的恶化及美国和北约奉行冷战思维挑动对抗，只顾利益不讲道义的现实，足以供那些甘当霸权国家马前卒和棋子的势力三思。

乌克兰的军事生物实验室是苏联时期留下的，苏联解体以后，美国国防部打着研究公共卫生的旗号在乌克兰展开了军事生物实验活动。根据俄罗斯的爆料，美国在乌克兰不但从事了鼠疫、霍乱等危险病原微生物的研究，还研究了如何利用蝙蝠传播新冠肺炎病毒。

德国联邦国防军微生物研究所等多个实验室也参与了美国在乌克兰的军事生物实验活动。至少有五年的时间，德国都在乌克兰和美国一起研究生物武器。

德国和美国在乌克兰从事军事生物实验研究已经犯下了滔天罪行，现在德美两国还继续恶化俄乌局势，加重全球能源危机和粮食危机。德美两国忘了很重要的一点，就是在当今世界，在打击对手的同时，也会让自己受伤。所以德国也好，美国也好，务必谨言慎行，不要再恶化俄乌局势，否则必将遭到反噬。

俄乌冲突中，人们看到了美元霸权的薄暮，看到了美国朝贡体系的瓦解，看到了地区性大国的蠢蠢欲动，看到了不同国家的选边站队，看到了不同力量的集结。

今天的中国在这种单极霸权的世界中，是唯一重要的平衡力量。没有中国的世界，将会变得更加糟糕。中国能做到这一点，是因为手里掌握着"公平"这个最与众不同的价值观。

华尔街的利益不等于美国利益但却能够左右美国，今天的美国无法给世界贡献新的有价值的东西。他们抛弃了全球化就是想让这个世界比美国更烂，一向宣称肩负着拯救世界神圣使命的"山巅之城"最终摧毁了自己的道德形象和政治权威。

美国也有自己的"苦衷"，他们躺着吃了几十年的红利之后，自身问题已经是积重难返。他们也知道单边主义是一杯苦酒，却也不得不饮鸩止渴。至于这种做法对美国的世界影响力会带来什么伤害，他们似乎对这个问题不再感兴趣。

今天的中国和美国，都把精力和注意力倾注在了下一代的经济引擎上，如 5G 通信、人工智能、大数据、航空航天和海洋工程等。美国关闭了全球化的大门，就是要限制中国的崛起，提防中国第一个跑到终点。美国可以乐见中国比自己更烂，但绝不会允许中国比自己更好。

当美国带领西方世界，把那些自由民主和私有财产神圣不可侵犯等最后的遮羞布全部揭下来的时候，标志着冷战结束后的全球化自由市场进程已经全面崩溃，全球化由结构性衰败走向了彻底的死亡，人类正在返回蒙昧。

美国针对中国设计并推行的国家战略很不得人心。美国国家级的"应对中国当前危险委员会"等机构就有十几个。美国对华战略竞争法案宣称他们的目标就是推翻中国政权，彻底遏制中国崛起。他们毫不隐讳地宣称"美国和民主世界在 21 世纪唯一最重要的挑战就是中国的崛起"，"美国必须同时准备与俄罗斯和中国开战"。

今天，中国举国上下已经彻底地读懂了美国的强盗逻辑，认识到美国的各种侮辱打压，不是因为误解，而是要把中国锁死在食物链的底端，让中国永远为美国乃至西方服务，永远作为他们美好生活的成本和耗材。中国明确地拒绝了美国的寄生权，选择了自强和斗争的解决方案，这对美国来说就是末日宣判。

五、文明冲突论再起狂澜

《环球时报》于 2022 年 3 月 8 日刊登的文章《梵蒂冈前驻美大使万字长文怒斥北约和拜登：应联手俄罗斯反华》谈道："维加诺称，这样做是为了让西方与俄罗斯搞好关系，成为盟友，好一同重建基督文明，携手对抗全球化主义者和中国。"

文明程度是一个国家区别于其他国家的显著标志，社会主义文明是区别于资本主义文明的文明形态，中国特色社会主义道路更是以人类文明的新形态屹立于世界文明之中。中华民族伟大复兴必须是以中华文化繁荣兴盛为前提的，强大的物质力量、政治力量、精神力量、社会力量与生态素养是创造人类文明新形态的条件。五千多年中华文明的丰润滋养，深厚的人伦传统、良好的道德规范、丰富的治理思想，是当代中国制度演进、文化创新、文明建设的基础。雄宏博大的中华文明，是创造人类文明新形态的重要基础。

欧洲人通过暴力征服和贸易扩张，导致一些"伟大的文明由于自身的内部爆裂而堕落为一种依附属性的文明"，就像不列颠人征服印度那样，"他们破坏了本地的公社，摧毁了本地的工业，夷平了本地社会中伟大和崇高的一切，从而毁灭了印度的文明"。

文明是人类文化与社会发展的高级阶段，是一个包含起源、形成及早期发展的长期进程。就中原地区而言，综合百年的考古资料和研究成果可以看出，在距今六千年左右庙底沟文化的相关聚落中开始出现社会分化与不平等，是该区域文明起源的开始，是各种文明要素起源并不断聚积的阶段。之后社会不断发展，历经庙底沟二期文化、龙山文化等阶段，在距今四千三百年左右的龙山文化晚期出现了明显的"国家形态"，进入了文明社会。

中华文明是世界上唯一延绵不断、延续至今的古老文明，中华文明延绵不断的深层原因是需要研究的重大问题。在今天中国的地域范围内，史前时期每一个地理单元或地区如燕辽地区、海岱地区、长江中游、长江下游、中原地区等都有着各自区域内的考古学文化序列，区域文化各有特色，有着相对独立的发展过程。

中华文明的发展历程复杂多样，不同于世界上任何一个其他古老文明，难以用任何一个已有文明模式来概括与比附，对世界文明发展作出了独特贡献。

一百年来中国共产党所创造的无数奇迹，令世界各国的政治家、研究者都产生了一个疑问：马克思主义何以能够扎根中国大地、开繁花结硕果？究其根本，这是马克思主义"同我国传承了几千年的优秀历史文化和广大人民日用而不觉的价值观念融通"的结果。正如张岱年先生指出的："中国文化中本有悠久的唯物论、无神论、辩证法的传统，有民主主义、人道主义思想的传统，有许多历史唯物主义的思想因素，有大同的社会理想，如此等等，因而马克思主义很容易在中国的土壤里生根。"

习近平总书记指出，中国道路之所以表现出与西方国家不同的文明路线，"是我国历史传承和文化传统决定的"，这就为分析中国道路与中华文明的内在传承性提供了全新视野与方法论启示。几千年来，中华文明从未中断，一直延续至今，是孕育中国道路的文化母体，也为中国特色社会主义奠定了根本的文化底蕴。

无论是在历史上还是在今天，资本主义所奉行的都不是共存性的发展道路，而是对他国的征服和掠夺，资产阶级世界观也处处体现着二元对立的思维方式。"文明优越"和"文明中心主义"是西方国家看待世界各国的"文明标准"，他们试图通过武力实现"文明"与"野蛮"的分野，建立一劳永逸的文化霸权，使大多数发展中国家既难以脱离西方独立发展本国经济，又不能公平地加入经济全球化的浩浩洪流，始终难以摆脱贫困落后的悲惨状况。虽然随着时代的发展，资本主义为这种暴力手段披上了文明的面纱，但其内在的对抗性和排他性并没有发生改变。

伟大的汤因比认为人类的希望在东方，中华文明将是 21 世纪人类思想资源的提供者。美国最强预言家珍妮留下的最后一个预言是：美国将会衰败，人类的希望在东方，中国将替代美国，成为世界的领导者。

六、四论儒学不是宗教，"天人感应"理论背后蕴含的是传统政治文化中的"人本"和"民本"思想

中华传统文化历经渊源与发轫（三代文化）、开创与奠基（先秦诸子）、综合与成型（两汉经学）、融合与新变（魏晋玄学）、冲突与共融（隋唐佛学）、合流与内化（宋明理学）、集成与沉淀（清代朴学）、变革与转型（近代新学）等历史演化，在修身养性、道德教化、伦理规范、人际关系、社会秩序、哲学思维、认识方法、行为准则等方面，形成了一系列基本理念和人文精神，深刻作用于社会的稳定发展与人民大众的日常生活。

"皇天无亲，惟德是辅。"皇天这个天，是不分亲疏的，只会"惟德是辅"，就要看你有没有德，有德我就保佑你，没有德我就不保佑你，不管你是不是我的子孙。

畏天恤民。统治者只有"敬德""顺德""行德"，才能"自作元命，配享在下"，否则上天会"绝地天通，罔有降格"。以周公为代表的周人面对夏殷失德无道的历史教训，明白天命的承受取决于民心，"欲王以小民受天永命"。民心即天心，天既有自然属性，也有人格属性，违背了民意就是违背了天意。民心向背决定了天命所归。

政在养民。民心归向和人民支持往往是朝代兴亡的决定因素，不论是"视民利用迁"，还是"惟民之承保"，抑或是"用康保民""保惠于庶民"，其核心还是和历代先王一样爱民、保民，得天庇佑、永固基业。

"养民"的核心就是利民，只有顺乎民意而为，才能无为而无不为。

"天人感应"理论在汉代社会十分盛行，近代以来多将其视为封建糟粕而弃之不用。其实，"天人感应"里面的"天"只是一个形式要件，更为重要的是其背后所要表达的思想内涵。"天"是先秦以来诸子先贤逐渐凝练出来的一个价值集合体，其承载的是先贤所创生的系列政治、道德和文化价值，"天"所代表的自然属性和神学属性自春秋时期以来就逐渐被淡化了。换句话说，在"天人感应"理论中，重点关注的是"人"，"天"完全处于被动地位，"天人感应"理论背后蕴含的是传统政治文化中的"人本"和"民本"思想。

《尚书·泰誓》曰："天视自我民视，天听自我民听。"从孟子的分析里可以看出，人意是天命的根据。天命，只是体现人意的一种礼仪的形式，我想这

就是天命的真正含义。

有一次，齐桓公跟管仲在一起，齐桓公就问管仲，作为一个国君，应该把什么东西放在第一位？管仲就告诉他，王啊，要以天为本，要把天放在第一位。齐桓公一听，马上抬起头来看看天，问道，为什么把天放在第一位？管仲一看齐桓公的动作，马上告诉他："天者，岂苍苍之天？"管仲讲的天，哪里是指苍苍之天啊！王者是以民为天啊！接着管仲又讲道，如果老百姓拥护你，你的国家就安定了；如果老百姓到处在议论你，你的国家就有问题了；如果老百姓都起来反对你，你的国家就要完蛋了。

"民以食为天"，说明衣食是老百姓维持生存最重要的东西，"天"并不一定就是神秘的东西。王者要以民为天，民要以食为天，不抓住这些关键的事情去办，却一天到晚去拜头顶的"天"，想让"天"来保佑你，那是不可能的。

中华礼乐文明要确立人道，其人道实践是在崇天敬祖的基础上展开的。在古人看来，"崇天"，一则在于"天地者，生之本也"，人道亦本于天，且内在于人，是人的存在规定、价值本原；二则在于"天命无不报"，即天命具有不假人为的至上确定性。在此基础上，古人讲"知天命""畏天命"，即是在提示行人道的同时，亦要敬畏天命，修身以俟之，正所谓君子"不自尚其事，不自尊其身……得之自是，不得自是，以听天命"。而"敬祖"则在于"人本乎祖""无先祖，恶出"，古人提出敬祖意在"重仁袭恩"，不忘先人业绩。以此为基础，古人又提出"慎终追远，民德归厚矣"，这是将敬祖行为进一步纳入移风易俗的活动之中。崇天敬祖的价值观念集中体现了古人"反本修古，不忘其初者也"的人文精神。

《论语·阳货》记载，孔子曰："予欲无言。"子贡问："子如不言，则小子何述焉？"孔子曰："天何言哉？四时行焉，百物生焉，天何言哉？"这里可以看出，孔子心目中的天是一切道理的终极依据。《孟子·尽心上》说："知其性则知天矣。"此中的天可能同时包含前述所谓主宰义、道德义和法则义。《荀子·天论》强调政之本在天，而有所谓"天职、天功、天情、天官、天君、天养"之说，其所谓天也应同时有主宰义、法则义和道德义。

孔子继承了周代的文化传统，在《论语》里面我们可以看到很多跟这些思想类似的说法。当弟子季路问孔子怎样事鬼神时，孔子就相当严厉地批评他说："未能事人，焉能事鬼？"你人事都做不好，还要问怎么样去事鬼？当另一个弟子樊迟问怎么才叫作有智慧、有知识时，孔子就告诉他："务民之义，敬鬼神而远之，可谓知矣。"有智慧的人应该是"务民之义"，就是把老百姓的事情放在第一位，"敬鬼神而远之"。什么时候都把人事放在第一位，这就是中国传统文化中，把政权看得比神权更重要的一个文化根源。

中华民族数千年治国理政的核心理念，是《尚书》的"民为邦本，本固邦宁"、孟子的"民贵君轻"、朱熹的"新民"思想、王阳明的"亲民"思想、顾炎武的"厚民生，强国势"等中国历史上诸子百家学说都推崇的民本思想。在马克思主义中国化的历史进程中，中国共产党始终坚持党来自人民、植根人民、服务人民，极为重视人民大众的力量，将人民群众视为革命、建设、改革和党的事业发展的主体，注重充分发挥人民群众的积极性和创造性；始终把实现好、维护好、发展好最广大人民的根本利益作为自己的根本宗旨，将不断实现最广大人民的根本利益视为自己全部奋斗的根本目的；始终把人民答应不答应、高兴不高兴、满意不满意、拥护不拥护作为衡量工作成败得失的标准。

一个国家、一个民族因其独特的精神基因，才能形成不同于他国、他民族的人文传统和文化习惯，走出具有鲜明特色的发展道路。2017 年 12 月 1 日中共中央总书记、国家主席习近平在中国共产党与世界政党高层对话会上的主旨讲话中指出："中华民族拥有悠久历史和灿烂文明，但近代以后历经血与火的磨难。中国人民没有向命运屈服，而是奋起抗争、自强不息，经过长期奋斗，而今走上了实现中华民族伟大复兴的康庄大道。回顾历史，支撑我们这个古老民族走到今天的，支撑 5000 多年中华文明延绵至今的，是植根于中华民族血脉深处的文化基因。"回首百年光辉历程，我们可以看到天下为公、以人为本、自强不息等中华优秀文化的精髓，已经被中国共产党在革命、建设、改革的伟大斗争实践中吸收接纳，深深融入中国共产党的血液中。这些家国同构的崇高情怀和利济苍生的高远志向，既是中华文明的精髓，也富有马克思主义的精神特质，成为马克思主义产生于西方却在古老中华大地上生根开花、结出硕果的历史根源，指引着新时代中国共产党人赓续血脉、永葆初心，为数千年中华文明史写下新的璀璨篇章。

注：本文为 2022 年参加第六届"问道玉渊潭"学术研讨会论文；收入本书时，内容有删减。

儒学是否宗教之辨析

———— ◎ ————

儒学不是宗教。儒学是经学、史学，是一种"治国平天下"的实践哲学。

一、儒学是经学

经学原本泛指先秦各家学说要义的学问，但在中国汉代独尊儒术后特指研究儒家经典，是一种解释其字面意义、阐明其蕴含义理的学问。经学是中国古代学术的主体，仅《四库全书》经部就收录了经学著作 1773 部、20427 卷。经学中蕴藏了丰富而深刻的思想，保存了大量珍贵的史料，是儒家学说的核心组成部分。

中国传统文化，注重对人文社会与历史演进之实际贡献。中国人看重经学，认为经学的伟大在于"通经致用"，即做学问来塑造自身的人格，最终贡献社会。所贡献的主要为"政治"与"教育"。此等人格之最高境界，便是所谓的"圣人"。

经学在中国，一为"做人"之学，或为"成圣"之学。无论"做人"或"成圣"，都应该在实际人生社会中去做，这是中国学术传统所倡导的人文精神。这种精神，必须既要通历史，又要兼有近似宗教的精神，即"天人合一"的信仰。须博闻多识，做到知识贯通，寻求可以活用的学问来贡献社会。这是中国经学所崇尚的理想目标。

谈到两汉儒学，钱穆说："今讲两汉儒学，亦可说此时代之儒学即是经学。只读《史记》《汉书》两书中之《儒林传》，便见其时凡属儒林，都是些经学家。而凡属经生，也都入《儒林传》。此下二十四史中凡有《儒林传》，莫非如此。故说经学即儒学，此说乃根据历史，无可否认，而尤其在两汉时为然。我们也可说中国儒家必通经学，不通经学则不得为儒家。如此说之，决不为过。"两汉承孔、孟以下，续此一传统，故成经学即是儒学了。"

经书是我们的文化精华的宝库，是国民思维模式、知识涵蕴的基础，充分体现了先哲道德关怀与睿智的核心精义；重新认识经书的价值，具有重要的时代意义。21世纪将是中国踏上"文艺复兴"的时代，新的时代应重塑新的经学。

二、儒学是史学

钱穆在《中国学术通义》中谈到儒学，"儒学尤为中国学术之中心。四部之学，莫不以儒为主。亦可谓儒学即是中国文化精神之中心"。他认为，"魏晋南北朝为儒之扩大期者"，"此一时期人讲儒学，已不专囿于经学一门，而又能扩及到史学方面来"。

史学本是经学之一部分，如《尚书》《春秋》《左传》均当属史学范围。唐刘知几作《史通》，分疏史书体例，即分《尚书》《左传》两大派。我们如果更进一步说，可谓孔子之学本即是史学。孔子尝曰："甚矣，吾衰也！久矣，吾不复梦见周公。"又曰："我非生而知之者，好古，敏以求之者也。"又曰："周监于二代，郁郁乎文哉！吾从周。"《论语》中如此一类话颇多，可见孔子所学，也即是孔子当时的历史。孔门由于其所讲习之诗、书、礼、乐，而获得其所从来之演变得失之全部知识，其与历史实无严格界限。所以后人说"六经皆史"。

"就史学内容言，儒学主要本在'修、齐、治、平'人事实务方面。而史学所讲，主要亦不出'治道隆污'与'人物贤奸'之两途。前者即属治平之道，后者则为修齐之学。"

饶宗颐在《〈中国史学上之正统论〉结语》一文中写道："盖中国自周秦以后，即本天下观念以看历史，视历史为一整体，与希腊史家Polybius见解颇相似。以世界眼光来看历史，从过去人事觅得共同规律以为行动之借鉴，故中国史家自来即富有为天地立心、为万世开太平之豁达心胸。Toynbee 晚年定论始确论史家须从历史成败获得猛省，历史如仅为描述而缺乏道德批评，则不成为史学。顾此义在中国早成为家常便饭，历代正统论即贯彻此一主张之史学观点者也。"

三、儒学史是无神论史

无神论作为一门独立的学科，全世界早已公认。中国是一个具有两千六百多年无神论历史遗产的国家。中国宣传无神论，应该充分利用中国历史上遗留下来的珍贵的无神论文献。

在中国历史上，第一个提出"无鬼神"的是公孟子。公孟子是战国时人，与墨子生于同一时代。公孟子是儒家学派人，而儒家的创始人是孔子，因此公孟子的"无鬼神"观念不可能与孔子的学说没有关系。

自汉武帝宣布"罢黜百家，独尊儒术"以后，历代统治者都把儒家的思想列为"治国平天下"的正统思想。而中国的无神论者或具有无神论思想倾向的人物，除个别人外，几乎都是儒家，他们也认为无神论思想是儒家的思想，因而儒家的外衣对中国无神论者起到很重要的保护作用。

参加《中国无神论史》写作班子的有中国社会科学院的世界宗教研究所、哲学研究所、社会学研究所和民族研究所，还有北京市社会科学院、北京大学等 16 个单位，参加编写以及辅助工作的共计 33 人。中国社会科学规划领导小组把《中国无神论史》列为"六五"期间的国家社科重点项目。

如果我们沿用康有为的提法把儒学定性为宗教，则不利于传承中华优秀传统文化和团结广大信仰儒学与马克思主义学说的群体，还可能造成巨大的分裂，更谈不上民族复兴，实现伟大的中国梦。

四、儒学是哲学

中国哲学的创造者，无论儒、道还是先秦其他诸子，都是有社会关怀的士。这一传统十分久远，我们从《尚书·说命》中的"非知之艰，行之惟艰"就可以看到，儒家的精神是入世的，要"明明德"于天下。而要"明明德"于天下，不仅是个理念问题，还必须实践，必须身体力行，必须见之于事功。孔子说："吾岂匏瓜也哉？焉能系而不食？"所以，儒家哲学是一种"治国平天下"的实践哲学。中国哲学有无神论传统，当然也有有神论传统。张岱年认为唯物主义无神论传统更有价值，它不同于西方基督教传统，西方重宗教信仰，而中国儒家历来重道德教育。孔子的思想具有无神论倾向，后来的儒家则完全取消了鬼神。

冯友兰说，西方人看到儒家思想渗透中国人的生活，就觉得儒家是宗教。可是实事求是地说，和儒家比起来柏拉图或亚里士多德的学说更像宗教。"四书"诚然曾经是中国人的"圣经"，但是"四书"里没有创世记，也没有讲天堂、地狱。

著名哲学家胡适曾说："中国哲学到了老子、孔子的时候，才可当得'哲学'两个字。"

《中国哲学之特色》一文写道：

> 中国哲学，在根本态度上很不同于西洋哲学或印度哲学，我们必须了解中国哲学的特色，然后不至于以西洋或印度的观点来误会中国哲学。……中国哲学特点有六点。第一，合知行。第二，一天人。第三，同真善。第四，重人生而不知论。第五，重了悟而不重论证。第六，既非依附科学，亦不依附宗教。中国哲学中从无以证明神的存在为务者。

儒学是哲学，这一点，为胡适、钱穆、冯友兰、张岱年、汤一介、饶宗颐等众多思想家所认同，而西方流派如黑格尔和中国国内一些把儒家学说定性为宗教的学者却不认同。

中国原本没有"哲学"一词，甚至相当多的西方哲学家不承认中国有"哲学"，例如黑格尔认为中国所有的只是意见，"与意见相反的是真理"。在他的《哲学史讲演录》中说到东方思想，他说："我们在这里尚找不到哲学知识。"谈到孔子时他说："孔子只是一个实际的世间智者。他那里思辨的哲学一点也没有——只有一些善良的、老练的、道德的教训，从里面我们不能获得什么特殊的东西。"

如果我们进一步讨论这个问题，可以说在西方哲学传入之前，中国还没有把哲学从经学、子学等儒学中单独分离出来，使之成为一门独立的学科来进行研究，但哲学思想、哲学问题的研究往往包含在经学、子学等儒学之中来进行的。也就是说，我们还没有自觉地把哲学作为一门独立的研究对象。但是，我们并不能因此就说"中国没有哲学"。清华大学国学院院长陈来教授在《百年儒学的发展和起伏》一文中指出：伴随着中华民族和中华文化的复兴进程，新的儒家思想理论、新的儒家哲学的登场指日可待。

学者吾淳教授在《中国哲学起源的知识线索》专著第四十章《批评，也作为结语：针对黑格尔对中国哲学的评价》中这样写道：

> 本章所针对的内容仅仅是黑格尔《哲学史讲演录》第一卷中的"中国哲学"部分以及与此相关的内容。具体来说，在"中国哲学"部分包含有三部分内容：孔子、易经哲学、道家，本章仅考察孔子与道家两个部分。通过考察和分析我们会看到，尽管黑格尔的整个哲学体系逻辑缜密，思维博大精深，但其在东方哲学和中国哲学的认识上却充斥着瑕疵、漏洞、偏见、荒谬，充斥着建立在西方范本或中心基础上的"意见"。对此，我们不应等闲视之。

黑格尔的偏见，从以上论述中可以见得，作为旁证资料我们不妨看看《中国哲学对欧洲的影响》这部专著和梁漱溟的《理性与宗教之相违》。

《中国哲学对欧洲的影响》一书写道：

> 由此可见《精神现象学》实模仿《大学》，如果不是黑格尔受了《大学》影响，简直是无法说明的了。

最后应该指出，在 18 世纪的欧洲，无论是在法国发生的政治革命，还是在德国产生的哲学革命，本质上都是站在资产阶级哲学的基础上，反对封建，反对中世纪宗教；不同之点，只是前者倾向于唯物论，后者倾向于观念论。以关于孔子哲学的认识而论，前者以孔子近于唯物论和无神论，后者以孔子近于观念论和辩证法。孔子评价虽不相同，而无疑同为当时进步思想的来源之一。来华传教士介绍中国哲学原是为自己宗教的教义辩护的，反而给予反宗教论者一种武器。这当然不是耶稣会士所能预先料到的。尽管孔子是封建思想家，但竟能影响到欧洲资产阶级的上升时期。……所谓东西文化接触是文明世界的强大推动力，以孔子为例，我们可以得到证明。

五、今日西方如何看儒学

亨廷顿的《文明的冲突与世界秩序的重建》有两条基本主张：（1）"抑制伊斯兰与儒家国家的军事扩张"；"保持西方在东亚、西南亚国家的军事优势"，"制造儒家与伊斯兰国家的差异与冲突"。（2）"巩固能够反映西方利益与价值并使之合法化的国际组织，并且推动非西方国家参与这些组织"。

依据这些理论，我们可以看到，由于西方主要是美国利用文化上的差异（例如在价值观上的差异），挑起文明之间的冲突，已使当前的世界陷入一片混乱之中，局部战争愈演愈烈。

如果我们国内主流价值观把"儒家学说"，所谓的"儒教"当宗教来看待，无异于加大信仰儒家思想群体与信仰伊斯兰教等宗教群体之间的矛盾。引起文化冲突，正中西方反华势力的下怀。有些反映西方利益与价值的国际组织正想方设法把儒家学说定性为"儒教"，即儒家宗教，其用心明显。

不少海外研究中国的学者已开始在中国文化中寻求具有普遍价值意义的思想资源。如法国当代大儒汪德迈在他的《编纂〈儒藏〉的意义》中指出："面对后现代化的挑战……曾经带给世界完美的人权思想的西方人文主义面对近代社会的挑战，迄今无法给出一个正确的答案。那么，为什么不思考一下儒家思想可能指引世界的道路，例如'天人合一'提出的尊重自然的思想，'远神近人'所提倡的拒绝宗教的完整主义，以及'四海之内皆兄弟'的博爱精神呢？"法国索邦大学查·爱德华教授认为："孔子思想中充满信仰、希望、慈悲，具有普遍性。在 21 世纪的今天不仅有道德的示范作用，更有精神的辐射作用。"

2015 年 8 月 10 日《人民日报》发表翻译文章《让中国哲学讲中国话（大家手笔）》。国际儒学联合会主席、美国夏威夷大学哲学系教授安乐哲指出：从这个意义上说，中国哲学经典《易经》所提供的自然宇宙观词汇对我们进行中国哲学诠释具有基础意义。在这个诠释语境中，中国哲学文化能够以自己的词汇讲述它自己，从而颠覆以往很多西方人的翻译。它告诉我们：儒学是"准无神论"的；儒家所说的"天帝"，不是西方人头脑中的"天主"或"上帝"，中国智慧不需要上帝这个理念；儒学的"伦理道德"，不具有西方基督教的神性；儒学中的"人"是关系性的，而不是个体性的；中国社会是社群社会，西方的自由主义在中国哲学传统中没有位置；中西哲学传统讲的"超越"，内涵和实质存在重大差别；西方哲学追求"绝对真"，中国哲学探求的是"道"；现代中国成功避免了全盘西化的最糟糕结果，而继承了儒学中"生生""仁民"等众多合理要素；等等。

六、孔子是否宗教的教主

（一）透过《中庸》《论语》看孔子的天命观

《中庸》上说："天命之谓性。"中国人大体普遍承认此一语，即人之性乃由天命得来。但此处所谓天，又是指的什么呢？就是指的一位造物主，亦是指的大自然，如科学家的想法呢？就宗教言，一切万物皆由上帝创造。就科学言，一切万物皆是自然演化。张岱年认为，在中国思想里，科学与宗教，两者间，并无一条很深的鸿沟，把彼此疆界划分得清楚。因此中国人则不说上帝，不说自然，而混称之曰"天"。但天与人的问题，是中国思想史上一绝大的问题，值得时时注意。就现在提出的两层意义来说：一是人性既是禀赋于天，因此在人之中即具有天。二是天既赋此性与人，则在天之外又别有了人。

子曰："吾十有五而志于学，三十而立，四十而不惑，五十而知天命，六十而耳顺，七十而从心所欲，不逾矩。"

辜鸿铭解：孔子说"五十知天命"——"天命"，也就是宇宙终极神圣规则。历史上所有伟大的哲学家对它都有不同的称呼：德国人费希特把它称作神圣的理念，中国古代的哲学家则称呼它为"道"，或者说"自然之道"。但是无论人们采用怎样的称呼，都是对于宇宙终极规则的思考，特别是那些具有伟大思想的哲学家们，由此发现了"遵守宇宙规则，契合自然之道"的重要性。

这些关于无条件的，必须服从的道德准则知识，能够让那些有着伟大思想的哲学家遵循和顺应宇宙中最高的道德准则。孔子说过："不知命，无以为君子也。"然而在孔子生活的年代，大部分的人并不具有这种伟大的觉悟，甚至无法理解他们这些具有伟大思想的哲人和他们对宇宙终极神圣规则所作出的追求和努力，当然也更加无法理解为什么需要遵守这宇宙间最高的道德准则。

赵维森在《孔子的天命论背后隐藏的世俗情怀》一文中写道：

> 大家注意到，孔子既然对天命悬置不论，敬而远之，怎么这里又确定地说"命也……命也"呢？原来，孔子这里所说的主宰命运的"天"或"命"已不是作为"神"或"鬼神"的天命了。鬼神能否主宰人的命运，孔子存而不论；但孔子对另一重意义上的天命对人事、命运的影响，则坚持了确信不移的态度。这就是天命的含义之三，即自然规律或宇宙法则。这个意义上的"天命"，等同于老子所说的"道""自然"。

（二）孔子如何看待鬼神

研究孔子对鬼神的态度，历代都重视《论语》中的记载，在《论语》中，孔子对鬼神问题采取回避的态度，而在《礼记》（郑玄注）中，孔子对鬼神究竟是怎么回事，却明确地作了答复。

第一，《礼记》这部书和《论语》同样是十三经之一，经过历代的考证，没有人怀疑它是伪书。因此，我们有理由相信，《礼记》中所记载的孔子与宰我关于鬼神的对话，是真实地反映了孔子对鬼神的看法。

第二，孔子在以下对话中，承认有鬼神，但他对鬼神的看法，与当时社会上流行的看法完全不同。孔子认为："众生必死，死必归土，此之谓鬼。"用现在的话说，就是凡人必定要死的，死了以后，尸体要埋在土里面，这就叫作鬼。根据孔子的这种说法，鬼不是什么超自然的神秘之物，而是人死后埋在土中的尸体。

第三，孔子又说："骨肉毙于下，阴为野土（郑玄注：阴读为依荫之荫，言人为骨肉，荫于地中为土壤），其气发扬于上为昭明，焄蒿凄怆，此百物之精也，神之著也。"用现在的话说，死人的尸体埋在土里面以后腐烂了，臭气蒸发出来，这种气体就是神。根据孔子的这种说法，神也不是超自然的神秘之物，而是人死后从坟墓中蒸发出来的气体。

第四，那么，当时社会上为什么又流行鬼神是超自然的神秘之物的看法呢？孔子透辟地分析了超自然的鬼神观念的来源。他说："因物之精，制为之极，明命鬼神，以为黔首则，百众以畏，万民以服。"用现在的话说，就是当时的统治者为了使老百姓（黔首）服从他们的统治，就把鬼神抬出来，而且抬到很高的地位，使老百姓非常害怕，乖乖地服从他们的统治。后代的人把这种统治方法叫作"神道设教"。

第五，孔子接着又说："圣人以是为未足也，筑为宫室，设为宗祧，以别亲疏远迩，教民返古复始，不忘其所由生也。众之服自此，故听且速也。"孔子所谓的"圣人"就是尧舜禹汤文武周公，就是夏商周三代的统治者。孔子认为，"圣人"感到只教老百姓害怕鬼神还不够，又给鬼神修了庙宇，定期举行祭祀，这样就使老百姓很快地听从"圣人"的"教言"，乖乖地服从"圣人"的统治。

孔子当时虽然没有公开说"无鬼神"的结论，但从这段言论中可以得出"无鬼神"的结论。从他对鬼神的看法，以及鬼神观念得到统治者大力支持的原因，充分说明鬼神观念之所以流行，完全是由统治者因为统治人民的需要而制造出来的。公孟子的"无鬼神"结论显然就是从孔子这种言论中推论出来的。

（三）孔子、老子、易经三者的关系

关于"道"与"器"的观念问题，《易经》《道德经》《论语》均有表述，其渊源关系如何？"道"所指是什么含义？

"道"的观念和"器"的观念都是老子首先提出的。老子说："道常无名朴。"又说："朴散则为器。"老子尚未直接将"道"与"器"二者对举。将"道"与"器"二者对举作为相互对立的基本范畴的是《易传》。《系辞》云："形而上者谓之道，形而下者谓之器。"

《系辞》中，"道"字屡见，诸如"天地之道""昼夜之道""变化之道"，基本上是同一意义。"三极之道"即"三才之道"，包括天道、人道、地道。综观这些"道"字，可以说都是法则、规律的意义。

子曰："君子不器。"

辜鸿铭解：《易传》曰"形而上者谓之道，形而下者谓之器"。道者，理之全体也；器者，势之总名也。小人重势不重理，君子重理不重势。小人重势，故常以势灭理；君子重理，而能以理制势。欲以理制势，要必知所以用理。权也者，知所以用理之谓也。孔子曰："可与共学，未可与适道；可与适道，未可与立；可与立，未可与权。"所谓可与适道者，明理也。可与立者，明理之全体而有以自信也。可与权者，知所以用理也。

编者注：《易传》曰"形而上者谓之道，形而下者谓之器"。道是本质的集合，器是现象的总称。小人重现象而轻本质，君子重本质而轻现象。小人重现象，所以经常用现象掩盖本质；君子重本质，所以可以用本质来控制现象。想用本质控制现象，需要知晓本质的规律。孔子说："可与共学，未可与适道；可与适道，未可与立；可与立，未可与权。"所谓"可与适道"，就是明白本质。

精通《易经》的孔子，引出"君子不器"，必然了解所谓"道"与"器"的含义，这是具有辩证唯物主义思维的。所谓"道者，理之全体也；器者，势之总名也"。用今天哲学的术语解释，即"道是本质的集合，器是现象的总称"。前面通过考证史料得出西方哲学，尤其德国哲学是在吸纳总结中国哲学思想的基础上推演来的。那么，孔子在《论语》中经常引用的"道"一方面源于《易经》，另一方面，可以说是与老子思想中的"天法道，道法自然"相通，其大致的含义，即是世界的本源、本质，或宇宙运行的内在规律、宇宙的终极神圣法则，在道德层面，即是"道德律令"。

关于"天人"关系，《易传》、老子和儒家均有表述。

《易传》指出了天道与人道的区别。《系辞》说："显诸仁，藏诸用，鼓万物而不与圣人同忧，盛德大业至矣哉！"天地之大德曰生，故云"显诸仁"；天地含有生成万物的内在功能，故云"藏诸用"。天地生成万物，良莠不齐，善恶并育，不与圣人同其忧虑。圣人惟愿有良而无莠，有善而无恶，与天道不同。唯其如此，所以圣人要发挥"裁成""辅相"的作用。《系辞》又云："天地设位，圣人成能。"上天下地，定位于彼；圣人居于天地之中，完成应尽之功能。

中国无神论史的"天人"关系问题，是从两条线索发展下来的，一条是儒家的线索，另一条是老子的线索，虽然都讲"天人"关系问题，但观点并不相同。

儒家的创始人孔子口头上是承认"天命"的。孔子的"天命"观，实际上是当时在世间流行的，在人们的精神世界里占统治地位的传统观念，而他则有所修正，如有人认为孔子所说的命不能解释为神所预定的宿命，而是自然界中的一种必然性，儒家所谓的"死生有命，富贵在天"就指的是这种必然性。对这种必然性的制御，只有尽其在我，是人力无可如何的。

老子认为："道"和"自然"是一回事（"道法自然"）。

老子的"道"生"万物"的观念，在当时来说，是"天人"关系问题上的一大突破，一大革命。因为当时统治人们精神世界的是"天命"观，认为世间万事万物是由上帝（造物主）创造与安排的。老子把上帝抛在一边，另外提出了一个"道"，代替了"天"和"天命"的统治地位。

在"形神"关系方面，老子虽然也承认有鬼神，但他认为"以道莅天下者，其鬼不神；非其鬼不神，其神不伤人；非其神不伤人，圣人亦不伤人。夫两不相伤，故德交归焉"。在老子看来，鬼神也是由"道"产生出来的，并不是什么超自然的神秘之物。

自汉武帝"罢黜百家，独尊儒术"后，老子的学说被贬低了，并发生了较大的变化。一方面是老子提出的"道"字，被中国的宗教职业者拿了过去，作为一面旗帜，创立了中国土生土长的人为宗教——"道教"。老子的这一部分无神论思想就走上了它的反面——有神论。另一方面，老子的无神论思想由儒家继承下来，并加以改造，成为儒家无神论思想的一个组成部分。

《郭店楚简老子校释》一文写道："今从此简，老子乃反对诈伪，非弃绝仁义，或后来取庄子之说而改易之。""去私寡欲为儒、道、法三家所共遵行。"

由上文可知，孔子、老子等思想家均沿袭前古耆艾之重言。老子反对诈伪，非弃绝仁义，他的道德观与孔子是一致的，去私寡欲的观念也是一致的。前面考证孔子《论语》中的"道"与老子《道德经》的"道"均源于《易经》的"道"，由此可见，儒、道两家的思想体系是相通的，其中的"天""天命"等概念也是相通的。作为同时代的伟大思想家，尤其是师生关系，其吸取古人的智慧和参阅的典籍应有很大的共通之处，其思想也是一脉相承的，但又各有所发展。

七、今日中国学术界如何看待儒学与马克思主义的关系

前文所述，儒家哲学是一种"治国平天下"的实践哲学。马克思在《关于费尔巴哈的提纲》中说："哲学家们只是用不同的方式解释世界，而问题在于改变世界。""社会生活在本质上是实践的。"因此，在实践问题上可有相同之处。马克思主义自 20 世纪以来一直影响着中国社会，除了中国社会确实需要巨大的变革外，我认为这跟儒家思想重视实践（道德修养的实践，社会政治生活的实践）有着密切的关系。毛泽东的《实践论》就是明证。同时，儒学与马克思主义又都是带有理想主义的学派。儒家有其大同社会的理想；马克思主义有其共产主义的理想。他们的理想主义或许带有某种空想成分，但无疑都有对人类社会发展前景的乐观主义的期盼，我们必须珍视。

北大汤一介教授在答记者问时表示，中国特色社会主义需要发展儒学和马克思主义。

在中国历史文化传统中，儒家、道家、佛教思想组成了中国历史文化传统。在三者中，起主导作用的、支撑中国前现代社会的就是儒家思想。从孔子起，儒家思想已经有 2500 多年历史了，已经深入人心。比如孝顺父母、五德"仁义礼智信"，就是儒家的传统。我们必须继承这些美德，以适应现代社会的发展需要。

中国特色是离不开历史文化传统的，同时也离不开现实。100 多年来，我们受到帝国主义的侵略和压迫。马克思主义传入中国之后，在共产党的领导下，我们摆脱了半殖民地半封建社会耻辱的局面，从此，中国人民站起来了，这正是马克思主义引导我们摆脱了帝国主义的压迫。同时，我们也摆脱了封建专制主义的束缚。因此，我们既要面对历史，又要面对现实。我们必须考虑这两个方面能否相容。如果是对立的，要么抛弃历史文化传统，要么抛弃马克思主义，但这都是不可能的。要建设中国特色社会主义，就要使这两者结合好。

上述汤老回答记者的内容，同样可以回应李申教授少谈国学，回避儒学

无神论思想，只讲马克思主义无神论的做法。将传统文化、儒学与马克思主义对立起来，中国的发展将没有出路。

著名学者王友三教授和徐小跃教授在《儒学与中国无神论》序言中写道：

> 我们知道，构成中国传统文化两大主干的儒道两家思想明确两无立场，即无神与无鬼。问题的关键还在于，判断一种思想是无神论还是有神论，不只是简单地看它对"神"对"鬼"的态度，而是要把握其思想实质和灵魂。

如把马克思主义和社会主义核心价值体系等问题纳入我们讨论的范围，换句话说，马克思主义的中国化，社会主义的特色化，也有一个何以能"化"和怎么"化"的问题。也就是说，化者与被化者这二者之间一定要有某种同质性、非排异性。马克思主义之所以能被中国人最终接受并深入我们的思想意识和生活方式之中，一个极其重要的因素在于马克思主义与中国传统文化有共同的价值取向——社会的、现实的、实践的、理性的、此岸的、人本的、人生的，一句话，"无神的"。同理，中国特色社会主义核心价值体系之所以能够构建并不断深入到我们的日常生活中，亦是在于社会主义与上述的中国传统文化价值取向有着内在的关联性。我们在宣扬社会主义核心价值体系时，相信人民群众是历史的创造者，而不是神创论。我们的认识是，如果想在中国社会宣传好富有特色的马克思主义和社会主义的无神论思想，一个最有效的途径就是紧密地与中国传统文化的无神本质特征联系起来。

八、主流学术界对"儒学"与"儒教"的看法

儒家以道德代替宗教这一观点在海峡两岸儒学界取得基本共识。

著名的哲学家、哲学史家张岱年在《孔子与中国文化》论文中说道："孔子这种重视道德和精神生活的价值观，对于中国文化的形成和发展有深远影响，这至少表现于两个方面：第一，中国文化中存在着一个以道德教育代替宗

教的传统；第二，在历代知识分子和劳动人民中存在着一个重视气节、刚正不屈的传统。这两者都是在孔子思想的熏陶下形成的。"

"在中国代替宗教实是周孔之'礼'。"在梁漱溟看来，周孔的思维取向，就在于使人走上道德之路，这恰恰形成了以孔子为代表的思想与宗教相区别的基本特征。故此，梁氏直接提出：儒家以道德代宗教——中国自有孔子以来"走上以道德代宗教之路"。他还明确指出："道德为理性之事，存于个人之自觉自律。宗教为信仰之事，寄于教徒之恪守教诫。中国自有孔子以来，便受其影响，走上以道德代宗教之路。这恰恰与宗教之教人舍其自信而信他，弃其自力而靠他力者相反。"

梁漱溟提出的"以道德代宗教"说，在民国思想界产生过较大反响，现代新儒家钱穆、唐君毅等人，都继承了梁漱溟的这一观点。这一观点大体上成为现代新儒家的共识。

李锦全教授回答记者提问，可代表当前学术界主流的观点，此文标题为《"儒教"应该理解为儒学之教化》。李教授认为，不能因为儒家也有关于创世论的思想，就以为它是儒教；不能因为有些儒学哲学家有宗教信仰，就认为儒家是宗教；在封建王权独尊的历史背景下，儒家也没有演变为宗教的条件。

> 如果说，一定要使用"儒教"这个概念，那么，我的主张是从教育的意义上来看待它。儒家指的是一个教育团体；儒学一开始建立的也是一个教育阵地；儒教指的应该是用儒学思想来教化大家……但是这与宗教的意义都不相同。如果儒家要成为宗教，那么就应该把孔子打扮成为教主并加以神化，但这个事情并没有发生；儒家的名教思想也只是一些道德伦理而不是宗教教义；儒学吸收了很多宗教思想确实不假，但是，这并不等于是儒学的宗教化……所以，我的看法是，西方学者用"儒教文明"作为中国文明及至东亚文明的标识，那应该理解为儒学教化了这个地区的人民，而非儒学是宗教的意思。

九、百年孔教的由来

康有为关于孔教的设想，其实在辛亥革命以前就已经有了。到了辛亥革命以后，他把这个问题提得更突出了，他自己和通过他的学生几次提出了这样的法案，就是要立孔教为国教，定孔教为国教。

在 20 世纪初，思想纷繁多变的时代，著名学者陈寅恪对儒学、传统文化的态度如何？对康有为学说的态度如何？中国艺术研究院终身研究员、中国文化研究所原所长刘梦溪教授的著作《陈寅恪的学说》对此作出解答：

> 陈宝箴戊戌六月十八日上的"为请旨厘正学术"折，阐述对康的看法，其中提到《孔子改制考》一书，有"几若不知有君臣父子之大防"、"举世所忿疾，其指斥尤厉者拟为孟氏之辟杨墨"，就是指朱的《答问》而言。陈寅恪先生几次拈出这一关涉自己家世思想源流的故实，切切为言，最能反映他的中国文化本位的学术思想的确立，并非偶然。
>
> 我们固然不必得出结论说，陈寅恪先生的文化态度是"严守家法"，但家世对他的文化思想的影响是显而易见的。

以上材料说明，陈寅恪先生对康有为学说所持有的态度是不认同的。故我们不难理解陈寅恪先生对孔子和儒家学说的尊重，刘梦溪教授在《重建中华文化的信仰之维》一文中说："儒家不是宗教，陈寅恪先生早说过了。"

当今把儒家学说说成儒教，不仅符合康有为、袁世凯等当年的思想，引起当前学术界对儒家的批判，更迎合了西方基督教反华势力极力抵制中国传统文化，挑起中国老百姓信仰儒家学说群体与信仰马克思主义群体之间矛盾的阴谋，更应引起我们的警惕。

十、道德立国论

《汤用彤与现代中国学术》专著谈到古今中西之争激发汤用彤的道德立国论。

汤用彤在清华求学期间，中国正处酝酿剧变的时期，政坛动荡，文化断裂。他在清华虽终日受西化教育，然对传统文化情有独钟，最显著的是其道德立国论。文章以为道德人格的确立是立身行事乃至治国的根本所在，注重个人道德修养与国家盛衰的关系，认为道德危机比国家危机更为根本，主张家国盛衰，世运进退，皆以道德水准高低为枢机，并试图通过道德人格来改良世道人心，以挽救国家危机。

汤用彤担心文化的断裂，并不赞同康有为一味强调孔子改制而遮蔽了儒家的道德精神。就此而言，他虽非古文经派，但认为今文经派在否定经典方面，师心自用，疑古过于勇猛，使人对史籍存疑不信，进而怀疑一切固有学术文化。他高瞻远瞩地预见这股风气将严重危害民族文化的传承。

基于以上材料，说明道德在立人、立国之重要性。孔子的道德观是我们传承的根本所在。汤用彤所首肯的宗教，不是某一具体教派，而是其中所蕴含的一种人类崇高的精神追求。他试图从佛教等宗教中汲取人格精神力量，既是对新人文主义倡导的从古典文化中寻求道德内在制约力的身体力行，也是服膺新人文主义的他努力寻求的精神动力和文化资源。他的宗教研究注重理想的主体性道德人格的形成以及崇高人格精神的道德感召作用，并欲以之作为中国文化重建的基石，充分体现了其深切的新人文主义关怀。这说明汤用彤主张道德精神论的信仰观，具体国情决定了中国文化向以道德为尊，无须宗教立国。但他强调佛教等宗教对于建立国人道德信仰世界的重要，就主体性道德人格为立国之本的问题提出了建言。

汤用彤对中国传统文化进行创造性的诠释和转换，赋予它新的时代意义，力图将其转化为实现现代化的精神动力。他的佛道教研究，发明了高僧和高士对卓绝人格和生命意义的执着追求，使他们的人文主义光芒免于雪藏，并启发今人在喧嚣尘世寻觅人生之终极价值以安顿生命。他从传统儒学中阐发出主体性道德人格在现代社会的实现路径，这将提醒国人在物质现代化中不失精神追求，在文明多元化中不断民族血脉。

以上资料表明，汤用彤在儒学立场上，是不可能持宗教一说的。

汤一介说，一种健康的社会必须具备两个支柱：一是社会道德教化系统，二是健全完备的政治法律制度。这两套系统互为支撑，缺一不可。道德境界可使人实现"内在超越"，但还需法律制约以实现"外在超越"。强调德治与法治相结合，实际就是"内在超越"与"外在超越"的贯通。这一实现全面现代化的理路，在当今社会的核心价值观建构中得到了体现。

注：本文为 2015 年参加"第十二届全国马克思主义论坛暨中国马克思恩格斯研究会年会"的论文，并入选论文集；收入本书时，内容有删减。

关于马克思主义中国化与中国传统文化几个问题的思考

————— ◎ —————

一、中国传统文化是一个中性概念

文化是一个内涵十分丰富的范畴。文化是一个中性概念。文化无处不在，无时不有，无所不有。

广义的文化，是指人类在改造自然和改造社会的过程中所创造的物质财富和精神财富的总和。

人类创造的物质财富无限丰富，无限多样。同人们生活紧密相联的衣食住行等方方面面都有无限的多元文化。

饮食方面，有各种菜系文化、酒文化、茶文化……人们的住宅和工作、生活、学习的地方，有各种建筑文化；各个时代、各个民族有不同的穿衣文化；"行"有各种"车"文化。同人们身体健康相联的有各种体育文化、养生文化、保健文化、生命文化、医药文化、中医文化、中国武术文化等。

狭义的文化，是指作为观念形态的，与经济、政治并列，有关人类社会生活的思想理论、道德风尚、文学艺术、教育和科学等精神方面的内容。精神方面的文化也是无限丰富、多彩多样的。

文化与文明是既有联系又有区别的。文化是一个中性概念，文明是一个褒义词，文化比文明广。文化从时间看，有传统文化与当代文化之分；从地点看，有中国传统文化与外来文化之分；从内容看，有物质文化和非物质文化之分；从形式看，有哲学、政治、法律、伦理、道德思想及文学艺术、舞蹈、音乐、美术、书法等；从性质看，有先进与落后、革命与反动、健康与腐朽、精华与糟粕之分。文化还有真善美与假恶丑之分，有高雅与庸俗之分。

我们认为，中国传统文化，是指五四运动前中国社会存在的各种文化现象的总和。中国传统文化是一个复杂的体系，可以一分为多。中国传统文化，从意识形态、思想文化上看，有思想史、哲学史、无神论史、美术史、音乐史、戏剧史、科技史、法制史、政治思想史……每部史里，都有先进与落后、正确与错误、健康与腐朽、精华与糟粕、真善美与假恶丑之分。中国传统文化中也有鬼神文化、封建迷信文化、官僚文化、汉奸文化、腐败文化等，而这些都是对我们实现中国梦极为不利的。

二、如何认识、对待中国传统文化

我们认识、研究中国传统文化，必须坚持唯物辩证法的分析方法，必须坚持历史唯物主义的立场、观点、方法。对中国传统文化，我们不能全盘继承，不能全面承接中国传统文化，我们要继承、弘扬中国传统文化中优秀、先进、精华部分，决不能继承传统文化中腐朽、落后的部分。但是，对传统文化也不能全盘否定，不能因为传统文化中有腐朽、落后的东西，就全盘否定，打倒传统文化。

对中国传统文化，我们要用马克思主义立场观点方法，采取批判继承的方式。什么是先进文化？什么是传统文化中的精华？先进文化是指符合人类社会发展方向，体现先进生产力发展要求，代表最广大人民的根本利益，反映时代进步潮流，反映真善美的文化，它最基本、最直接的价值取向是崇尚和追求先进性，是人民性、科学性、民主性三性的统一，是真善美的统一。先进文化是每一个时代的时代精神的精华，有时代性和历史性。我们不能用今天的标准去要求和评价古代历史人物、历史事件和文化。我们分析古代历史人物和历史事件是否进步，主要看其人和其事是否站在当时时代前列，对推动当时历史起多大作用。

19世纪以来，在对待中国传统文化和西方文化的问题上，我们曾经有很多教训。19世纪后期，中国在对待自己传统文化和西方文化问题上，曾提出过"中学为体、西学为用"，这也是洋务运动的指导思想。"中学为体"，就是要坚持中国的封建专制制度和封建文化；"西学为用"，就是学习、运用西方的科学技术，拒绝当时西方思想文化，拒绝科学、民主、自由、平等、人权、法治等一系列思想理念。洋务派确实不想把封建的中国改造成为资本主义的中国。他们学习西方的最终目的，只不过想用资本主义的皮毛来维护已经腐朽的封建主义躯体。

20世纪30—40年代，日本法西斯帝国主义同德国希特勒法西斯对中国乃至世界发动了侵略战争，中国人民和世界人民遭受了空前的灾难。正义必胜！和平必胜！人民必胜！中国人民和世界人民浴血奋战，中国军民伤亡超过3500万人，世界人民伤亡超过1亿人。最终中国取得了抗日战争的胜利，世界反法西斯战争取得胜利！

如果19世纪中后期中国洋务运动对待中国传统文化和西方文化的指导思想是正确的，洋务运动成功了，中国走上资本主义道路，甲午战争中国打败日本，日本就不会成为世界强国，在20世纪30—40年代，日本就不可能侵略中国。中国历史和世界历史就有可能改写……当然历史发展没有"如果"，我们只有反思历史。从这里我们可以反思一个道理，对待传统文化和外来文化的态度是多么重要，我们要从洋务运动失败、甲午战争失败中吸取历史教训。

中国历史发展到五四时期，当时先进的中国知识分子提倡新文化运动，在对待中国传统文化和外来文化问题上提出"打倒孔家店"，提倡科学、民主，学习西方文化。五四新文化运动是革命的，大方向是对的。没有五四运动，就没有后来中国共产党的成立。"打倒孔家店"就是打倒封建专制制度，就是要批判封建专制制度的指导思想，其主流意识形态是儒学。当然五四新文化运动，对传统文化的批判存在某些简单化和形而上学的片面性。

中国革命胜利后，对中国传统文化和外来文化的态度上，也有很深刻的教训。在对待中国传统文化问题上，曾经提出过批判继承、古为今用、推陈出新、破旧立新、百家争鸣等一系列方针政策。但在实际上，没有充分研究，没有完全搞清楚传统文化中哪些是精华，哪些是糟粕，哪些是旧，哪些是陈，怎么推陈出新，怎么破旧立新。在以阶级和阶级斗争观点、阶级分析方法分析一切的思想指导下，在"以阶级斗争为纲"的方针指导下，对历史上中国传统文化中的民主性精华的思想都戴上"阶级斗争"的帽子并加以拒绝、排斥，而对一些糟粕的思想却当作精华加以宣扬。

1980 年 8 月，邓小平在谈到党和国家领导制度的改革时指出："从党和国家的领导制度、干部制度方面来说，主要的弊端就是官僚主义现象，权力过分集中的现象，家长制现象，干部领导职务终身制现象和形形色色的特权现象。"这四种现象都同封建主义思想和制度有联系，邓小平列举了 24 种官僚主义现象的主要表现和危害：

> 官僚主义现象是我们党和国家政治生活中广泛存在的一个大问题。它的主要表现和危害是：高高在上，滥用权力，脱离实际，脱离群众，好摆门面，好说空话，思想僵化，墨守陈规，机构臃肿，人浮于事，办事拖拉，不讲效率，不负责任，不守信用，公文旅行，互相推诿，以至官气十足，动辄训人，打击报复，压制民主，欺上瞒下，专横跋扈，徇私行贿，贪赃枉法，等等。这无论在我们的内部事务中，或是在国际交往中，都已达到令人无法容忍的地步。

邓小平这些话说得多好，多深刻。为什么会存在这些官僚主义现象？为什么会存在权力过分集中现象？为什么会存在家长制现象？为什么会存在形形色色的特权现象？其中一个重要原因，就是同中国两千多年封建主义思想文化中的消极、落后、腐朽的"基因"有直接和间接联系。邓小平在 1980 年 8 月关于《党和国家领导制度的改革》的报告第四部分专门论述了肃清封建主义和资产阶级思想影响的问题。邓小平明确指出，上面讲到种种弊端，多少都带有封建主义色彩。邓小平还列举了 8 种受封建主义残余影响的社会现象：

> 如社会关系中残存的宗法观念、等级观念；上下级关系和干群关系中在身份上的某些不平等现象；公民权利义务观念薄弱；经济领域中的某些"官工"、"官商"、"官农"式的体制和作风；片面强调经济工作中的地区、部门的行政划分和管辖，以至画地为牢，以邻为壑，有时两个社会主义企业、社会主义地区办起交涉来会发生完全不应有的困难；文化领域中的专制主义作风；不承认科学和教育对于社会主义的极大重要性，不承认没有科学和教育就不可能建设社会主义；对外关系中的闭关

锁国、夜郎自大；等等。拿宗法观念来说，"文化大革命"中，一人当官，鸡犬升天，一人倒霉，株连九族，这类情况曾发展到很严重的程度。甚至现在，任人唯亲、任人唯派的恶劣作风，在有些地区、有些部门、有些单位，还没有得到纠正。

邓小平当时指出：

> 我们进行了二十八年的新民主主义革命，推翻封建主义的反动统治和封建土地所有制，是成功的，彻底的。但是，肃清思想政治方面的封建主义残余影响这个任务，因为我们对它的重要性估计不足，以后很快转入社会主义革命，所以没有能够完成。现在应该明确提出继续肃清思想政治方面的封建主义残余影响的任务，并在制度上做一系列切实的改革，否则国家和人民还要遭受损失。

从以上可以看出，中国有五千多年文化，是世界上的文明古国。中国传统文化中，一方面有丰富的优秀文化，对中国社会存在发展给予正能量；但是中国传统文化中腐朽、落后的东西，到了近代阻碍中国前进，使中国落后、挨打，它在革命胜利后，一直到今天还在散布负能量。中国革命胜利后，为什么会犯"文革"这样的错误，这与中国传统文化中落后的东西是有联系的；改革开放三十多年来，为什么腐败现象仍不断滋生蔓延，这也与中国文化中落后、腐朽的东西有直接和间接的联系。

三、中国传统文化与中国儒学的关系

中国传统文化与中国儒学两者不能画等号。从时间上看，中国传统文化久过中国儒学；从内容上看，中国传统文化比中国儒学更宽泛。但是，从汉武帝以来，中国儒学逐渐成为中国传统文化的主流。

什么是儒学？孔子是儒学的创始人。儒学开始时是哲学、伦理学、教育学、政治学。儒学不是宗教。孔子创立儒学，不是创立宗教，孔子也没有自封为教主。孔子办学，不是传教。孔子书院，不是宗教教堂。孔子书院的学生，不是宗教信徒。儒学没有一套传教的程序。今天世界上各地的孔子学院不是"儒教的教堂"。如果儒学是宗教，那么今天世界各地孔子学院不就成了"儒教的教堂"了吗？把儒学抬到"儒教"地位，反而不利于中国文化向世界传播，会挑起世界上新的宗教、宗派矛盾和冲突，不利于世界和平稳定。今天世界上各地的孔子学院，就是各地的中国汉学院，主要教授中文，让学生学习中国文化，相当于我们中国各高校办的外国语学院。

儒学史是无神论史。中国是一个具有两千多年无神论历史的国家。在中国历史上，第一个提出"无神论"的是公孟子。公孟子是战国时人，与墨子生于同一时代。公孟子是儒家学派人。中国的无神论者或具有无神论思想倾向的人物，除个别人外，几乎全部是儒家。20世纪80年代初，任继愈教授认为先秦虽有儒家，但孔子学说经历了汉代和宋代两次大的改造，使儒家逐渐成为具有中国特点的宗教——儒教，而宋明理学的建立，即标志着中国儒教的完成。宋代以后，由于朱熹等人吸收佛、道等宗教的哲理，在社会上也逐渐流行儒、释、道三教并立的提法。一些西方学者把中国称为"儒教文明"的国家。对于儒学是不是宗教，学术界争论较多。

本文不详细讨论儒学是否宗教的问题。本文的基本观点是：儒学不是宗教。对中国传统文化，对儒学，都必须一分为多。儒学在哲学、伦理学、教育学、政治学、管理学等各个领域都有很多精彩、精华的思想，对中国社会历史发展、中国思想史等方面都起了很重要的正面作用。我们要继承、发扬其中的精华部分，但是我们决不能认为《论语》句句是真理，不能认为《论语》一句顶一万句，更不能把《论语》作为今天的指导思想。《论语》中有些思想在当今是不适宜、不适应的。例如"学而优则仕"，这是官本位的思想。封建社会知识分子读书唯一出路就是做官。今天如果我们还相信，奉行"学而优则仕"的官本位信条就是错误的。如果还"学而优则仕"，那么我们每年毕业大学生有数百万，改革开放三十多年来毕业大学生数以亿计，如果都去当官，那么中国就是一个"官僚"大国了。我们"学而优"的知识分子不可能都当官。不是"七十二行"，是数以百计、数以千计的行业，每个行业都需要"学而优"的知识分子去创业、去创新。今天，我们对干部的要求，不单要"学而优"，要"德而优"，还要"三严三实"。

又例如"父母在，不远游"，这是反映自然经济条件下，生产力不发达，交通极为不方便，人们无法远游的情况。但今天，在市场经济条件下，在改革开放的年代，人们可以远游。改革开放三十多年，数亿农民"远游"，为国家发展做出巨大贡献，也为家庭致富做出贡献，这也是对父母尽孝。如果按照儒家学说"父母在，不远游"，那就没有改革开放，就没有市场经济。

四、马克思主义中国化与中国传统文化的关系

马克思主义中国化有三层意思。其一，马克思主义中国化要同中国社会实际相结合，要从中国国情出发，进行革命、建设、改革开放。历史已经证明，马克思主义只有同中国国情实际结合起来，中国的革命、建设、改革开放才能取得成功。马克思主义如果脱离中国实际，变得教条化，革命就不可能胜利，就会犯错误。其二，马克思主义中国化，就是要用马克思主义指导中国的革命、建设、改革开放实践，同实践相结合，与时俱进，把实践成功经验上升为理论，发展、创新马克思主义，用发展的马克思主义指导新的实践。毛泽东思想是马克思主义中国化的第一个伟大理论成果，中国特色社会主义理论体系是马克思主义中国化的第二个伟大理论成果。其三，马克思主义中国化的第三层意思就是要正确认识和处理同中国传统文化的关系。马克思主义中国化，就是要同优秀的中国传统文化结合起来，吸收、继承、弘扬中国传统文化中的精华部分，批判、剔除其封建糟粕。马克思主义中国化不是简单同中国传统文化结合，也不是把中国传统文化马克思主义化；不能认为马克思主义基本概念、基本原理，中国"古已有之"；实现中国梦，必须以马克思主义为指导。

今天，我们要建设社会主义文化强国，必须坚持社会主义先进文化前进方向，其中一个重要方面，就是要继承、弘扬中国传统文化中精华部分，批判、剔除中国传统文化中各种封建糟粕。这是一个系统复杂的艰巨工作。什么是社会主义先进文化？它的标准是什么？一切符合"三个本质"（社会主义本质、"三个代表"重要思想本质、科学发展观本质）、符合"三个有利于"（有利于社会主义生产力发展，有利于国家富强，有利于人民生活水平

提高），符合"三性"（人民性、科学性、民主性）统一，有利于社会主义核心价值观的确立，符合真善美的文化，都是社会主义先进文化。中国特色社会主义先进文化是以中国特色社会主义理论体系为指导，以社会主义核心价值观为灵魂，与中华优秀传统文化相结合的面向世界、面向未来的科学、民主的文化。

注：此文为 2015 年参加"第十二届全国马克思主义论坛暨中国马克思恩格斯研究会年会"的论文；收入本书时，内容有删减。

坚信马克思主义、坚持马克思主义、发展马克思主义

──────── ◎ ────────

2021年是中国共产党成立100周年。中国共产党100年的光辉历史，就是坚信马克思主义、坚持马克思主义、发展马克思主义的历史。

习近平总书记在庆祝中国共产党成立100周年大会上的讲话中总结历史指出："中国共产党为什么能，中国特色社会主义为什么好，归根到底是因为马克思主义行！"马克思主义为什么行？因为马克思主义是科学。马克思主义讲的道理说出了中国人民的心里话。中国共产党姓"马"。中国共产党一成立，就始终高举马克思主义科学革命大旗，所以战无不胜！

1954年9月15日，毛泽东在中华人民共和国第一届全国人民代表大会第一次会议开幕词中，总结中国革命胜利成功的根本经验就是："领导我们事业的核心力量是中国共产党。指导我们思想的理论基础是马克思列宁主义。"这两条也是中国共产党100年光辉历史的根本经验。

2015年12月11日，习近平总书记在全国党校工作会议上的讲话中指出，坚持党校姓党，首先要坚持姓"马"姓"共"。马克思主义是我们党的指导思想，共产主义是我们党的远大理想。没有马克思主义信仰、共产主义理想，就没有中国共产党，就没有中国特色社会主义。习近平总书记主持起草的党的十八大报告，有这样一段话："对马克思主义的信仰，对社会主义和共产主义的信念，是共产党人的政治灵魂，是共产党人经受住任何考验的精神支柱。"

中国共产党百年历程中，胜利的根本经验就是姓"马"、信"马"，在革命、建设、改革开放实践中，坚持并发展马克思主义。毛泽东思想、中国特色

社会主义理论体系、习近平新时代中国特色社会主义思想，是马克思主义中国化的伟大理论成果！100 年历史证明，中国共产党是真正的马克思主义政党！

一、马克思主义是科学的革命真理体系，中国共产党的"初心"：姓"马"、信"马"、姓"共"、信"民"、为"民"，不姓"孔"，不信"神"

世界上第一部社会主义著作是英国托马斯·莫尔著的《乌托邦》。在《乌托邦》问世 332 年后，世界第一部科学社会主义著作，即马克思、恩格斯合著的《共产党宣言》于 1848 年问世。《共产党宣言》就是全世界真正的共产党，当然也是中国共产党的初心。《共产党宣言》问世后 23 年，1871 年 3 月 18 日，巴黎人民举行武装起义，建立了世界上第一个工人政权——巴黎公社。马克思在《法兰西内战》中对巴黎公社给予了高度评价。马克思、恩格斯总结巴黎公社革命的经验，深刻论述了一系列科学社会主义的基本原理。在《共产党宣言》问世后 69 年，1917 年十月革命成功。列宁把马克思主义基本原理与时代特征和俄国实际相结合，捍卫和发展了马克思主义，创立了列宁主义，带领布尔什维克党和广大人民夺取十月革命的伟大胜利，实现了社会主义由理论、运动到制度的跨越，开辟了人类历史和社会主义发展的新纪元。

十月革命一声炮响，把马克思列宁主义送到了中国，马列主义开始同中国工人运动相结合，1921 年中国共产党成立。中国共产党成立后，就一直高举马列主义旗帜，领导中国人民同封建主义、帝国主义、官僚资本主义进行了长达 28 年的浴血奋战，终于在 1949 年 10 月成立了新中国。中国革命的胜利，是马列主义的胜利，是马列主义同中国革命实践相结合的毛泽东思想的胜利。

历史发展道路是曲折的，社会主义发展的道路也是曲折的。20 世纪 80 年代末 90 年代初，苏联社会主义解体，东欧各个社会主义国家发生逆转。根本原因是这些国家的共产党不姓"马"、不信"马"。1992 年春，邓小平在南方谈话中针对当时世界社会主义运动发生严重曲折和困难的形势，强调"马克思主义是科学""马克思主义的真理颠扑不破"。为什么？如何理解？

　　什么是马克思主义？马克思主义的初心是什么？马克思主义姓"共"、信"民"，以民为本。

　　马克思主义是马克思、恩格斯在 19 世纪 40—90 年代创立的一种科学的、革命的学说。马克思主义的初心就是要让被压迫的广大人民在政治上获得解放；在经济上摆脱剥削，过上共同富裕的幸福生活；在思想上获得解放，享有各种自由的权利。马克思主义，是一个关于社会主义建设，关于劳动人民摆脱贫困，走上共同富裕道路的理论；是一个关于建立一个没有剥削、没有压迫、人人平等自由、民主、文明、富裕、和谐的社会主义、共产主义社会的理论。解放思想、实事求是、人民为本是马克思主义的精髓。

　　马克思主义是一个完整的、科学的世界观和方法论，是一个完整的、统一的科学的理论体系。马克思主义哲学、马克思主义政治经济学、科学社会主义理论是马克思主义的主要组成部分。在人类发展史上，迄今为止，还没有哪一个科学家、思想家的学说、理论体系能有马克思、恩格斯的思想学说这样丰富、完整，能这样同亿万人民的命运紧紧联系在一起。

　　马克思主义是科学，它与其他具体科学是有联系又有区别的，是有共同点又有区别点的。其共同点是，马克思主义与其他具体科学一样，都是在实践中产生，并为实践所证明了的真理，都正确反映了客观事物的本质和规律。但是马克思主义与其他具体科学又有区别。区别之一，在于其他具体科学都是关于客观世界某一领域、某一方面、某一层次的具体的特殊规律的正确反映。例如，自然科学是反映自然发展规律，社会科学是反映社会发展规律。但马克思主义作为一个完整的科学世界观，是关于自然、人类社会和人类思维发展最一般规律的科学。马克思主义为人类认识世界、改造世界提供总的科学世界观和方法论。区别之二，在于马克思主义的科学性同革命性是直接有机地统一在一起的。马克思主义是无产阶级和人类解放的科学，是无产阶级批判旧世界、建设新世界的理论武器，是关于无产阶级革命的科学，是关于社会主义革命和社会主义建设的科学，是引导人类走向共产主义的科学。马克思主义是无产阶级政党的指导思想。中国共产党指导思想的理论基础是马克思列宁主义。马克思主义是反映、代表最大多数人民愿望、要求、利益的科学的革命理论，永远同人民心连心、同呼吸、共命运，是人民为本主义。

　　马克思主义为什么会有完整的科学性和彻底的革命性？主要原因有四条。

其一，马克思主义批判继承了从古今德外一切优秀文化遗产，对以往文化进行了"扬弃"。马克思主义哲学批判继承了从古希腊哲学到德国古典哲学的优秀成果。马克思主义政治经济学批判继承了当时的英国古典政治经济学。马克思的科学社会主义批判继承了从托马斯·莫尔的《乌托邦》到当时英国、法国三大空想社会主义者的理论，把空想社会主义理论变成科学社会主义理论。其二，马克思主义是在实践中产生的，马克思、恩格斯科学概括和总结了当时的自然科学、社会科学所形成的优秀成果。其三，马克思主义以唯物辩证法为它的根本理论基础。唯物辩证法是马克思主义中具有决定意义的东西，其本质是批判的、革命的。马克思说过："辩证法不崇拜任何东西，按其本质来说，它是批判的和革命的。"其四，马克思主义是无产阶级的思想体系。

二、中国共产党在革命、建设、改革开放实践中，坚持马克思主义、发展马克思主义

中国共产党一成立，就把马克思主义作为自己的指导思想。中国共产党的历史，就是坚持马克思主义、发展马克思主义的历史。2016 年 7 月 1 日，习近平总书记在庆祝中国共产党成立 95 周年大会上的讲话中，讲到八个"不忘初心、继续前进"，第一个就是："坚持不忘初心、继续前进，就要坚持马克思主义的指导地位，坚持把马克思主义基本原理同当代中国实际和时代特点紧密结合起来，推进理论创新、实践创新，不断把马克思主义中国化推向前进。""马克思主义是我们立党立国的根本指导思想。背离或放弃马克思主义，我们党就会失去灵魂、迷失方向。在坚持马克思主义指导地位这一根本问题上，我们必须坚定不移，任何时候任何情况下都不能有丝毫动摇。"

中国共产党在民主革命实践中，坚持马克思主义指导地位，把马克思列宁主义普遍真理同中国的国情、同中国革命实践结合起来，发展了马克思主义。例如，马克思主义的普遍真理就是主张革命的阶级斗争，组织、领导人民用暴力革命推翻剥削制度，让人民翻身得解放，当家做主人。俄国十月革命走城市武装起义道路，革命获得成功。但是，在中国如何以马克思列宁主义为指导，把中国革命搞成功？中国共产党早期领导人陈独秀、王明，都没有从

中国客观实际出发，没有把中国革命搞成功，导致大革命失败，第五次反"围剿"失败。以毛泽东同志为主要代表的中国共产党人，把马列主义关于暴力革命的普遍真理同中国客观实际结合起来，同当时中国国情结合起来，把中国革命搞成功了。中国革命胜利前的中国国情是半封建半殖民地且政治经济发展不平衡的。这一基本国情决定中国革命的道路必须且只能走农村包围城市、武装夺取政权的道路。走这一道路，是艰苦、艰险、漫长的，不是短期能够成功的。1927年大革命失败后，中国共产党领导发动了三次武装起义，一次是南昌起义，一次是广州起义，一次是秋收起义。前两次起义可歌可泣，但均失败了。毛泽东领导的秋收起义，把部队带到井冈山（1928年朱德、陈毅带领南昌起义余部到井冈山同毛泽东会师）创建农村革命根据地，开创了农村包围城市、武装夺取政权的中国革命新道路，经过长达22年的革命武装斗争，终于在1949年取得中国革命的伟大胜利。中国革命的胜利，是马克思列宁主义的胜利，是马克思列宁主义同中国客观实际、同中国革命实践相结合的毛泽东思想的胜利！

什么是毛泽东思想？党的十二大通过的党章对什么是毛泽东思想作了科学的表述："以毛泽东同志为主要代表的中国共产党人，把马克思列宁主义的普遍原理同中国革命的具体实践结合起来，创立了毛泽东思想。毛泽东思想是马克思列宁主义在中国的运用和发展，是被实践证明了的关于中国革命和建设的正确的理论原则和经验总结，是中国共产党集体智慧的结晶。"

1982年9月，邓小平在党的十二大开幕词中总结了中国社会主义建设的经验与教训，第一次提出"建设有中国特色的社会主义"的科学命题。党的十七大报告指出："中国特色社会主义理论体系，就是包括邓小平理论、'三个代表'重要思想以及科学发展观等重大战略思想在内的科学理论体系。这个理论体系，坚持和发展了马克思列宁主义、毛泽东思想，凝结了几代中国共产党人带领人民不懈探索实践的智慧和心血，是马克思主义中国化最新成果，是党最可宝贵的政治和精神财富，是全国各族人民团结奋斗的共同思想基础。"

中国特色社会主义理论体系坚持了马克思主义，又发展了马克思主义，是马克思主义中国化第二次飞跃的伟大理论成果。毛泽东思想是马克思主义中国化第一次飞跃的伟大理论成果。马克思主义有上篇、下篇之分；社会主义有上篇、下篇之分。上篇是革命篇，下篇是建设篇。毛泽东思想是有中国特色的新民主主义革命和社会主义革命理论。毛泽东思想指导中国革命胜利，建立了新中国，实现了中华民族伟大复兴的第一步，中国人民站起来了，并走上社会主义道路。中国特色社会主义理论体系是社会主义建设时期的真正的马克思主义，指导中国走上改革开放的道路，实现中国梦：国家富强、民族振兴、人民幸福。党的十八大以来，以习近平同志为核心的党中央，提出"四个全面"战略布局，贯彻创新、协调、绿色、开放、共享的新发展理念，坚持并发展了马克思主义理论，丰富、发展了中国特色社会主义理论体系。习近平新时代中国特色社会主义思想，是 21 世纪马克思主义中国化的伟大理论成果！

坚信马克思主义、坚持马克思主义、发展马克思主义，这三者是辩证统一的。

坚信马克思主义、坚持马克思主义，这是中国共产党的初心。我们共产党人对马克思主义要真信、真学、真懂、真用。信仰马克思主义，就是信仰社会主义、信仰共产主义，就是为了人民的解放，为了人民的幸福而不懈奋斗。现在有些共产党人，特别是有些共产党的领导干部不信马列信鬼神，求神拜佛，迷信风水，拜倒在风水先生的脚下。这些人完全丧失了共产党人的形象，败坏了党的形象，败坏了党的先进性、纯洁性。

坚信马克思主义，必须在行动与实践中坚持马克思主义、运用马克思主义，不能停留在书本上和口头上；坚持马克思主义的前提，必须坚信马克思主义，对马克思主义的信仰不能丢，"老祖宗"不能丢。

坚信马克思主义、坚持马克思主义，必须在实践中发展马克思主义。马克思主义产生于 19 世纪的西欧。马克思、恩格斯不可能看到，也不可能完全预见到 20 世纪、21 世纪世界发生的一切变化；不可能为中国在 20 世纪如何进行新民主主义革命预先做出一套完整的方案；不可能为中国革命胜利后，如何进行社会主义建设、如何进行改革开放预先制定一套具体方案。马克思主义理论为我们指明了前进的道路、方向。但是中国革命、建设、改革开放的具体道路怎么走？具体的路线、方针、政策怎么制定？这必须由中国共产党人、中国人民从中国的国情出发，在实践中不断探索，不断总结经验。

坚信马克思主义、坚持马克思主义、发展马克思主义，必须坚持"四个自信"：道路自信、理论自信、制度自信、文化自信。道路自信，就是相信走中国特色社会主义道路是正确的，道路决定命运；理论自信，就是坚信马克思主义、毛泽东思想、中国特色社会主义理论体系是科学真理体系；制度自信，就是相信中国特色社会主义制度符合中国的国情，是正确的；文化自信，就是相信中国传统文化中的优秀文化值得弘扬，是世界共识价值的优秀文化。同时，我们必须坚持中国人民自信自尊。中国共产党的初心，最根本的是人民立场，为人民的解放，为人民的共同富裕，是共产党的根本立场。共产党姓"共"，最根本的就是共产党在任何时候、任何条件下，都与广大人民群众同呼吸、共命运，永远同人民群众同甘共苦。人民立场是中国共产党的根本政治立场，是马克思主义政党区别于其他政党的显著标志。党与人民风雨同舟、生死与共，始终保持血肉联系，是党战胜一切困难和风险的根本保证，正所谓"得众则得国，失众则失国"。

注：本文定稿于 2021 年 2 月 28 日，收入本书时，内容有删减。

马克思主义哲学是中国共产党的生命

———— ◎ ————

2021 年是中国共产党成立 100 周年。中国共产党经历百年风云，百年奋斗，百年辉煌，领导中国人民站起来了！中国已成为世界第二大经济体，消灭了绝对贫困，综合国力逐渐强起来。

习近平总书记在庆祝中国共产党成立 100 周年大会上的讲话中总结历史，开创未来，指出："新的征程上，我们必须坚持马克思列宁主义、毛泽东思想、邓小平理论、'三个代表'重要思想、科学发展观，全面贯彻新时代中国特色社会主义思想，坚持把马克思主义基本原理同中国具体实际相结合、同中华优秀传统文化相结合，用马克思主义观察时代、把握时代、引领时代，继续发展当代中国马克思主义、21 世纪马克思主义！"马克思主义哲学是马克思主义基础。

中国共产党为什么能在百年奋斗中创造如此辉煌的人类历史奇迹？关键在于中国共产党是以马克思主义为科学指导的政党。毛泽东指出，领导我们事业的核心力量是中国共产党，指导我们思想的理论基础是马克思列宁主义。中国近代历史证明，只有马克思列宁主义才能救中国。中国共产党百年奋斗历史证明，只有中国化的马克思主义——毛泽东思想、中国特色社会主义理论体系、习近平新时代中国特色社会主义思想，才能使中国站起来、富起来、强起来！

马克思主义是科学。马克思主义理论包括科学社会主义理论、政治经济学、辩证唯物主义和历史唯物主义。马克思主义哲学是科学世界观、方法论的统一。

2013 年 12 月 3 日，习近平总书记在中共中央政治局第十一次集体学习会上强调学习马克思主义哲学的极端重要性，他指出："我们党在中国这样一个有着 13 亿人口的大国执政，面对着十分复杂的国内外环境，肩负着繁重的执政使命，如果缺乏理论思维的有力支撑，是难以战胜各种风险和困难的，也是难以不断前进的。党的各级领导干部特别是高级干部，要原原本本学习和研读经典著作，努力把马克思主义哲学作为自己的看家本领，坚定理想信念，坚持正确政治方向，提高战略思维能力、综合决策能力、驾驭全局能力，团结带领人民不断书写改革开放历史新篇章。"什么是"看家本领"？"看家本领"就是"安身立命"的本领，就是关系到政党和国家、民族生死存亡的本领。

为什么马克思主义哲学是中国共产党及共产党干部的"看家本领"？这主要由两点决定：一是马克思主义哲学的本性、特点决定的。二是中国共产党成立以来 100 年的历史实践证明：马克思主义哲学与中国共产党历史命运，与中国新民主主义革命、社会主义革命，社会主义建设、社会主义改革开放的历史命运紧密相连。

一、马克思主义哲学是科学世界观、方法论的统一，是共产党认识世界、改造世界的强大思想武器，是中国共产党人永葆革命青春的思想武器

2013 年 12 月 3 日，习近平总书记在主持中共中央政治局第十一次集体学习时指出："马克思主义哲学深刻揭示了客观世界特别是人类社会发展一般规律，在当今时代依然有着强大生命力，依然是指导我们共产党人前进的强大思想武器。"习近平总书记这个观点，是我们全面理解、把握、实践、贯彻执行全面深化改革的强大思想武器。

马克思主义哲学的特点是实践性、人民性、革命性、科学性的统一。

哲学理念是一个民族、国家、政党的灵魂，哲学理念正确与否，关系到一个民族、国家、政党的兴衰成败。真正的哲学价值是无形的、无限的、无价的，它关系到民族、国家、政党的生死存亡。

马克思说："任何真正的哲学都是自己时代精神的精华"，"是文明的活的

灵魂","人民最精致、最珍贵和看不见的精髓都集中在哲学思想里"。马克思主义哲学是人类社会发展过程从资本主义到社会主义过渡这个大时代的精神精华，是整个社会主义时代和将来共产主义社会时代的精神精华。

马克思在 1844 年发表的《〈黑格尔法哲学批判〉导言》中就揭示了哲学和无产阶级的内在联系："哲学把无产阶级当做自己的物质武器，同样地，无产阶级也把哲学当做自己的精神武器。""德国人的解放就是人的解放。这个解放的头脑是哲学，它的心脏是无产阶级。"马克思主义哲学是无产阶级政党的理论基础。恩格斯指出："我们党有一个很大的优点，就是有一个科学世界观作为理论的基础。"这里的科学世界观就是马克思主义哲学。

1949 年 6 月 30 日，毛泽东在著作《论人民民主专政》中指出："十月革命一声炮响，给我们送来了马克思列宁主义。十月革命帮助了全世界的也帮助了中国的先进分子，用无产阶级的宇宙观作为观察国家命运的工具，重新考虑自己的问题。走俄国人的路——这就是结论。"无产阶级宇宙观就是马克思主义哲学，以毛泽东同志为主要代表的中国共产党以马克思主义哲学科学世界观、方法论分析中国的国情，分析中国社会矛盾，制定了中国新民主主义革命的正确路线、方针、政策，找到有中国特色的新民主主义革命道路，走农村包围城市、武装夺取政权的道路，推翻了压在中国人民头上的"三座大山"，取得了新民主主义革命伟大胜利，在 1949 年成立了中华人民共和国，中国革命的胜利，是马克思主义的胜利，也是马克思主义哲学的胜利。

上述无产阶级革命导师关于哲学的特点和作用的精辟论述，深刻告诉我们，马克思主义哲学是无产阶级政党和共产党人的"看家本领"。

马克思主义哲学是马克思主义理论体系的哲学基础。恩格斯指出："马克思划时代的两个伟大的发现——唯物史观和剩余价值学说是社会主义从空想到科学发展的决定性条件。"马克思、恩格斯创立科学社会主义理论，关键是他们创立了唯物史观和剩余价值理论。

马克思主义哲学的显著特点就是实现了四个统一：一是马克思主义哲学是科学的世界观、方法论、革命人生观、价值观的统一；二是唯物论和辩证法的有机统一；三是唯物论自然观和唯物论历史观的有机统一；四是在实践基础上，实现了科学性和革命性有机统一。马克思主义哲学上述特点，决定它是共产党人的"看家本领"。共产党人要树立科学世界观，掌握科学方法论，树立革命人生观和科学价值观，必须认真学习理解、运用马克思主义哲学。

唯物论和辩证法在实践基础上和科学基础上的有机统一，是马克思主义哲学的根本特点。马克思主义哲学在实践基础上实现了唯物论同辩证法的科学有机统一，是马克思主义哲学与以往哲学的根本区别点。以往的唯物论和辩证法都是相互脱节、相互分离的。

唯物论和辩证法在实践基础上的有机统一，使马克思主义哲学成为科学的世界观、方法论，也为人们认识世界、改造世界提供了科学的世界观和方法论。客观世界既是物质的，又是运动的、充满矛盾的，因此，我们认识世界、改造（保护）世界，既要坚持唯物论，又要坚持辩证法；既要照唯物论办事，又要照辩证法办事。离开辩证法讲唯物论，就是机械形而上学唯物论，就不能自觉、全面、科学地认识事物的本质，就不会积极能动地去改造世界；离开唯物论讲辩证法，辩证法就会变成唯心主义辩证法，变成"变戏法"和"诡辩"。

二、中国共产党 100 年历史基本经验之一，就是必须始终坚持辩证唯物主义、历史唯物主义的世界观、方法论指导革命、建设、改革开放实践

党的十九大报告指出："十八大以来，国内外形势变化和我国各项事业发展都给我们提出了一个重大时代课题，这就是必须从理论和实践结合上系统回答新时代坚持和发展什么样的中国特色社会主义、怎样坚持和发展中国特色社会主义。"围绕这个重大时代课题，我们党坚持以马克思列宁主义、毛泽东思想、邓小平理论、"三个代表"重要思想、科学发展观为指导，坚持解放思想、实事求是、与时俱进、求真务实，坚持辩证唯物主义和历史唯物主义，紧密结合新的时代条件和实践要求，以全新的视野深化对共产党执政规律、社会主义建设规律、人类社会发展规律的认识，进行艰辛理论探索，取得重大理论创新成果，形成了习近平新时代中国特色社会主义思想。

这里明确肯定，习近平新时代中国特色社会主义思想形成的原因就是三个坚持，其中之一就是"坚持辩证唯物主义和历史唯物主义"。必须坚持辩证

唯物主义和历史唯物主义的世界观和方法论，正确处理改革发展稳定关系。

习近平总书记 2013 年 12 月 3 日在中共中央政治局第十一次集体学习时强调：马克思主义哲学深刻揭示了客观世界特别是人类社会发展一般规律，在当今时代依然有着强大生命力，依然是指导我们共产党人前进的强大思想武器。我们党自成立起就高度重视在思想上建党，其中十分重要的一条就是坚持用马克思主义哲学教育和武装全党。学哲学、用哲学，是我们党的一个好传统。

（一）必须始终坚持辩证的唯物论世界观、方法论指导革命、建设及改革开放实践

哲学唯物论自古有之。马克思主义哲学唯物论与以往唯物论有三点区别：

（1）马克思主义哲学唯物论是辩证的唯物论。马克思、恩格斯第一次把唯物论同辩证法结合起来，同形而上学机械唯物论是有区别的。马克思主义哲学认为客观世界是物质的，同时认为物质是运动的，运动是绝对的，静止是相对的，物质运动又离不开时间、空间。物质、运动、时间、空间四者是有机联系的，不能单独存在。

（2）马克思主义哲学唯物论是实践的、能动的，不是机械的、消极的。马克思的《关于费尔巴哈的提纲》第一条，论述了马克思主义哲学唯物论是实践的、能动的唯物主义，它与唯心主义是有根本区别的，同时与费尔巴哈的机械的、形而上学、消极的唯物主义是有区别的。

（3）马克思的唯物主义是科学唯物主义，是建立在科学基础之上的，与古代朴素唯物主义是有区别的。

马克思主义哲学唯物论，是中国共产党及共产党人正确认识世界、改造世界的科学的思想方法、工作方法、领导方法。一切从实际出发，是人们认识世界、改造世界最基本的思想方法、工作方法和科学研究方法及作风。理论联系实际，是马克思主义一个基本原则。马克思主义一定要同客观实际结合，了解客观实际。在中国搞革命，以马克思主义为指导，必须认识中国客观实际，认识中国国情。中国共产党成立后，提出反帝反封建的革命纲领，这是因为当时中国国情是半封建半殖民地社会。但在中国怎么反帝反封建，怎么推翻帝国主义和封建主义在中国的统治，这个中国革命走什么道路？这些问题中国共产党在成立后一段时间内并没有完全搞清楚。马克思主义无产阶级革命理论，就是用暴力革命打碎反动派国家机器，建立无产阶级专政国家。毛泽东在当时写的《中国的红色政权为什么能够存在？》《井冈山的斗争》《星星之火，可以燎原》等一系列著作中，分析了当时中国的国情是半封建半殖民地且政治经济发展不平衡的大国，这个国情决定中国革命必须且只能走农村包围城市、武装夺取政权的道路。实践证明，客观物质世界是不断运动发展变化的，因此辩证唯物主义的思想方法、工作方法就必须一切从变化、发展的客观实际出发，一切以时间、地点、条件为转移，因地制宜，因时制宜，与时俱进。但是，在1956年社会主义革命胜利后，我们对中国国情缺乏全面清醒的认识，导致在社会主义建设探索道路上出现重大失误。中国社会主义建设时期出现曲折就是偏离了马克思主义哲学唯物论。1978年党的十一届三中全会后，我们认识到我国的国情是社会主义初级阶段，并从这个客观国情出发制定了"一个中心、两个基本点"的社会主义初级阶段的基本路线。在这个路线指导下，坚持解放思想、实事求是、与时俱进、求真务实的思想路线，中国的改革开放取得巨大成功。

2015年1月23日习近平总书记在中共中央政治局第二十次集体学习时强调，坚持运用辩证唯物主义世界观、方法观，提高解决我国改革发展基本问题本领。习近平总书记强调，在辩证唯物主义方面要学习掌握世界统一于物质、物质决定意识的原理，坚持从客观实际出发制定政策，推动工作。当代中国最大的客观实际，就是我国仍处于并将长期处于社会主义初级阶段，这是我们认识当下、规划未来、制定政策、推进事业的客观基点，不能脱离这个基点。既要看到社会主义初级阶段的基本国情没有变，也要看到我国社会发展每个阶段呈现出来的新特点。

（二）必须始终坚持辩证唯物主义的认识论

马克思主义认识论是能动的革命反映论。其核心概念是实践，也可以说马克思主义认识论是实践论。马克思在《关于费尔巴哈的提纲》第十一条中指出："哲学家们只是用不同的方式解释世界，而问题在于改变世界。"马克思主义认识论是辩证唯物主义反映论。它与唯心主义先验论是有根本区别的。

马克思主义认识论坚持唯物主义反映论，它与一切唯物主义认识论反映论有相同点，认为人的认识是对客观世界的反映。但是马克思主义认识论认为人们认识客观世界的反映不是机械、直观照镜子式的反映，而是能动的、积极的反映。这里的核心是实践。实践是人们主动、积极改造世界的活动。人们是在实践中、在改造客观世界中反映世界、认识世界。实践是认识的源泉、是认识发展的动力、是认识的目的，也是检验认识是否正确的唯一标准。所以实践的观点是马克思主义认识论的首要观点。

在马克思主义认识论范围内，唯物论观点、实践观点、辩证法观点三者是辩证统一的。毛泽东在 1937 年 7 月写的《实践论》是一篇伟大的马克思主义哲学认识论著作，是为了用马克思主义的认识论观点去揭露党内的教条主义和经验主义，特别是教条主义这些主观主义的错误而写的。1931 年至 1934 年，以王明、博古为代表的教条主义者，拒绝中国革命的经验，否认"马克思主义不是教条而是行动的指南"这个真理，而只"生吞活剥"马克思主义书籍中只言片语，去吓唬人们，使中国革命遭受了极大损失，使当时白区革命斗争力量几乎损失殆尽，红军损失 90%。因为重点是揭露轻实践的教条主义这种主观主义，故题为《实践论》。毛泽东在《实践论》中指出：我们的结论是主观和客观、理论和实践、知和行的具体的历史统一，反对一切离开具体历史的"左"的或右的错误思想。毛泽东的《实践论》是指导中国革命走向胜利的伟大哲学著作，也是指导我们改革开放实践、全面建设社会主义现代化实践的伟大哲学著作。

毛泽东在《实践论》中论述和强调真理的标准只能是社会的实践："马克思主义者认为，只有人们的社会实践，才是人们对于外界认识的真理性标准……判定认识或理论之是否真理，不是依主观上觉得如何而定，而是依客观上社会实践的结果如何而定。真理的标准只能是社会的实践。实践的观点是辩证唯物论的认识论之第一的和基本观点。"我们只能在辩证唯物论认识论范围内讲实践第一；离开唯物论，不尊重客观，不尊重客观规律，不尊重科学，主观不符合客观，主观能动性不符合客观规律，去讲实践第一就会蛮干、瞎干，就会犯错误，这方面我们有沉痛教训。1958 年"大跃进"、大炼钢铁，不尊重客观规律，不符合科学规律，大讲实践第一，大干、苦干，结果犯错误，得不偿失，造成三年严重困难。

1981 年 6 月 27 日，党的十一届六中全会通过的决议指出，1958 年夸大了主观意志和主观努力的作用，没有经过认真的调查研究和试点，就在总路线提出后轻率发动了"大跃进"运动和农村人民公社化运动，使得以高指标、瞎指挥、浮夸风和"共产风"为主要标志的"左"倾错误严重泛滥……我国国民经济在 1959 年到 1961 年发生严重困难，国家和人民遭到重大损失。

"文革"十年，大讲"阶级斗争"实践，背离社会主义社会建设规律，违背阶级斗争规律，结果给社会政治、经济发展带来严重后果，影响了社会主义生产力发展，影响了社会安定团结，混淆了两类不同性质矛盾，出现了一系列冤假错案。这种历史教训我们要永远记住，不能忘记，更不能让它重演。

1978 年开展的实践是检验真理的唯一标准的全民哲学大讨论，有着非常重大的历史意义。这是我们党百年历史上一件具有重大意义的哲学事件。实践是检验真理的唯一标准，马克思早在 1845 年写的《关于费尔巴哈的提纲》第二条就已经作了肯定回答。以后马克思、恩格斯、列宁、毛泽东都作过多次肯定和论述。1978 年我国开展真理标准问题大讨论，为 1978 年 12 月十一届三中全会召开做了哲学舆论准备。真理标准问题大讨论，打开了人们思想解放的闸门，重新确立了实事求是的思想路线；人们才敢于停止"以阶级斗争为纲"的错误，才敢于把工作重点转到社会主义现代化建设上来，才敢于实行改革开放。实事求是思想路线是中国革命的胜利线、生命线。中国民主革命、社会主义革命的胜利是实事求是思想路线的胜利。中国社会主义建设时期，出现重大失误是因为偏离了实事求是思想路线。中国改革开放的成功就是恢复、发展了马克思主义实事求是思想路线。1978 年邓小平在中央工作会议上作了《解放思想，实事求是，团结一致向前看》的讲话，在实事求是前面加了"解放思想"，形成了解放思想、实事求是思想路线。20 世纪 90 年代，我们党又在解放思想、实事求是后面加上"与时俱进"，形成解放思想、实事求是、与时俱进的思想路线。党的十六大后，我们党又在解放思想、实事求是、与时俱进后面加了"求真务实"。党的十七大以来，我们党的思想路线表达为：解放思想、实事求是、与时俱进、求真务实。这条思想路线是整个马克思主义哲学辩证的唯物论、辩证唯物主义认识论、唯物辩证法的精髓。

2015 年 1 月 23 日习近平总书记在十八届中央政治局第二十次集体学习时的讲话中指出，要学习掌握认识和实践辩证关系原理，坚持实践第一观点，不断推进实践基础上的理论创新，我们推进各项工作，要靠实践出真知，理论必须同实践相统一。必须高度重视理论的作用，增强理论自信和战略定力，对经过反复实践和比较得出的正确理论，要坚定不移坚持。要根据时代变化和实践发展，不断实现理论创新和实践创新的良性互动，在这种统一和互动中发展21 世纪中国的马克思主义。

（三）必须始终坚持用唯物辩证法世界观、方法论指导革命、建设、改革开放实践

辩证法自古有之，古代有朴素辩证法，近代有黑格尔唯心主义辩证法。马克思把黑格尔唯心主义辩证法颠倒过来，把辩证法同唯物主义结合起来，创立了唯物辩证法。唯物辩证法的核心是矛盾学说。唯物辩证法矛盾观，是科学世界观，同时也是人们认识世界、改造世界的科学方法论。毛泽东在《矛盾论》中指出："这个辩证法的宇宙观，主要地就是教导人们要善于去观察和分析各种事物的矛盾的运动，并根据这种分析，指出解决矛盾的方法。"包括：一分为二的思想方法和工作方法、全面看问题和全面解决问题的思想方法和工作方法、"在对立中把握统一"和"在统一中把握对立"的思想方法和工作方法、坚持两点论和重点论相统一的思想方法和工作方法与具体问题具体分析方法。

唯物辩证法矛盾观及其全面性观点和方法，是我们全面深化改革的重要辩证法方法。唯物辩证法的质量互变规律和否定之否定规律既是世界观也是科学方法论。

中国革命的胜利是唯物辩证法的胜利。毛泽东在 1937 年写的《矛盾论》是伟大的马克思主义哲学辩证法著作。毛泽东在 1938 年写的《论持久战》是马克思主义唯物论、认识论、辩证法、唯物史观相统一的伟大军事哲学著作，是指导中国抗日战争持久战胜利的纲领。

毛泽东在《矛盾论》中，分析和论述了矛盾的普遍性和特殊性，提出："这一共性个性、绝对相对的道理，是关于事物矛盾的问题的精髓，不懂得它，就等于抛弃了辩证法。"1936 年毛泽东在《中国革命战争的战略问题》中分析，战争、革命战争、中国革命战争是一般和特殊、个别的关系，是共性和个性的关系，并指出："不知道战争的规律，就不知道如何指导战争，就不能

打胜仗。"不懂得革命战争的特殊规律，"就不能指导革命战争，就不能在革命战争中打胜仗"。中国革命战争，有它的一些特殊规律，如果不懂得它，"就不能在革命战争中打胜仗"。所以，我们要研究一般战争的规律，也要研究革命战争的规律，同时，我们还应该研究中国革命战争的规律。1933 年下半年，蒋介石调集 100 万军队，自任总司令，发动对革命根据地的第五次反革命军事"围剿"。当时共产党临时中央负责人博古不懂军事，既不懂一般战争规律，也不懂革命战争的规律，更不懂当时中国革命战争的规律，却把红军指挥大权交给共产国际派来的德国人李德。此人懂得一点一般军事知识，但他根本不了解当时中国实际情况，不懂得中国革命战争规律，只是搬用正规的阵地战经验。博古、李德其人完全放弃前四次反"围剿"行之有效的积极防御方针，实行军事冒险主义方针，主张"御敌于国门之外"，结果红军辗转于敌军的主力和堡垒之间，陷入被动的状态。在进攻遭受挫折之后，他们又采取消极防御的战略方针和"短促突击"的战术，强令装备很差的红军同装备优良的国民党军队打阵地战、堡垒战，同敌人拼消耗，导致第五次反"围剿"失败，红军被迫长征，离开革命根据地。红军长征一开始，他们又实行逃跑主义，导致湘江战役惨败，红军从 8 万人减到 3 万人。

中国共产党坚持运用唯物辩证法矛盾观指导中国革命，分析中国社会革命的矛盾。毛泽东在《矛盾论》中分析和论述了"主要的矛盾和主要的矛盾方面"，指出："在复杂的事物的发展过程中，有许多的矛盾存在，其中必有一种是主要的矛盾，由于它的存在和发展规定或影响着其它矛盾的存在和发展。""研究任何过程，如果是存在着两个以上矛盾的复杂过程的话，就要用全力找出它的主要矛盾。捉住了这个主要矛盾，一切问题就迎刃而解了。""对于矛盾的各种不平衡情况的研究，对于主要的矛盾和非主要的矛盾、主要的矛盾方面和非主要的矛盾方面的研究，成为革命政党正确地决定其政治上和军事上的战略战术方针的重要方法之一，是一切共产党人都应当注意的。"

中国共产党成立之后，指出中国社会的主要矛盾是中国人民和帝国主义与封建主义的矛盾，提出打倒帝国主义和封建主义的革命纲领。这个主要矛盾在第一次国内革命战争时期（1921 年至 1927 年）集中表现为中国人民同北洋军阀的矛盾，因为北洋军阀反动政府当时是帝国主义和封建势力的主要代表。

1927 年以蒋介石、汪精卫为代表的国民党反动派背叛了革命，所以十年内战（1927 年至 1937 年），中国社会的主要矛盾是中国人民、中国共产党同国民党反动派的矛盾。1937 年 12 月西安事变后蒋介石被迫抗日。1931 年九一八事变成为日本帝国主义侵略中国的开端，1937 年 7 月 7 日日本全面发动对中国的侵略战争，这个时候中国社会主要矛盾是中国人民同日本帝国主义的矛盾。中国共产党同国民党第二次合作，结成抗日民族统一战线，共同抗日。1945 年抗日战争胜利后，蒋介石国民党投靠美帝国主义，美帝支援、武装蒋介石国民党反动派 800 万军队于 1946 年 6 月发动内战，这时中国社会的主要矛盾是中国人民同帝国主义、封建主义、官僚资本主义的矛盾，因为当时已经形成以蒋、宋、孔、陈四大家族为代表的官僚资本主义。解放战争时期，中国社会的主要矛盾集中表现为中国人民同蒋介石国民党反动派的矛盾。在整个新民主主义革命时期，我们党准确把握了客观上主要矛盾及其在各个历史时期的变化，制定了正确的革命战略和策略，经过了 28 年浴血奋战，取得民主革命的伟大胜利，成立了新中国，中国人民站起来了！

中国革命胜利后，中国社会当时的主要矛盾是无产阶级和资产阶级、社会主义道路和资本主义道路的矛盾。我们没收官僚资本归国有，进行土地改革，实行耕者有其田，把封建地主的私有土地分给农民。1953 年后，我们对农业、手工业、资本主义工商业实行社会主义改造，对农业、手工业的小私有制实行集体合作化，对民族资本主义私有制实行赎买。到 1956 年中国已基本消灭私有制，建立了社会主义制度，走上了社会主义道路，取得了社会主义革命胜利。

1956 年，中国共产党第八次全国代表大会胜利召开。党的八大对中国社会客观上的主要矛盾的变化作出了分析，指出中国社会的主要矛盾是先进的社会主义制度同落后的社会生产力的矛盾。

1956 年国际共产主义运动发生重大事件。苏共二十大上赫鲁晓夫秘密报告全盘否定斯大林，丢掉列宁、斯大林两把"刀子"。1957 年毛泽东对国际国内复杂形势发生误判，结果对主要矛盾的认识也发生误判，认为国内主要矛盾仍然是无产阶级和资产阶级矛盾、社会主义道路和资本主义道路的矛盾。对主要矛盾的误判，造成了政治、经济各个方面的损失巨大，中国人民为此交出了巨额的"学费"。

1978 年党的十一届三中全会，中国共产党把全党工作转到以经济建设为中心的轨道上来。十一届三中全会后，我党提出主要矛盾是人民日益增长的物质文化生活需要同落后的社会生产之间的矛盾。根据这个主要矛盾，我们党制定了"一个中心、两个基本点"的社会主义初级阶段的基本路线。2017 年，根据中国发展客观情况的变化，党的十九大报告指出："中国特色社会主义进入新时代，我国社会主要矛盾已经转化为人民日益增长的美好生活需要和不平衡不充分的发展之间的矛盾。"解决这个主要矛盾就是中国共产党现在和今后的主要任务。

唯物辩证法世界观、方法论，特别是唯物辩证法矛盾学说同中国共产党的历史命运息息相关。中国民主革命、社会主义革命胜利、中国改革开放的成功，是马克思唯物辩证法、毛泽东《矛盾论》哲学的胜利。社会主义建设探索时期出现重大失误的哲学根源之一，就是偏离唯物辩证法，特别是偏离马克思主义辩证法矛盾学说，表现在：（1）偏离矛盾的客观性讲矛盾的普遍性，离开中国客观实际，强调阶级矛盾、阶级斗争。（2）离开矛盾的统一，孤立地讲矛盾斗争，并把斗争绝对化、无条件化。（3）主要矛盾抓错了。

党的十八大以来，习近平总书记多次强调要全党认真学习唯物辩证法，要用唯物辩证法世界观、方法论指导"四个全面"战略布局、"五大发展理念"，指导生态文明建设。2015 年 1 月 23 日习近平总书记在十八届中央政治局第二十次集体学习时的讲话中指出，要学习掌握事物矛盾运动的基本原理，不断强化问题意识，积极面对和化解前进中遇到的矛盾。问题是事物矛盾的表现形式，我们强调增强问题意识、坚持问题导向，就是承认矛盾的普遍性、客观性，就是要善于把认识和化解矛盾作为打开工作局面的突破口。我们党领导人民干革命、搞建设、抓改革，从来都是为了解决中国的现实问题。对待矛盾的正确态度应该是直面矛盾，并运用矛盾相辅相成的特性，在解决矛盾的过程中推动事物发展。

2016 年 1 月 18 日，习近平总书记在省部级主要领导干部学习贯彻十八届五中全会精神专题研讨班开班式上讲了学习领会创新、协调、绿色、开放、共享的新发展理念。

（四）必须始终坚持马克思主义唯物史观的生产力论和生产力标准

马克思和恩格斯发现唯物史观，是社会主义理论从空想到科学发展的关键点之一。马克思主义唯物史观的核心观点之一，就是生产力论和生产力标准。马克思在哲学史上的伟大贡献之一，就是把唯物主义贯彻到底，创立了唯物史观。马克思主义唯物史观的基本观点之一，就是认为生产力的存在和发展是人类社会存在和发展的基础和动力。阶级的产生和存在仅仅是同生产力发展的一定阶段相联系。生产力决定生产关系，经济基础决定上层建筑。生产力与生产关系的矛盾、经济基础与上层建筑的矛盾，是人类社会的基本矛盾。自从奴隶制社会以来社会基本矛盾运动必然产生阶级斗争，阶级斗争是阶级社会发展的动力。马克思主义发现，这两类矛盾的规律是人类社会发展的基本规律。人类社会自奴隶社会以来，为什么不断发生改革，不断发生革命？就是因为人类社会基本矛盾运动发展的必然规律。阶级斗争发展到资本主义社会，必然导致无产阶级革命。无产阶级革命胜利，必须建立无产阶级专政的政权；无产阶级专政是过渡到共产主义的必经阶段。

中国为什么会产生革命，中国为什么要搞革命？就是因为旧中国半封建半殖民地生产力极为落后，半封建半殖民地制度严重阻碍生产力发展，人民生活极端贫穷，革命就是为了解放生产力、发展生产力。中国共产党领导中国人民闹革命，就是为了推翻阻碍生产力发展的半封建半殖民地的腐朽制度，解放生产力。要推翻阻碍生产力发展的半封建半殖民地旧制度，就必须进行阶级斗争，因为反动派不会自动退出舞台。封建地主阶级决不会自动把私有土地分给农民，帝国主义强盗决不会自动放弃对我国的侵略和掠夺。所以在革命历史时期，必须以阶级斗争为纲，以革命的武装反对反革命的武装，以革命暴力推翻半封建半殖民地的腐朽旧制度。在新民主主义革命时期，中国共产党没有掌握政权，不可能实现以经济建设为中心的目标，只能实行以阶级斗争为纲的路线，在革命胜利前实现以阶级斗争为纲是对的。

但是，社会主义革命胜利后，无产阶级已经掌握政权，实行"以阶级斗争为纲"就是错误的。在社会主义建设时期，应该以经济建设为中心，发展社会生产力，不应"以阶级斗争为纲"。

我国在社会主义建设探索时期，是注重发展社会生产力的，到 1978 年我国已经初步建立了社会主义工业化体系，"两弹一星"也研制成功了。这是全国人民艰苦奋斗、自力更生的结果。但是，我国在社会主义建设探索道路上、发展生产力上有两个错误：失误之一就是急于求成，没有完全按照客观规律、科学规律办事，最突出表现就是1958年"大跃进"、大炼钢铁运动；失误之二表现在没有以经济建设为中心，而是"以阶级斗争为纲"，使社会生产力发展受到严重阻碍。

邓小平在总结社会主义建设探索道路上的失误教训时指出，"在社会主义国家，一个真正的马克思主义政党在执政以后，一定要致力于发展生产力，并在这个基础上逐步提高人民的生活水平"。在社会主义革命胜利后，什么叫马克思主义，什么叫社会主义，如何建设社会主义，在党的十一届三中全会前，我们党没有完全搞清楚。邓小平在20世纪80年代指出："什么叫社会主义，什么叫马克思主义？我们过去对这个问题的认识不是完全清醒的。马克思主义最注重发展生产力。……社会主义阶段的最根本任务就是发展生产力，社会主义的优越性归根到底要体现在它的生产力比资本主义发展得更快一些、更高一些，并且在发展生产力的基础上不断改善人民的物质文化生活。""贫穷不是社会主义，社会主义要消灭贫穷。不发展生产力，不提高人民的生活水平，不能说是符合社会主义要求的。""我们在总结这些经验的基础上，提出了整个社会主义历史阶段的中心任务是发展生产力，这才是真正的马克思主义。"1992年春，邓小平在南方谈话中，把解放生产力和发展生产力同社会主义本质联系起来论述社会主义本质，提出："社会主义的本质，是解放生产力，发展生产力，消灭剥削，消除两极分化，最终达到共同富裕。"1984年10月，党的十二届三中全会提出生产力标准是判断改革开放成败的主要标准，全会通过的《中共中央关于经济体制改革的决定》指出："改革中的一切做法都要接受实践的检验，并在实践中总结出新的经验。"

党的十二届三中全会同时提出生产力标准："全党同志在进行改革的过程中，应该紧紧把握住马克思主义的这个基本观点，把是否有利于发展社会生产力作为检验一切改革得失成败的最主要标准。"1987年党的十三大报告提出把是否有利于发展生产力，作为党在社会主义初级阶段考虑一切问题的出发点和检验一切工作的根本标准。

1992年春天，邓小平在南方谈话中，针对当时"左"的错误，提出判断姓"社"和姓"资"的"三个有利于"标准："改革开放迈不开步子，不敢闯，说来说去就是怕资本主义的东西多了，走了资本主义道路。要害是姓'资'还是姓'社'的问题。判断的标准，应该主要看是否有利于发展社会主义社会的生产力，是否有利于增强社会主义国家的综合国力，是否有利于提高人民的生活水平。"邓小平在 1992 年提出的"三个有利于"标准的理论，是新一轮解放思想的武器，是社会主义本质论、社会主义市场经济理论的哲学基础，是深化改革开放的思想武器。

党的十一届三中全会后，我们党否定了在社会主义建设时期"以阶级斗争为纲"的"左"的错误，但我们党没有否认和抛弃马克思主义关于阶级斗争的科学理论。从党的十一届三中全会到十九大，我们党一直坚持马克思主义的阶级斗争理论，坚持无产阶级专政。否定的只是 20 世纪 50 年代中期到十一届三中全会以前长达 20 余年的"以阶级斗争为纲"的"左"的错误，

党的十一届三中全会以来，我们党一直坚持唯物史观的生产力和生产关系理论与生产力标准，坚持以经济建设为中心，坚持发展是执政兴国的第一要务不动摇。

2018 年 12 月 3 日下午，中共中央政治局就历史唯物主义基本原理和方法论进行第十一次集体学习，习近平总书记在讲话中强调指出，在革命、建设、改革各个历史时期，我们党运用历史唯物主义，系统、具体、历史地分析中国社会运动及其发展规律，在认识世界和改造世界过程中不断把握规律、积极运用规律，推动党和人民事业取得了一个又一个胜利。历史和现实都表明，只有坚持历史唯物主义，我们才能不断把对中国特色社会主义规律的认识提高到新的水平，不断开辟当代中国马克思主义发展新境界。

（五）必须始终坚持马克思主义哲学唯物史观的人民群众论的世界观、方法论、人生观、价值观的统一

马克思、恩格斯在人类思想史上第一次把唯心史观颠倒过来，认为历史不是帝王将相英雄豪杰创造的，而是人民群众创造的，人民群众是物质财富的创造者，是精神财富的创造者，也是社会发展变革的决定力量。人民群众是社会物质生产实践的主体，是社会科学实践的主体，也是社会改革、社会革命的主体。因此，马克思主义认为人民的解放是人民自己的事情，是自己解放自己。《国际歌》生动、形象、具体地唱出了无产阶级和劳动人民的心声。《国际

歌》是一首马克思主义的歌，是共产党的歌。

中国共产党成立 100 年来，始终坚持马克思主义哲学唯物史观的人民群众论的世界观、方法论、人生观、价值观的统一。

中国共产党成立的初心就是一切为了人民，为了中国人民的解放。中国共产党就是全心全意为人民服务的政党。毛泽东于 1944 年 9 月 8 日，在张思德的追悼会上作了《为人民服务》的演说："我们的共产党和共产党所领导的八路军、新四军，是革命的队伍。我们这个队伍完全是为着解放人民的，是彻底地为人民的利益工作的。"全心全意、完全彻底"为人民服务"是中国共产党的性质决定的，是中国共产党的根本宗旨，是中国共产党党员和每个干部的革命人生观、价值观的最高体现。"为人民服务"现在写在中南海门前，代表中央人民政府是为人民服务的。我们的省、市、县、乡的政府前面都写上"人民"两个字，各级政府都是人民的政府。我们的各级人民法院、人民检察院、人民公安机关前面都有"人民"两字。我们的军队、警察前面都有"人民"两个字。我们共产党的各级干部前面都有"人民"两个字，都是人民的公仆、人民的服务员。

人民群众是历史的创造者，是真正的英雄。中国共产党成立到现在 100 年奋斗的光荣革命历史，始终相信人民、依靠人民。中国共产党成立以后，就相信、依靠广大的工人、农民掀起了轰轰烈烈的工人、农民革命运动。大革命失败后，中国共产党在农村建立多个革命根据地，红军队伍不断壮大。抗日战争建立了广泛的革命统一战线，全国人民投入抗日洪流中。毛泽东在《论持久战》中论述了抗日战争不会速胜，也不是亡国，而是持久战，最后必然胜利。其理论根据就是相信人民、依靠人民。动员一切力量为争取抗战胜利而斗争。毛泽东在《论持久战》中指出："战争的伟力之最深厚的根源，存在于民众之中。"抗日战争的胜利，是全国人民共同奋斗的结果。抗日战争的胜利是人民战争的胜利。解放战争的胜利也是人民战争的胜利！仅就淮海战役为例，志愿支持淮海战役的各类民工就有数百万之多，是当时参战解放军的数倍之多。淮海战役的胜利，其中原因之一是数百万支前民工用小推车推出来的。党的八大后，我们党对社会主义建设进行了艰辛的探索，其主观动机、出发点仍然是坚持人民立场，坚持为人民服务，坚持社会主义方向和社会主义道路，发动一系列运动都是为了反修防修、防止"和平演变"，但是由于偏离实事求是的思想路线，采取的方法不对，用阶级斗争方法指导建设，没有以经济建设为中心，客观效果与主观动机不符。

中国社会主义建设，是亿万中国人民艰苦奋斗的结果。中国改革开放取得巨大成功是亿万中国人民用汗水、用智慧创造出来的。中国脱贫攻坚，在2020年消灭了绝对贫困，是全国人民共同奋斗的结果。

总之，中国共产党百年历史，经历百年风云、百年奋斗，创造百年辉煌，时时刻刻都没有离开人民，时时刻刻相信人民、依靠人民，一切为了人民，一切成果归功于人民，一切胜利成果让人民共享。这就是中国共产党奋斗百年的基本历史经验。

《习近平谈治国理政》第1、2、3卷，贯穿其中的核心理念就是人民，人民的"理念"出现上千次。习近平在就任党的总书记第一天同中外记者见面时的讲话，就向全国人民承诺"人民对美好生活的向往，就是我们的奋斗目标"。党的十九大报告明确提出新时代我国社会主要矛盾是人民日益增长的美好生活需要和不平衡不充分的发展之间的矛盾，必须坚持以人民为中心的发展思想，不断促进人的全面发展、全体人民共同富裕。2018年3月1日，习近平总书记在纪念周恩来同志诞辰120周年座谈会上的讲话中指出："人民是历史的创造者，是决定党和国家前途命运的根本力量。我们党来自人民、植根人民、服务人民，一旦脱离群众，就会失去生命力。"2018年5月4日，习近平总书记在纪念马克思诞辰200周年大会上的讲话中指出："我们要始终把人民立场作为根本立场，把为人民谋幸福作为根本使命，坚持全心全意为人民服务的根本宗旨，贯彻群众路线，尊重人民主体地位和首创精神，始终保持同人民群众的血肉联系，凝聚起众志成城的磅礴力量，团结带领人民共同创造历史伟业。这是尊重历史规律的必然选择，是共产党人不忘初心、牢记使命的自觉担当。"2019年5月31日，习近平总书记在"不忘初心、牢记使命"主题教育工作会议上的讲话中指出，"人民是我们党执政的最大底气，是我们共和国的坚实根基，是我们强党兴国的根本所在"。

2021年，习近平总书记又提出"江山就是人民、人民就是江山"的科学论断。"江山就是人民"，就是说"江山"是人民打下来的，是千百万人民用鲜血换来的，五星红旗是千百万中国人民流血牺牲，用鲜血染红的。"人民就是江山"，就是说"江山"属于人民。中国共产党是人民的代表，代表人民执政，必须全心全意为人民服务，一切成果必须让人民共享，决不能让少数人占有人民用血汗创造出来的绝大部分财富，必须坚决反对国内外垄断资本掠夺中国人民的财富！

总之，习近平总书记把马克思主义哲学唯物史观的人民群众论的观点发挥、运用到极致，把世界观、方法论、人生观、价值观的统一全面科学的论述化作治国理政的实践，贯穿在所有一切方面、贯穿在一切具体行动中。党的十八大以来，"四个全面"战略布局和"五大发展理念"的贯彻，物质文明、精神文明、政治文明、社会文明、生态文明、社会文明建设以及抗击新冠肺炎疫情的斗争，都离不开人民，都依靠人民，都是为了人民。人民至上、生命至上是我们党执政核心的最高理念。必须牢固确立人民为本的执政理念，反对形形色色的腐败，反腐败永远在路上；反对形形色色的官本位，反对一切形形色色的官僚主义；反对一切形形色色不正当、不合法、不合理的"致富"行为，千方百计逐步让人民共同富裕！

综上所述，马克思主义哲学是中国共产党的生命。中国共产党成立 100 周年的历史，证明了这一点。我们现在开启新的百年征程，必须永远坚持马克思主义指导地位、坚持马克思主义辩证唯物主义和历史唯物主义！

注：本文发表于《广东老教授》2021 年第 2 期；收入本书时，内容有删减。

必须坚持辩证唯物主义和历史唯物主义的世界观和方法论

———— ◎ ————

2021 年是中国共产党成立 100 周年，对全中国人民来说意义非凡。中国共产党领导中国人民经历百年风云，在艰苦卓绝的斗争中创造了百年辉煌。从站起来到富起来，正在走向强起来！百年历史证明，没有共产党就没有新中国；没有中国共产党就没有中国特色社会主义；没有中国共产党中国梦就实现不了！

中国共产党百年成功经验有很多条，但其中最基本一条就是始终坚持用马克思主义哲学辩证唯物主义和历史唯物主义的世界观和方法论认识世界、改造世界。马克思在 1844 年发表的《〈黑格尔法哲学批判〉导言》中提出："哲学把无产阶级当做自己的物质武器，同样地，无产阶级也把哲学当做自己的精神武器。"

一、中国共产党领导人一贯强调要认真学习、坚持马克思主义哲学

毛泽东写给蔡和森的信中明确表示：唯物史观是吾党哲学的根据。

抗日战争期间，毛泽东在延安抗日军政大学亲自讲授辩证唯物论。《实践论》《矛盾论》就是讲课内容，后来整理成两篇伟大的哲学著作。1938 年的《论持久战》是一篇伟大的军事著作，同时也是一篇伟大的马克思主义哲学著作。毛泽东在抗日战争期间之所以成为党的领袖，除了他是伟大的政治家、军

事家、革命实践家，还有一个极为重要的原因——他是伟大的马克思主义哲学家，这是当时其他党的领导人没有完全具备的。毛泽东在延安参加哲学小组学习，并三次同陈云说要学哲学，陈云受益很大。

中国革命胜利后，毛泽东重视和强调要学习马克思主义哲学。毛泽东的《论十大关系》《关于正确处理人民内部矛盾的问题》《人的正确思想是从哪里来的？》都是马克思主义哲学著作。毛泽东曾经号召要把哲学从书本里和哲学家的课堂里解放出来，变为群众手里的锐利武器，倡导哲学的解放。

邓小平在 1981 年 3 月 26 日的讲话中也强调要认真学习马克思主义哲学，重点是学习毛泽东的哲学著作。

二、辩证唯物主义和历史唯物主义是中国共产党人的世界观和方法论

党的十八大以来，习近平总书记多次强调要学习、掌握、坚持辩证唯物主义和历史唯物主义的世界观和方法论，去观察、分析、研究、解决问题，制定路线、方针、政策。40 多年改革开放的成功是马克思主义哲学的胜利。40 多年改革开放的逻辑起点、历史起点就是 1978 年真理标准问题大讨论。40 多年改革开放过程就是马克思主义哲学解放思想、实事求是、与时俱进、求真务实思想路线不断发展的过程。

2013 年 12 月 3 日和 2015 年 1 月 23 日，习近平总书记两次在中共中央政治局集体学习历史唯物主义基本原理和方法论与辩证唯物主义基本原理和方法论的讲话中，分别强调全党要认真学习马克思主义哲学历史唯物主义和辩证唯物主义的世界观、方法论。习近平总书记在党的十九大报告第三部分《新时代中国特色社会主义思想和基本方略》中，分析我们党围绕新时代的重大课题，有三个坚持："我们党坚持以马克思列宁主义、毛泽东思想、邓小平理论、'三个代表'重要思想、科学发展观为指导，坚持解放思想、实事求是、与时俱进、求真务实，坚持辩证唯物主义和历史唯物主义，紧密结合新的时代条件和实践要求，以全新的视野深化对共产党执政规律、社会主义建设规律、人类社会发展规律的认识，进行艰辛理论探索，取得重大理论创新成果，形成了新时

代中国特色社会主义思想。"

我认为，辩证唯物主义和历史唯物主义的世界观和方法论的核心理论是五论的统一：辩证的唯物论、唯物辩证的实践论、唯物辩证的矛盾论、辩证历史唯物主义的生产力论和辩证历史唯物主义的人民群众论。马克思主义哲学是中国共产党的看家本领，是治国理政的总开关、望远镜、显微镜，是最锐利的思想武器。

三、坚持历史唯物主义和辩证唯物主义的世界观和方法论是共产党认识世界改造世界最强大的精神武器

习近平总书记为什么多次强调必须坚持历史唯物主义和辩证唯物主义的世界观和方法论？这是因为马克思主义哲学是科学世界观和方法论，是马克思主义的基础，是共产党认识世界改造世界的锐利思想武器，是共产党制定路线、方针、政策的哲学基础。只有马克思主义才能救中国，只有中国化的马克思主义——毛泽东思想才能救中国；只有马克思主义中国化——中国特色社会主义理论体系（邓小平理论、"三个代表"重要思想、科学发展观）、习近平新时代中国特色社会主义思想才能发展中国。

马克思主义哲学、马克思主义是现代性、革命性、科学性、实践性、人民性五种特性的有机统一。（1）马克思主义是产生在19世纪中叶的西欧，具有现代性、时代性。（2）马克思主义哲学、马克思主义具有科学性，这是对自然科学、社会科学、人类思维科学的概括和总结。（3）马克思主义哲学、马克思主义具有革命性、批判性，这是关于无产阶级和劳动人民解放并站起来的理论，也是关于人民富起来的理论。马克思主义说到了中国人民心坎上，马克思主义的革命火种在中国星火燎原，在中国人民心中扎根，在中国大地开花结果。（4）马克思主义哲学、马克思主义具有实践性，这不但要认识、解释世界，更重要的是改造、改变世界。（5）马克思主义哲学、马克思主义具有人民性。人民为本是马克思主义的精髓之一。

马克思主义哲学在人类思想发展史上第一次实现了唯物论和辩证法的有机统一、唯物主义自然观和唯物主义历史观的有机统一、革命性和科学性的有

机统一以及科学性和实践性的有机统一。

中国共产党成立以来的历史经验证明，革命、建设、改革必须坚持辩证唯物主义和历史唯物主义的世界观和方法论。坚持它，就前进，就胜利；偏离它，就会失误，甚至失效。

四、必须坚持辩证唯物论的世界观和方法论，一切从变化的实际出发

马克思主义哲学唯物论认为客观世界是物质的，物质是运动发展变化的，是在时间、空间中进行的，是有规律的，是不以人的主观意志为转移的。人们不能违背客观物质世界的规律而盲目行动。任何人违背客观规律都要犯错误。坚持辩证唯物论的世界观和方法论，就必须尊重客观、尊重客观规律，一切从运动变化的具体时间、空间客观实际出发，做到主观符合客观、主观能动性符合客观规律性。

中国民主革命的胜利就是因为中国共产党把马克思主义中国化，从中国是半封建半殖民地且政治经济发展不平衡的大国的实际出发。这个中国客观国情决定中国革命必须且只能走农村包围城市、武装夺取政权的道路。中国革命实践证明这条道路是胜利的道路。

中国社会主义建设时期犯了一系列错误，其哲学根源之一，就是没有从社会主义革命胜利后中国的国情是社会主义初级阶段这个客观实际出发，没有完全做到以经济建设为中心，而是"以阶级斗争为纲"，走了一段非常曲折的道路。

1978 年到现在，改革开放取得巨大成功的根本原因之一，就是从社会主义初级阶段的客观实际出发，制定了"一个中心、两个基本点"的社会主义初级阶段的基本路线。40 多年实践证明，这条基本路线是正确的。

党的十八大以来，习近平新时代中国特色社会主义思想，提出"中国梦"、"四个全面"战略布局、"五大发展理念"、"一带一路"、构建人类命运共同体都是从当代中国世情、国情、党情出发，是正确的。

五、必须坚持辩证唯物主义实践论，坚持解放思想、实事求是的思想路线和思想方法

马克思主义哲学认识论是能动的革命的反映论和实践论。马克思主义哲学认识论的核心观点是实践观点。马克思主义哲学认识论把唯物论、实践的观点、辩证法的观点有机统一起来了。

坚持辩证唯物主义认识论就必须坚持实践是检验真理的唯一标准，坚持解放思想、实事求是的思想路线和思想方法。解放思想、实事求是思想路线是中国共产党的生命线、胜利线。中国民主革命的胜利，是中国共产党坚持解放思想、实事求是思想路线的结果。社会主义建设时期犯了"以阶级斗争为纲"的"左"的错误，就是偏离了解放思想、实事求是思想路线。党的十一届三中全会最大贡献就是坚持实践是检验真理的唯一标准，重新确立了解放思想、实事求是思想路线。改革开放40多年取得巨大成功，是解放思想、实事求是思想路线的胜利！

习近平新时代中国特色社会主义思想，也是坚持解放思想、实事求是、与时俱进、求真务实的结果。党的十九大报告第三部分已明确了这个观点。现在和今后，我们要贯彻落实习近平新时代中国特色社会主义思想，必须坚持解放思想、实事求是、与时俱进、求真务实的思想路线和思想方法。

六、必须坚持辩证历史唯物主义的生产力论和生产力标准

马克思在人类思想史上，第一次发现生产力的存在和发展是人类社会存在的基础和发展的动力。人类社会为什么存在革命？革命就是解放生产力和发展生产力。人类社会的改革也是为了解放生产力和发展生产力。我们在社会主义建设时期最大失误之一，就是没有把发展作为我们党执政兴国的第一要务，而是把阶级斗争作为根本任务，没有把解放生产力和发展生产力作为社会主义的根本的、首要的任务。党的十二届三中全会提出应该紧紧把握住马克思主义的生产力观点和生产力标准，"把是否有利于发展社会生产力作为检验一切改革得失成败的最主要标准"。1987年党的十三大报告提出把是否有利于发展生

产力作为党在社会主义初级阶段考虑一切问题的出发点和检验一切工作的根本标准。改革开放 40 多年取得的巨大成功经验之一，就是坚持马克思主义哲学的生产力观点和生产力标准。

2013 年 12 月 3 日习近平总书记在中共中央政治局集体学习历史唯物主义基本原理和方法论的会议上强调，要学习和掌握物质生产是社会生活的基础的观点，准确把握全面深化改革的重大关系。生产力是推动社会进步的最活跃、最革命的要素。社会主义的根本任务是解放和发展社会生产力。在全面深化改革中，我们要坚持发展仍是解决我国所有问题的关键这个重大战略判断，使市场在资源配置中起决定性作用和更好发挥政府作用，推动我国社会生产力不断向前发展，推动实现物质的不断丰富和人的全面发展的统一。党的十八大以来，我们党提出"四个全面"战略布局、"五大发展理念"、"一带一路"都是为了不断解放生产力和发展生产力。

七、必须坚持人民群众观点和人民利益标准，坚持一切以人民为中心的发展观

马克思主义哲学辩证的历史唯物主义在人类思想史上，第一次提出人民群众是历史的创造者，人民是真正的英雄。人民为本是马克思主义世界观、方法论、人生观、价值观的统一。中国共产党的初心，就是让中国人民从"三座大山"压迫下解放出来，翻身得解放，站起来；就是让中国人民站起来后，进一步富起来，强起来。

中国革命的胜利，是因为中国共产党坚持马克思主义的人民为本的世界观、方法论、人生观、价值观，坚持一切相信人民、一切依靠人民、一切为了人民。中国改革开放 40 多年取得巨大成功的原因之一，就是坚持一切相信人民、一切依靠人民、一切功劳归于人民、一切为了人民、一切成果让人民共享。

2013 年 12 月 3 日，习近平总书记在中央政治局集体学习历史唯物主义原理和方法论的会议上强调，要学习和掌握人民群众是历史创造者的观点，紧紧依靠人民推进改革。人民是历史的创造者，要坚持把实现好、维护好、发展好

最广大人民根本利益作为推进改革的出发点和落脚点，让发展成果更多更公平惠及全体人民，唯有如此改革才大有作为。党的十九大报告全面阐述了一切以人民为中心的发展观。总之，坚持辩证唯物主义和历史唯物主义的世界观和方法论，是我们党成立 100 年的根本经验之一。

注：本文定稿于 2021 年 1 月 10 日，收入本书时，内容有删减。

人民至上是马克思主义唯物史观的核心理念

党的十九届六中全会通过的《中共中央关于党的百年奋斗重大成就和历史经验的决议》，总结党的百年奋斗积累了宝贵的历史经验，提出了十个坚持，其中第二个就是"人民至上"。人民至上是马克思主义唯物史观的核心理念，在新时代被赋予了丰富内涵，是中国特色社会主义发展行稳致远的价值引领。

一、人民至上是科学的世界观

人民至上是马克思、恩格斯创立科学世界观的理论出发点和归宿。早在1844年马克思、恩格斯在合写的第一部著作《神圣家族》中就提出了"人民至上"，强调"人民至上"与黑格尔学说、法国空论派等一切唯心主义的"理性之上"根本对立，明确指出"历史的活动是群众的事业"。在《德意志意识形态》和《共产党宣言》等著作中，马克思、恩格斯进一步系统地阐释了以人民至上为核心的唯物史观，指出历史的前提是从事物质生产生活的"现实的人"。正是人民群众的物质生产实践构成社会历史发展的最基本动力，不仅如此，人民群众还是每个时代精神财富的创造主体，也是社会历史变革的主体。因此，人民群众始终是社会发展的推动力量，是历史的创造者。

坚持群众史观、坚持历史理论的人民至上论是创立科学历史观从而创立科学世界观的关键。唯物史观以人民至上为核心理念，科学地说明了人类历史发生、发展的基础、动力和规律，在此基础上，阐明了无产阶级政党肩负起推动人类社会最终走向"自由人的联合体"的历史重任的根本精神支撑，创立了科学的世界观。

二、中国共产党的百年实践彰显了人民至上的唯物史观

中国共产党是以马克思主义科学理论为指导思想的无产阶级政党，它来自人民、植根人民、服务人民，以为人民谋幸福、为民族谋复兴为初心使命，在百年实践探索中不断前行，极大地彰显了人民至上的唯物史观。

首先，人民至上集中体现了中国共产党贯彻唯物史观的根本利益目标。中国共产党从成立之日起，就确定了"除了工人阶级和最广大人民群众的利益，没有自己特殊的利益"的根本原则。因此，党的利益和人民群众的利益是完全一致的，党的事业是为群众谋利益的事业。进入新时代，以习近平同志为核心的党中央始终把实现好、维护好、发展好最广大人民的根本利益作为党和国家一切工作的出发点和落脚点，明确提出以人民为中心的发展思想，把实现最广大人民的根本利益践行于党的路线方针政策中，坚持完成党的目标任务与实现人民利益的一致性。

其次，人民至上深刻反映了中国共产党践行唯物史观的根本思想路线。把马克思主义群众史观与中国实际相结合，中国共产党创造性地提出了群众思想路线和群众工作方法，即一切为了群众、一切依靠群众，从群众中来、到群众中去。群众路线、人民立场是中国共产党的根本政治立场，是马克思主义政党区别于其他政党的显著标志，是党的力量源泉、战胜一切困难和风险的根本保证。

再次，人民至上精辟阐明了中国共产党对唯物史观的根本认识和方法论。人民是历史的主体和创造者，这是唯物史观认识历史问题的出发点。坚持人民至上，必然在认识问题的方法上，以人民为中心，实现好、维护好、发展好最广大人民的根本利益；在认识理念上，坚信群众是真正的英雄，群众中蕴藏着无穷无尽的智慧和力量；在实际工作中，注重深入群众进行调查研究，广泛听取群众意见，作出符合群众根本利益的科学决策。

三、人民至上是中国特色社会主义发展行稳致远的价值引领

唯物史观认为，历史的发展规律在最终意义上是人民创造生产力、变革生产关系，推动历史不断向前发展的人民创造历史的规律。因此，自觉遵循社会发展的客观规律，进行正确的价值判断和价值选择，就必然自觉站在最广大人民的立场上，把人民群众的利益作为最高的价值选择标准，坚持人民至上的价值引领。中国共产党是遵循马克思主义唯物史观的人民的政党，其指导理论是马克思主义，其根基在人民、血脉在人民，因此，我们党始终不渝地坚持为民造福的人民至上的根本价值取向。

首先，彰显人民主体地位的价值取向。人民至上的价值取向，是中国共产党带领人民进行中国特色社会主义伟大实践的意义所在。中国共产党在执政实践中、在不断推进中国特色社会主义发展中，紧紧依靠人民创造伟业，突出人民的主体地位，强调人民的主体作用，深刻认识到人民群众是实践主体、认识主体、利益主体、权力主体、价值主体的统一体，是夺取新时代中国特色社会主义伟大胜利的中坚力量。

其次，把实现人民的根本利益作为最重要的政绩。人民群众不仅是中国共产党执政的目标主体，而且是执政水平和执政成效的评判主体。在新时代，实现共同富裕和人民对美好生活的向往是全体人民的根本利益所在，也是中国共产党的奋斗目标。同时，人民是阅卷人，对于执政的成效，人民是最终的权威的评判政绩的主体。维护好、发展好最广大人民的根本利益，把人民群众拥护不拥护、赞成不赞成、高兴不高兴、答应不答应作为衡量一切工作得失的根本标准，坚持人民至上的价值观，中国共产党就始终拥有不竭的力量源泉和前进发展的奋斗目标。

注：此文刊登在 2022 年 4 月 25 日的《南方日报》。

不忘"老祖宗"——纪念恩格斯诞辰 200 周年

———— ◎ ————

一、恩格斯同马克思共同创立马克思主义

2020 年是恩格斯诞辰 200 周年。两年前，我们纪念马克思诞辰 200 周年、《共产党宣言》发表 170 周年。

《共产党宣言》由马克思、恩格斯合著，于 1848 年公开出版。

《共产党宣言》的问世，标志着马克思主义的产生。《共产党宣言》发表当年，马克思 30 岁，恩格斯 28 岁，真的是"三十而立"。这不是一般的"立"，而是一种全新的、科学的、革命理论的创立。马克思和恩格斯是人类历史上极为罕见的天才。人类历史上天才人物很多，在各个领域都出现很多天才人物，有很多天才在少年、青年时期就发现、创立各种科学理论，但是像马克思、恩格斯在青年时代就创立马克思主义科学的极为少见。

马克思主义是由 19 世纪德国两位杰出的理论家和革命家马克思、恩格斯共同创立的。马克思、恩格斯都不是天生的"马克思主义者"。

马克思、恩格斯早期思想的共同点是：政治观点上都是激进的革命民主主义者，哲学观点上都是黑格尔唯心主义者。

恩格斯同马克思共同创立马克思主义，都经历了从革命民主主义向共产主义，从黑格尔唯心主义向辩证唯物主义、历史唯物主义的转变。他们实现这两个转变只用了几年时间。

马克思 1818 年 5 月 5 日出生在德国莱茵省特利尔城一个律师家庭，恩格斯 1820 年 11 月出生在德国巴门一个资产阶级家庭。他们两人均不是出生于劳

动人民家庭，但是他们都"背叛"了自己的家庭出身，站在劳动人民立场，创立了科学社会主义的理论。

马克思向唯物主义和共产主义的转变是 1841 年到 1844 年，恩格斯向唯物主义和共产主义的转变是 1842 年到 1844 年。正如马克思在《〈政治经济学批判〉序言》中所说，恩格斯"从另一条道路得出同我一样的结果"，即实现了两个转变。恩格斯在《关于共产主义同盟的历史》中曾回顾："当我 1844 年夏天在巴黎拜访马克思时，我们在一切理论领域中都显出意见完全一致，从此就开始我们共同的工作。"

从 1844 年到 1883 年马克思逝世近 40 年，恩格斯同马克思共同工作时在一切领域的意见完全一致。两位伟人终生亲密合作，是同志加兄弟。这种革命友谊、理论情谊，在人类思想史上找不到第二对。

从 1844 年到 1848 年《共产党宣言》发表，恩格斯同马克思共同创立马克思主义。恩格斯 1883 年在马克思墓前演说，谈及马克思一生有两个伟大发现：一个是唯物史观，一个是剩余价值理论。这是恩格斯伟大的真诚的谦虚。其实历史事实是恩格斯与马克思共同发现这两个理论，共同创立马克思主义。

（一）恩格斯与马克思共同发现和创立唯物史观

马克思和恩格斯在 1844 年 2 月巴黎会晤后合写的第一部著作是《神圣家族》。这部著作着重探讨的是历史观。这是因为当时工人运动的实践与青年黑格尔派所宣扬的英雄史观的矛盾。在这部著作中，马克思、恩格斯对青年黑格尔派的唯心史观进行清算，把自己理论的建构重点放在唯物主义的历史观上。在这部著作中，马克思和恩格斯论述了历史的发源地在粗糙的物质生产中，历史的活动是群众的事业。"历史活动是群众的事业，随着历史活动的深入，必将是群众队伍的扩大。"

1845 年 4 月，恩格斯同马克思在布鲁塞尔进行第三次会晤。这一次会晤，代表着一个伟大学说——唯物史观的确立。会晤后，恩格斯同马克思共同合作写作《德意志意识形态》。

马克思、恩格斯在这部著作中对唯物史观的基本原理作了比较系统的最初表述，论述"我们的出发点是从事实际活动的人"。马克思和恩格斯认为，人类社会的全部历史是从生产开始的，正是物质生产把人和动物区别开来。

（1）《德意志意识形态》对生产力与生产关系作了辩证历史分析。人们只要进行生活的生产，必然要同自然发生关系，与人发生关系。生产社会关系，即生产关系。所以，只有揭示生产力和生产关系的相互作用，才能从整体上把握社会生产，从而认识社会发展规律。马克思和恩格斯在《德意志意识形态》中论述了社会发展的生产力与生产关系发展辩证法："人们所达到的生产力的总和决定着社会状况。"随着生产力的发展，"已成为桎梏的旧交往形式被适应于比较发达的生产力，因而也适应于进步的个人自主活动方式的新交往形式所代替；新的交往形式又会成为桎梏，然后又为另一种交往形式所代替"。（2）马克思、恩格斯在《德意志意识形态》一书中，论述了社会意识形态与社会存在的关系，指出："意识在任何时候都只能是被意识到了的存在，而人们的存在就是他们的现实生活过程。""不是意识决定生活，而是生活决定意识。"（3）马克思、恩格斯在《德意志意识形态》一书中，依据科学的历史观、社会基本矛盾理论，分析资本主义制度下生产力和生产关系矛盾运动，论证社会主义学说，"现代的个人必须消灭私有制，因为生产力和交往形式已经发展到这样的程度，以致它们在私有制的统治下竟成了破坏力量，还因为阶级对立已登峰造极"。马克思、恩格斯认为，共产主义不是思辨地制定出来的理想社会，而是客观的历史过程的合乎规律的结果，"我们所称为共产主义的是那种消灭现存状况的现实的运动"。

由此可见，唯物史观的发现和确立是马克思、恩格斯的共同功劳。唯物史观的发现和确立，是社会主义学说从空想变成科学的根本原因之一。

（二）恩格斯同马克思共同创立科学社会主义理论

1848 年恩格斯同马克思合著的《共产党宣言》的发表，标志着马克思主义的发展进入了一个全新的阶段。

1847 年恩格斯发表《共产主义原理》已经包含《共产党宣言》所论述的基本问题。（1）关于共产主义革命的理论。在《共产主义原理》中恩格斯指出，共产主义是关于无产阶级解放条件的学说，并从唯物史观原理出发对这种条件作了详细的说明，阐明了科学社会主义的本质特征。恩格斯指出，"工业革命便孕育着一个由无产阶级进行的社会革命"。恩格斯还进一步从揭示资本主义经济制度本身的矛盾，来论述共产主义革命的历史必然性。（2）关于无产阶级革命的道路和策略思想。恩格斯强调了革命运动要有客观基础，不能预先随心所欲。恩格斯指出，采取和平方法消灭私有制的可能性，同时指出，能否采取和平的方法不取决于无产阶级的意愿，有产阶级总是用暴力压迫无产阶级并把它推向革命。恩格斯还认为，废除私有制的步骤不能依据主观愿望，而应当视生产力发展程度而定。（3）恩格斯提出关于无产阶级专政思想，"首先无产阶级革命将建立民主制度，从而直接或间接地建立无产阶级统治"。（4）恩格斯对未来社会制度的设想："由社会全体成员组成的共同联合体来共同地和有计划地利用生产力；把生产发展到能够满足所有人的需要的规模；结束牺牲一些人的利益来满足另一些人的需要的状况；彻底消灭阶级和阶级对立；通过消除旧的分工，通过产业教育、变换工种、所有人共同享受大家创造出来的福利，通过城乡的融合，使社会全体成员的才能得到全面发展。"

1848年2月，恩格斯同马克思合著的《共产党宣言》在英国伦敦公开发表。《共产党宣言》作为第一个国际性工人政党的政治纲领，是对马克思主义首次精辟的论述。（1）科学地论证了共产主义革命的历史必然性。《共产党宣言》科学地预见："资产阶级的灭亡和无产阶级的胜利是同样不可避免的。"（2）明确指出无产阶级革命的基本道路和主要任务，就是通过暴力革命取得政权，建立无产阶级专政，发展社会生产力。《共产党宣言》指出："无产阶级用暴力推翻资产阶级而建立自己的统治。""无产阶级将利用自己的政治统治，一步一步地夺取资产阶级的全部资本，把一切生产工具集中在国家即组织成为统治阶级的无产阶级手里，并且尽可能快地增加生产力的总量。"用暴力推翻资产阶级，使无产阶级上升为统治阶级，这是科学社会主义的核心思想。《共产党宣言》已经包含有无产阶级专政思想。

马克思、恩格斯合著的《共产党宣言》全面地论述了科学社会主义的基本原理，宣告了马克思主义的诞生，创造了一个时代，即无产阶级革命和无产阶级专政的伟大时代。《共产党宣言》问世后69年，列宁领导的俄国十月革命取得伟大胜利。《共产党宣言》问世101年，中国共产党领导的中国革命在1949年取得伟大胜利，接着在1956年中国取得社会主义革命的伟大胜利。俄国十月革命的胜利、中国革命的胜利，证明了《共产党宣言》、马克思主义是放之四海而皆准的普遍真理。

恩格斯同马克思合著的《共产党宣言》发表后，到1883年马克思逝世，在长达 35 年里恩格斯同马克思继续合作，在哲学、政治经济学、科学社会主义、军事科学、历史科学等各个领域，全面深化、丰富、发展他们自己的理论，马克思主义在实践中多方面展开。

这期间，马克思、恩格斯亲自投身到当时革命斗争实践中，及时总结当时革命斗争实践的经验教训，丰富发展自己的理论。马克思和恩格斯在科学地总结 1848—1849 年革命经验教训之后，在《1848 年至 1850 年的法兰西阶级斗争》《德国农民战争》和《路易·波拿巴的雾月十八日》等著作中，第一次全面系统地论述了工农联盟的思想，指出农民是无产阶级的天然同盟军，无产阶级应当与农民联合起来，无产阶级是工农联盟的领导者，等等，进一步丰富和发展了无产阶级革命理论。

在科学总结 1848 年欧洲革命经验教训中，马克思和恩格斯对科学社会主义最重要的贡献之一，就是第一次指出了无产阶级革命必须打碎资产阶级旧国家机器的论断和无产阶级专政概念，无产阶级革命战斗口号应该是"推翻资产阶级！工人阶级专政！"

（三）恩格斯同马克思共同研究政治经济学

马克思把一生黄金时代的绝大部分时间和精力都用于研究资本主义经济关系，揭示资本主义经济运动规律，完成了他的第二个伟大发现——剩余价值理论。《资本论》第一卷于 1867 年出版。

劳动价值论是马克思经济学说的基础。科学劳动价值论是由马克思在批判继承古典经济学相关理论的基础上建立起来的。科学的剩余价值理论的创立是马克思经济学研究中划时代的功绩之一。剩余价值理论揭露了资产阶级剥削的秘密，揭露了资本主义社会本质。

《资本论》是马克思经济学的科学巨著，同时也是马克思主义哲学和科学社会主义的最主要著作。

恩格斯对马克思主义经济学的创立和发展做出了杰出的贡献，突出表现在两方面。

首先，表现在恩格斯本人对政治经济学理论所做的独立研究上。早在 1843 年底，恩格斯的《国民经济学批判大纲》是无产阶级政治经济学的第一部重要文献，恩格斯站在无产阶级立场，首次对资产阶级政治经济学的方法和一些主要理论观点做了严肃批判。1859 年，马克思在回顾自己的经济学研究历程时，曾把恩格斯的这部著作称作"批判经济学范畴的天才大纲"。在 19 世纪 40 年代和 60 年代中期，恩格斯除了与马克思共同探讨政治经济学理论外，还对一些重要的理论问题做出独立的研究，并取得引人注目的理论成就。1845 年，恩格斯发表了《英国工人阶级状况》一书，从政治经济学理论视角探讨了工人阶级的贫困化问题和人口过剩问题。19 世纪 50 年代，恩格斯特别注重对资本主义经济危机理论的研究。

其次，表现在恩格斯对《资本论》理论及其出版做了独特的贡献。在《资本论》第一卷出版前后，马克思曾多次深情地向恩格斯表示，没有你，我永远不能完成这部著作。没有你为我做的牺牲，我是绝不可能完成这三部书的巨大工作的，我满怀感激的心情拥抱你。如果你能在我的主要著作中直接以合作者的身份出现，而不只是被引证者，这会使我多么高兴！

恩格斯实际上是《资本论》的合作者。马克思的《资本论》第一卷是在 1867 年出版。《资本论》第二卷、第三卷在马克思生前没有出版。马克思逝世后，恩格斯花了大量的时间和精力，克服种种困难，付出艰苦的劳动，不惜牺牲自己的健康，夜以继日地工作，整理出版《资本论》第二卷、第三卷。《资本论》第二卷于 1885 年公开出版。恩格斯整理编辑《资本论》第三卷前后花了 9 年的时间，于 1894 年 11 月正式出版。列宁在《弗里德里希·恩格斯》一文中曾非常赞同地引用过奥地利社会民主党人阿德勒的一句话："恩格斯出版《资本论》第 2 卷和第 3 卷，就是替他的天才朋友建起了一座庄严宏伟的纪念碑，无意中也把自己的名字不可磨灭地铭刻在上面了。"接着，列宁指出："的确，这两卷《资本论》是马克思和恩格斯两人的著作。古老传说中有各种非常动人的友谊故事。欧洲无产阶级可以说，它的科学是由这两位学者和战士创造的，他们的关系超过了古人关于人类友谊的一切最动人的传说。恩格斯总是把自己放在马克思之后，总的说来这是十分公正的……他对在世时的马克思无限热爱，对死后的马克思无限敬仰。这位严峻的战士和严正的思想家，具有一颗深情挚爱的心。"

（四）恩格斯对马克思主义哲学做出了独特的贡献

1876 年 5 月至 1878 年 7 月，恩格斯在马克思的支持下，用了 2 年多时间，写了《反杜林论》著作，彻底回击了"狂妄的"杜林向马克思主义发起的进攻，还对马克思主义三个组成部分进行了系统的总结和论证。列宁在《马克思主义的三个来源和三个组成部分》一文中指出，《反杜林论》是"每个觉悟工人必读的书籍"。杜林主义是以折中主义哲学和庸俗经济学为基础的小资产阶级的空想社会主义者。它的主要代表人物是欧根·杜林。

《反杜林论》总结了当时的国际工人运动的实践经验，概括了当时的自然科学成就，系统地阐述了马克思主义的科学体系，特别是马克思主义哲学体系。恩格斯把马克思主义哲学称作"现代唯物主义"。恩格斯论述了"现代唯物主义本质上都是辩证的"。恩格斯在《反杜林论》中论述了唯物论和辩证法是有机统一的。马克思主义哲学唯物论是辩证的唯物论，它与古代朴素唯物论、近代形而上学唯物论是有区别的。马克思主义哲学辩证法是唯物辩证法，它既与形而上学相区别，又与朴素辩证法和黑格尔唯心辩证法相区别。马克思主义哲学自然观与历史观是相统一的。马克思把唯物论贯彻到社会历史领域，以往的唯物论都是不彻底的，是半截子唯物论，在社会历史领域里都是唯心主义的。恩格斯在《反杜林论》中阐述了马克思主义哲学整个体系的基本原理。《反杜林论》阐述了马克思主义哲学自然观既是唯物的又是辩证的，论述了世界的统一性在于它的物质性，世界统一于物质；论述了物质与运动的关系，"运动是物质的存在方式"；论述了运动与静止，时间、空间与物质运动的辩证关系。《反杜林论》还研究了人类思维的辩证运动及其规律。

《反杜林论》是第一部把唯物主义辩证法及其规律作为自然界、人类社会和思维的普遍规律加以专门探讨的著作，系统地论述了唯物辩证法三大基本规律。

马克思、恩格斯历来重视研究自然科学及其哲学问题。1873 年，恩格斯在马克思的积极支持下决定写一部关于唯物辩证法自然观的著作。《自然辩证法》就是恩格斯多年刻苦研究的心血结晶。这部著作在恩格斯生前没有出版，直到 1925 年才在莫斯科公开问世。

恩格斯写作《自然辩证法》的目的。首先，概括当时自然科学新成就创立系统的马克思主义自然观。19 世纪，自然科学领域有很多新发现，特别是细胞学说、能量守恒与转化定律、达尔文生物进化论证明了自然界发展的客观物质性及自然界联系和运动转化的客观辩证法。其次，为自然科学发展提供崭新的马克思主义的科学认识论和唯物辩证法的思维方法、研究方法。再次，揭示自然界向人类社会过渡的辩证法，揭示生命起源、人类起源。恩格斯提出了劳动创造人、劳动是人猿相区别的根本标志、人的劳动具有目的性和能动性这些科学论断，揭示了自然史的辩证法。

恩格斯在《自然辩证法》中还提出辩证逻辑是科学认识的基本逻辑手段和方法，论述了辩证法、认识论、逻辑学三者的统一。马克思在《资本论》中运用辩证逻辑科学地揭示历史发展的客观规律。恩格斯的研究证明，辩证逻辑同样也是自然科学最根本的逻辑工具和方法论。在《自然辩证法》中恩格斯指出："所谓的客观辩证法是在整个自然界中起支配作用的，而所谓的主观辩证法，即辩证的思维，不过是在自然界中到处发生作用的、对立中的运动的反映。""我们的主观的思维和客观的世界遵循同一些规律，因而两者在其结果中最终不能互相矛盾，而必须彼此一致，这个事实绝对地支配着我们的整个理论思维。这个事实是我们的理论思维的本能的和无条件的前提。"

恩格斯在《自然辩证法》中分析了当时天文学、地质学、物理学、化学、生物学领域五大成就及其哲学意义，证明了自然界的物质统一性，证明了自然界发展的辩证法，证明了自然界是检验辩证法的试金石。自然界被证明是在永恒的流动和循环中运动着的。恩格斯认为，辩证法的规律是自然界的实在的发展规律。他指出，辩证法是和形而上学对立的、是关于联系的科学。他认为，辩证法的规律是从自然界和人类社会的历史中抽象出来的。恩格斯还明确提出唯物辩证法三个基本规律：量转化为质和质转化为量的规律；对立的相互渗透规律；否定之否定的规律。恩格斯还论述了同一性和差异性、必然性和偶然性、原因和结果的辩证法。

恩格斯还提出自然科学发展的根本动力是生产实践；各个学科之间互相作用也是科学发展的重要动力；社会制度对自然科学的发展起着重大的制约作用（先进的社会制度推动自然科学发展；落后的社会制度或者错误的路线政策对自然科学发展起阻碍作用）。

《路德维希·费尔巴哈和德国古典哲学的终结》（以下简称《终结》）是恩格斯另一部重要哲学著作。在《终结》一书中，恩格斯系统地探讨了德国古典哲学，特别是黑格尔哲学和费尔巴哈哲学同马克思主义哲学的关系。《终结》这一部著作总结了新世界观产生、发展的过程，论述了马克思主义哲学的产生是哲学史上的伟大变革。(1)《终结》扬弃黑格尔哲学,批判黑格尔哲学的客观唯心主义,同时继承黑格尔哲学思想的"合理内核"——辩证法思想。黑格尔是辩证法大师,但他的辩证法是唯心主义辩证法。恩格斯在《终结》一书中通过分析黑格尔哲学的"凡是现实的都是合理的,凡是合理的都是现实的"命题,指出黑格尔哲学既具有反动保守的一面,把现实神圣化,为现实辩护,又有革命的因素,即包含着对现实的否定。(2)《终结》扬弃费尔巴哈哲学,批判费尔巴哈哲学的形而上学、唯心史观,继承费尔巴哈哲学的基本内核——唯物主义,高度评价了费尔巴哈哲学反对黑格尔哲学、反对宗教的功绩。(3)《终结》一书科学地总结哲学发展史,第一次提出哲学基本问题是思维和存在的关系问题。这个哲学基本问题包括两个方面:第一方面问题是思维和存在谁是第一性问题,这是划分唯物论和唯心论的根本标准,这是哲学本体论问题。第二方面问题是思维和存在同一性问题,这是认识论的问题。恩格斯对这个问题作了唯物又辩证的科学回答。(4)恩格斯在《终结》一书中还系统地阐述了历史唯物主义的基本问题。一是恩格斯论述社会发展有其客观规律,不是人们主观意志决定的;同时它与自然规律表现和起作用又不同,它离不开人们有意识有目的的活动。二是恩格斯论述了阶级斗争是阶级社会发展动力的理论。

《家庭、私有制和国家的起源》是恩格斯在 1884 年 10 月出版的一部著作,是历史唯物主义乃至马克思主义整个理论体系发展过程中的光辉篇章,一座丰碑。恩格斯自己认为该书"在某种程度上是执行遗言",是执行亡友马克思的遗愿。恩格斯自己认为《家庭、私有制和国家的起源》这本书对他与马克思共同的观点有特殊的重要性。列宁认为恩格斯这部著作是"现代社会主义主要的著作之一"。因为这部著作对人类学、民族学、考古学、社会学、历史学、政治学等都有直接指导意义。这部著作对家庭、私有制、阶级、国家的起源和本质作了历史唯物主义的分析和研究,是马克思主义理论宝库的光辉著作。

在马克思逝世后 12 年,恩格斯继续坚持马克思主义,同各种离开马克思主义、反对马克思主义的机会主义、修正主义进行坚决斗争。同时亲自参加当时欧洲的无产阶级革命斗争实践,指导当时无产阶级革命斗争运动。恩格斯晚年没有离开马克思主义,他的思想、理论观点始终与马克思的思想、理论观点是一致的。我们今天纪念恩格斯 200 周年诞辰,我们不能忘记马克思主义是恩格斯和马克思两人共同创立的。恩格斯一生是光辉的共产主义革命人生，他是全世界无产阶级革命政党的革命导师！

二、不忘初心，必须不忘"老祖宗"

2016 年，习近平总书记在庆祝中国共产党成立 95 周年大会上的讲话中提出不忘初心，同时提出要坚持马克思主义。坚持马克思主义，就是不忘"老祖宗"。为什么不忘初心，必须不忘"老祖宗"？因为马克思主义始终是我们党的指导思想。

（一）马克思主义的特点

不忘初心，必须不忘"老祖宗"，必须坚持马克思主义，这是马克思主义的特点、本质决定的。

马克思主义孕育、形成、产生于 19 世纪的欧洲，特别是当时的德国、英国、法国。这是由当时这些国家的经济生活、社会变迁、科学发展、政治体制、工人运动、历史传统、风俗民情、文化传统等客观条件决定的。马克思主义是资本主义时代的产物，它不可能产生于封建主义时代，也不可能产生于 19 世纪的中国。

马克思、恩格斯批判继承当时古今德外一切优秀的文化遗产。他们批判继承了从古希腊哲学到德国古典哲学理论，创立了马克思主义哲学；批判继承了亚当·斯密、大卫·李嘉图的古典政治经济学；创立了马克思主义经济学；批判继承了英国的欧文和法国的圣西门、傅立叶的空想社会主义理论，创立了科学社会主义理论。

我们为什么要坚持马克思主义？因为马克思主义是科学。但马克思主义不是一般具体的科学，不只是对某一具体领域的科学规律的正确概括，而是对自然、社会、人类思维发展一般规律的科学概括，这是马克思主义科学与其他具体科学的最大区别。列宁指出，马克思和恩格斯对工人阶级的功绩，可以这样简单表述：他们教会了工人阶级自我认识和自我意识，用科学代替了幻想。

马克思主义科学具有革命性。从一般意义上讲，科学都具有革命性。马克思主义科学的革命性是关于无产阶级和劳动人民解放的革命学说，关于他们从被压迫、被统治、被剥削中解放出来、站起来的革命科学，不是空想。这就是马克思主义关于民主主义革命、无产阶级革命、社会主义革命的科学理论。马克思主义是关于劳动人民反对旧世界、打天下的理论。

马克思主义具有革命的批判性。马克思主义是批判旧世界，特别是批判资本主义的科学理论。马克思终生的科学巨著——《资本论》就是批判资本主义的科学巨著。《资本论》问世，敲响了资本主义的丧钟。它揭露了资本主义制度的本质，论证了资本主义产生、发展过程及其必然灭亡的必然性。马克思说："辩证法在其合理形态上，引起资产阶级及其空论主义的代言人的愤怒和恐怖，因为辩证法在对现存事物的肯定的理解中同时包含对现存事物的否定的理解，即对现存事物的必然灭亡的理解；辩证法对每一种既成的形式都是从不断的运动中，因而也是从它的暂时性方面去理解；辩证法不崇拜任何东西，按其本质来说，它是批判的和革命的。"

马克思主义科学具有革命实践性。马克思早在 1845 年就说："哲学家们只是用不同的方式解释世界，而问题在于改变世界。"

1845 年秋至 1846 年 5 月，马克思、恩格斯合著的《德意志意识形态》强调："实际上，而且对实践的唯物主义者即共产主义者来说，全部问题都在使现存世界革命化，实际地反对并改变现存的事物。"表明了共产主义者的唯物主义强调实践，这种实践就是要反对和推翻现存的资本主义制度的革命实践。这是马克思、恩格斯新唯物主义与旧唯物主义的区别点。列宁在《卡尔·马克思（传略和马克思主义概述）》中指出："马克思和恩格斯认为，'旧'唯物主义，包括费尔巴哈的唯物主义在内（更不要说毕希纳、福格特、摩莱肖特的'庸俗'唯物主义了），其主要缺点是：（1）这种唯物主义'主要是机械的'唯物主义，它没有考虑到化学和生物学（现在还应加上物质的电学理论）的最新发展；（2）旧唯物主义是非历史的、非辩证的（是反辩证法意义上的形而上学的），它没有彻底和全面地贯彻发展的观点；（3）他们抽象地理解'人的本质'，而不是把它理解为'一切社会关系的〈一定的具体历史条件下的〉总和'，所以他们只是'解释'世界，而问题却在于'改变'世界，也就是说，他们不理解'革命实践活动'的意义。"

马克思主义具有人民性。马克思主义的根本政治立场是人民立场，永远站在人民立场。马克思主义论述了人民群众是历史的创造者，是真正的英雄，是历史的主人。因此共产党必须始终一切相信人民，一切依靠人民，一切为了人民，一切成功要归功于人民，一切成果要让人民共享。

马克思主义把革命性、科学性、实践性和人民性高度有机统一起来。列宁在 1894 年指出，马克思认为他的理论的全部价值在于这个理论"按其本质来说，它是批判的和革命的"。……这一理论对世界各国社会主义者所具有的不可遏止的吸引力，就在于它把严格的和高度的科学性（它是社会科学的最新成就）同革命性结合起来，并且不仅仅是因为学说的创始人兼有学者和革命家的品质而偶然结合起来，而是把两者内在地不可分割地结合在这个理论本身中。

马克思主义产生在 19 世纪中叶的西欧。1848 年《共产党宣言》发表，马克思主义诞生。由于当时中国是半殖民地半封建社会，并不知道马克思主义。到了 1917 年，俄国十月革命胜利，中国人民才知道马克思列宁主义。十月革命一声炮响，把马列主义送到了中国。1920 年，陈望道翻译的《共产党宣言》出版，今年刚好 100 年。马列主义传到中国，同工人运动相结合，1921 年成立了中国共产党。中国共产党把马列主义作为自己的指导思想。中国革命胜利是马列主义的胜利。

中国共产党始终一贯坚持马克思主义的指导地位。1954 年 9 月 15 日毛泽东在中华人民共和国第一届全国人民代表大会第一次会议开幕词中指出："领导我们事业的核心力量是中国共产党。指导我们思想的理论基础是马克思列宁主义。"1979 年 3 月 30 日，邓小平作了《坚持四项基本原则》的报告，强调"实现四个现代化必须坚持四项基本原则"。坚持四项基本原则就是：第一，必须坚持社会主义道路；第二，必须坚持无产阶级专政；第三，必须坚持共产党的领导；第四，必须坚持马列主义、毛泽东思想。

我们党的社会主义初级阶段的基本路线就是一个中心、两个基本点。就是以经济建设为中心，坚持改革开放，坚持四项基本原则。

20 世纪 90 年代初，苏联解体，这不是偶然的。这是苏共在 1956 年的二十大，赫鲁晓夫打着反对个人崇拜的旗号，大反斯大林，丢掉列宁、斯大林两把"刀子"的结果。1956 年，赫鲁晓夫在苏共二十大作秘密报告，揭露了斯大林的错误，打着反对斯大林个人崇拜的旗号，全盘否定斯大林，离开了马克思列宁主义的革命轨道。当年，我们党写了一论、再论无产阶级专政历史经验，全面总结苏联十月革命后 40 年历史经验，指出对斯大林要三七开，列宁、斯大林两把"刀子"不能丢。既要反对斯大林的个人崇拜，批判斯大林错误，又要坚持马克思列宁主义，坚持无产阶级专政。但是，从赫鲁晓夫开始，到勃列日涅夫，再到戈尔巴乔夫、叶利钦，长达 35 年，他们忘记了马克思列宁主义，丢掉了"老祖宗"，背叛了"老祖宗"，最后导致苏联解体。这是苏共长期离开、背叛"老祖宗"的结果。这个惨痛教训我们要永远记住。

在苏联解体后几个月，邓小平在 1992 年初南方谈话中提出要坚信马克思主义，"马克思主义是科学"，"马克思主义是打不倒的"，"一些国家出现严重曲折，社会主义好像被削弱了，但人民经受锻炼，从中吸收教训，将促使社会主义向着更加健康的方向发展。因此，不要惊慌失措，不要认为马克思主义就消失了，没用了，失败了。哪有这回事！"

（二）不忘初心，与时俱进，在实践中发展马克思主义

中国共产党 100 年光辉革命实践证明，中国共产党如果没有马克思列宁主义指导，是不可能领导中国革命、社会主义建设、社会主义改革开放取得成功的。但是，马克思列宁主义如果不同中国革命实际、社会主义建设实际、社会主义改革开放实际相结合，就会犯错误，甚至导致失败。

中国革命实践证明，只有把马克思主义同中国实际、中国革命实际结合起来，只有中国化的马克思主义，才能指导中国革命取得胜利。毛泽东把马克思普遍真理同中国具体实际结合起来，领导中国革命取得胜利。马克思、恩格斯在 19 世纪提出无产阶级暴力革命，打碎旧的国家机器，建立无产阶级专政国家的理论。列宁把马克思主义真理同俄国实际结合起来，同当时第一次世界大战实际结合起来，抓住时机，于 1917 年 10 月在彼得格勒举行城市中心起义，取得十月革命伟大胜利。

毛泽东认为在中国搞革命不能走城市中心起义的道路，他从当时中国是半封建半殖民地且政治经济发展不平衡的大国的客观实际出发，提出中国革命必须走农村包围城市、武装夺取政权的道路。毛泽东思想是马克思主义中国化第一次飞跃的伟大理论成果。中国革命胜利是马克思列宁主义的胜利，是毛泽东思想的胜利。

1982 年，邓小平在《中国共产党第十二次全国代表大会开幕词》中总结中国革命和社会主义建设经验教训，提出："我们的现代化建设，必须从中国的实际出发。无论是革命还是建设，都要注意学习和借鉴外国经验。但是，照抄照搬别国经验、别国模式，从来不能得到成功。这方面我们有过不少教训。把马克思主义的普遍真理同我国的具体实际结合起来，走自己的道路，建设有中国特色的社会主义，这就是我们总结长期历史经验得出的基本结论。"1956年中国社会主义革命胜利后，中国的客观实际、中国的国情是什么？党长期对这个问题认识不是完全清楚的。一直到党的十一届三中全会后的 20 世纪 80 年代才认识到中国社会主义革命胜利，中国的客观实际是社会主义初级阶段。"社会主义初级阶段"包含两层意思：一是中国已经建立了社会主义制度，走上了社会主义道路；二是中国的社会主义是初级社会主义，是初级阶段的社会主义。初级阶段主要是指生产力落后，人口众多，还有政治制度不完善、不健全，文化、科学、教育、科技等各个方面都发展落后。还有很多刚从旧社会脱胎出来在各方面的旧痕迹。因此，社会主义革命胜利后，必须以经济建设为中心，大力发展生产力，必须在各个方面进行改革。中国革命胜利后，站起来之后，关键是怎么才能使中国人民富起来，走上共同富裕道路。十一届三中全会后，产生和形成了中国特色社会主义理论。党的十七大报告指出，中国特色社会主义理论体系是由邓小平理论、"三个代表"重要思想、科学发展观等重大战略思想组成的理论体系。同时，中国特色社会主义理论体系是马克思主义中国化第二次飞跃的伟大理论成果。改革开放的成功是中国特色社会主义理论体系的伟大胜利。

党的十一届三中全会后，中国改革开放取得巨大成功。但是从 20 世纪 90 年代到党的十八大前夕，中国改革开放过程中，三大矛盾突显出来了。一是人与自然环境矛盾突出，环境污染严重，自然资源浪费破坏严重，人们生存、生活的生态环境受到破坏。二是贫富两极分化严重。到十八大前，全国还有近亿人口处在贫困生活状态。社会上各个领域存在不公平现象。另一方面少数人通过各种不合理、不合法手段，不清不楚、不明不白就"富"起来。有些人甚至是"一夜暴富"。贫富两极分化肯定不是社会主义社会应该存在的怪象。三是人民群众同腐败分子的矛盾日益突显。从 20 世纪 90 年代到党的十八大前，中国的腐败现象相当严重，危害极大。

　　党的十八大确定以习近平同志为核心的党中央，确立"两个一百年"奋斗目标。党的十八大以来，提出全面深化改革，全面从严治党、全面依法治国、全面建成小康社会；提出"五大发展理念"，提出精准扶贫，到 2020 年全部脱贫，消灭绝对贫困；提出"一带一路"；提出构建人类命运共同体。这些一方面是为了解决上述三大突出矛盾，另一方面是为了实现中国梦。党的十八大以来产生、形成了习近平新时代中国特色社会主义思想。党的十九大报告指出："新时代中国特色社会主义思想，是对马克思列宁主义、毛泽东思想、邓小平理论、'三个代表'重要思想、科学发展观的继承和发展，是马克思主义中国化最新成果，是党和人民实践经验和集体智慧的结晶，是中国特色社会主义理论体系的重要组成部分，是全党全国人民为实现中华民族伟大复兴而奋斗的行动指南，必须长期坚持并不断发展。"

　　总之，不忘初心，必须不忘"老祖宗"，必须坚持马克思主义，必须与时俱进，在实践中发展马克思主义，开创马克思主义发展新局面！

注：此文为 2020 年参加"第十七届全国马克思主义论坛暨中国马克思恩格斯研究会年会"的论文，发表在《广东老教授》2020 年 12 月第 4 期（总第 60 期）；收入本书时，内容有删减，标题加标了引号。

马克思主义中国化永远在路上

—— 纪念马克思诞辰 200 周年,《共产党宣言》发表 170 周年

———————— ◎ ————————

　　中国几千年传统文化中积累的智慧和思想始终起着支撑民族精神的作用。在庆祝中国共产党成立 95 周年大会上,习近平总书记指出:指导思想是一个政党的精神旗帜。中国共产党之所以能够完成近代以来各种政治力量不可能完成的艰巨任务,就在于始终把马克思主义这一科学理论作为自己的行动指南,并坚持在实践中不断丰富和发展马克思主义。如何使马克思主义得到重大发展? 一方面,我们不能离开中国社会的现实要求,另一方面我们必须使马克思主义中国化,即与中国传统文化接轨,特别是与儒学的有机结合。只有马克思列宁主义才能救中国。马克思主义必须中国化,毛泽东思想是马克思主义中国化第一次飞跃的伟大理论成果。只有中国特色社会主义才能发展中国,中国特色社会主义理论体系是马克思主义中国化第二次飞跃的伟大理论成果。习近平新时代中国特色社会主义思想是 21 世纪中国化的马克思主义。

一、只有马克思列宁主义才能救中国

　　2018 年 5 月 5 日是马克思诞辰 200 周年。马克思和恩格斯合著的《共产党宣言》,在 1848 年公开发表,到现在已 170 年。《共产党宣言》的发表标志着社会主义从空想社会主义飞跃到科学社会主义。《共产党宣言》的发表,也标志着马克思主义的诞生。十月革命的胜利,证明马克思主义是科学真理。

十月革命一声炮响，把马克思列宁主义送到了中国。马列主义同中国工人运动相结合，诞生了中国共产党。在《共产党宣言》发表 73 年后，中国共产党于 1921 年成立。中国共产党成立是中国历史上开天辟地的大事。在中国共产党成立前，振兴中华民族的中国梦一直没有实现，这原因何在？其中一个极为重要的原因，就是没有一个科学理论指导，没有一个坚强的领导核心。1949 年 6 月 30 日，毛泽东在纪念中国共产党成立 28 周年的《论人民民主专政》一文中，从历史和现实、实践的结合上，论述了只有马克思主义才能救中国。毛泽东指出，马克思主义是中国共产党的思想武器。"我们党走过二十八年了，大家知道，不是和平地走过的，而是在困难的环境中走过的，我们要和国内外党内外的敌人作战。谢谢马克思、恩格斯、列宁和斯大林，他们给了我们以武器。这武器不是机关枪，而是马克思列宁主义。"毛泽东强调，先进的中国人经过千辛万苦，才找到了救中国的马克思主义真理。"中国人找到马克思主义，是经过俄国人介绍的。……十月革命一声炮响，给我们送来了马克思列宁主义。十月革命帮助了全世界的也帮助了中国的先进分子，用无产阶级的宇宙观作为观察国家命运的工具，重新考虑自己的问题。"毛泽东指出，中国革命胜利有三大法宝——共产党领导、共产党领导的人民军队、共产党领导的革命统一战线。但是共产党要实行正确领导，关键是三条：首先要坚持马克思列宁主义的理论武装；其次要密切联系人民群众；再次要坚持自我批评。毛泽东总结 28 年民主革命的宝贵经验有三条："一个有纪律的，有马克思列宁主义的理论武装的，采取自我批评方法的，联系人民群众的党。一个由这样的党领导的军队。一个由这样的党领导的各革命阶级各革命派别的统一战线。这三件是我们战胜敌人的主要武器。"今天，我们走进新时代，建设中国特色社会主义，必须牢牢掌握这三大法宝。

只有马克思主义才能救中国，就是因为马克思主义是现代性、科学性、革命性、实践性、人民性五者相统一的理论。（1）马克思主义是产生在 19 世纪中叶的西欧，不是产生在古代，故具有现代性。（2）马克思主义是对自然科学、社会科学、人类思维科学的科学概括与总结，故具有全面的科学性。（3）马克思主义具有革命性。它是关于无产阶级和劳动人民解放、站起来的革命理论。在一定意义上，马克思主义道理千条万条，归根到底就是一句话，对反动派造反有理。列宁、斯大林、毛泽东高举马克思主义阶级斗争理论旗帜，对反动派造反，打天下，取得革命成功。（4）马克思主义具有实践性。马克思在1845年有一句名言："哲学家们只是用不同的方式解释世界，而问题在于改变世界。"革命实践性是马克思主义最鲜明的特点。（5）马克思主义具有人民性。解放思想、实事求是、人民为本是马克思主义的精髓。马克思主义在人类思想史上第一次提出，人民是历史的创造者，人民是真正的英雄。

二、马克思主义必须中国化，毛泽东思想是马克思主义中国化第一次飞跃的伟大理论成果

中国革命历史证明，只有马克思主义才能救中国。中国共产党成立后的历史实践又证明，马克思主义必须中国化，必须同中国国情相结合，同中国革命实践相结合，同中国优秀传统文化相结合，才能救中国。

大浪淘沙，在中国共产党历史上，把马克思主义中国化的第一人是毛泽东。早在第一次国内革命战争时期和第二次国内革命战争时期，毛泽东就在《中国社会各阶级的分析》（1925年12月1日）、《湖南农民运动考察报告》（1927年3月）、《中国的红色政权为什么能够存在？》（1928年10月5日）、《井冈山的斗争》（1928年11月25日）、《关于纠正党内的错误思想》（1929年12月）、《星星之火，可以燎原》（1930年1月5日）、《反对本本主义》（1930年5月）等著作中，把马克思主义中国化。毛泽东在1927年领导秋收起义时，就把队伍带到井冈山，建立了中国革命第一个农村革命根据地。毛泽东把马克思主义关于暴力革命的普遍原理，运用于中国革命实践，认为中国革命不能走城市中心起义的道路。当时中国的国情是半封建半殖民地且政治经济发展不平衡的大国。这个中国国情决定中国革命只能且必须走农村包围城市的道路，建立农村革命根据地，武装夺取政权。实践证明，这是一条正确的胜利道路。

以毛泽东为代表的中国共产党人，把马克思主义中国化，在长期艰苦卓绝的革命实践中产生并形成了毛泽东思想。1945年召开的党的七大，确立毛泽东思想为党的指导思想，毛泽东思想成为马克思主义中国化第一次飞跃的伟大理论成果。在毛泽东思想旗帜指引下，中国革命在1949年取得了伟大胜利，

中国人民从此站立起来了，实现了中华民族伟大复兴中国梦的第一步！马克思主义中国化的标志，关键是要"创新"：理论创新、道路创新、制度创新、文化创新；检验的标准就是实践标准、生产力标准、人民利益标准，使中国革命成功，使中国人民站起来，使改革成功，使中国人民共同富裕起来，使中国强起来。毛泽东思想、中国特色社会主义理论体系就是马克思主义中国化伟大理论成果。

三、只有中国特色社会主义才能发展中国，中国特色社会主义理论体系是马克思主义中国化第二次飞跃的伟大理论成果

1949 年民主革命胜利后，中国共产党继续把马克思主义中国化，把马克思主义关于社会主义革命普遍原理同中国国情结合起来，对民族资本主义工商业实行和平赎买政策，对农业、手工业小私有制，实行合作化，走社会主义集体化道路。我国于 1956 年建立了社会主义制度，取得了社会主义革命胜利。

1978 年党的十一届三中全会对 1957 年至 1978 年长达 20 余年的"以阶级斗争为纲"的"左"的错误痛定思痛、大彻大悟，决定停止"以阶级斗争为纲"，把工作重点转到社会主义现代化建设上来，实行改革开放。党的十一届三中全会后，重新确立了实事求是思想路线，平反了大量冤假错案。党的十一届三中全会后，从社会主义初级阶段国情出发，制定了社会主义初级阶段"一个中心、两个基本点"的社会主义初级阶段基本路线。

1982 年 9 月 1 日，邓小平在党的十二大开幕词中提出建设有中国特色的社会主义命题。实践证明，只有中国特色社会主义才能发展中国。党的十一届三中全会后，改革开放取得巨大成功。改革开放的成功是马克思主义的伟大胜利，是马克思主义中国化第二次飞跃的伟大理论成果——中国特色社会主义理论体系的胜利。

1978 年以后，中国改革取得巨大成功。但是在改革开放过程中也出现了三大突出矛盾：（1）人与自然矛盾突出。（2）贫富矛盾突出。（3）广大人民群众同腐败分子矛盾突出。三大突出矛盾的出现，严重损害了马克思主义的形象，损害了社会主义形象，损害了共产党的光辉形象。在党的十八大之前，上

述三大突出矛盾的存在和发展，表明中华民族已经到了最危险的时候。如果不解决这三个突出存在的矛盾，中华民族就很危险了。

值得庆幸的是以习近平同志为核心的党中央，下决心解决上述三大突出矛盾。（1）铁腕反腐、反腐动真格，全面从严治党、全面依法治国。十八大以来，揭露了周永康、徐才厚、郭伯雄、薄熙来、令计划、孙政才，以及数以百计的省部级、军队将军级的腐败"大老虎"，大快人心、深得民心、党心、军心。反腐败永远在路上。（2）全面深化改革，把公平正义作为全面深化改革的出发点和落脚点，永远不要把公平放在兼顾地位；把人民对美好生活的向往作为奋斗目标。全面建成小康社会，真扶贫、扶真贫、精准扶贫，到 2020 年消灭绝对贫困，解决贫富两极分化矛盾，深得民心。全面依法治国，让人民真正当家作主，尊重人民的主体地位，坚持一切以人民为中心的发展理念，牢固树立以人民为本的执政理念，深得人民拥护。（3）坚持全面深化改革，坚持"五大发展理念"，坚持生态文明，绿色发展，解决人与自然的矛盾。生态文明建设永远在路上。

党的十八大以来，习近平总书记提出的中国梦、"四个全面"战略布局、"五大发展理念"、"一带一路"、构建人类命运共同体等一系列理论，是马克思主义中国化、时代化的最新成果。

党的十九大报告指出："只有社会主义才能救中国。""中国特色社会主义是改革开放以来党的全部理论和实践的主题，是党和人民历尽千辛万苦、付出巨大代价取得的根本成就。中国特色社会主义道路是实现社会主义现代化、创造人民美好生活的必由之路，中国特色社会主义理论体系是指导党和人民实现中华民族伟大复兴的正确理论，中国特色社会主义制度是当代中国发展进步的根本制度保障，中国特色社会主义文化是激励全党全国各族人民奋勇前进的强大精神力量。"

习近平新时代中国特色社会主义思想是怎么产生和形成的呢？党的十九大报告指出"三个坚持"："我们党坚持以马克思列宁主义、毛泽东思想、邓小平理论、'三个代表'重要思想、科学发展观为指导，坚持解放思想、实事求是、与时俱进、求真务实，坚持辩证唯物主义和历史唯物主义，紧密结合新的时代条件和实践要求，以全新的视野深化对共产党执政规律、社会主义建设规律、人类社会发展规律的认识，进行艰辛理论探索，取得重大理论创新成果，形成了新时代中国特色社会主义思想。"

什么是习近平新时代中国特色社会主义思想？它的意义是什么？党的十九大报告从五个方面作了论述："新时代中国特色社会主义思想，是对马克思列宁主义、毛泽东思想、邓小平理论、'三个代表'重要思想、科学发展观的继承和发展，是马克思主义中国化最新成果，是党和人民实践经验和集体智慧的结晶，是中国特色社会主义理论体系的重要组成部分，是全党全国人民为实现中华民族伟大复兴而奋斗的行动指南，必须长期坚持并不断发展。"

实践在不断发展，时代在不断发展。马克思主义中国化、时代化永远在路上。马克思主义不会过时，马克思主义必须随着实践的发展、时代的发展而不断发展！

马克思主义中国化有三层意思。其一，马克思主义中国化要同中国社会实际相结合，要从中国国情出发，进行革命、建设、改革开放。历史已经证明，马克思主义只有同中国国情实际结合起来，指导中国革命、建设、改革开放实践，才能取得成功。马克思主义如果不中国化，脱离中国实际，把马克思主义教条化，革命就不可能胜利，就会犯错误。其二，马克思主义中国化，就是要用马克思主义指导中国革命、建设、改革开放实践，同实践相结合，与时俱进，把实践成功经验上升为理论，发展、创新马克思主义，用发展的马克思主义指导新的实践。毛泽东思想是马克思主义中国化第一次历史性的伟大理论成果；中国特色社会主义理论体系是马克思主义中国化第二次历史性的伟大理论成果。习近平新时代中国特色社会主义思想是 21 世纪中国化的马克思主义。其三，马克思主义中国化第三层意思就是要正确认识和处理同中国传统文化的关系。马克思主义中国化，就是要同优秀的中国传统文化结合起来，吸收、继承、弘扬中国传统文化中的优秀、精华部分，批判、剔除其封建性精神性糟粕。马克思主义中国化不是简单同中国传统文化结合，也不是把中国传统文化马克思主义化；不能认为马克思主义基本概念、基本原理，中国"古已有之"；实现中国梦，必须以马克思主义为指导。

注：此文为 2018 年参加"全国马克思主义基本原理研讨会"的论文，发表在山西省委《前进》2018 年 12 月第 12 期；收入本书时，内容有删减。

参考文献

| 著作类

1.《马克思恩格斯全集》第 1 卷，人民出版社，1956 年版。

2.《马克思恩格斯全集》第 2 卷，人民出版社，1957 年版。

3.《马克思恩格斯全集》第 3 卷，人民出版社，1960 年版。

4.《马克思恩格斯全集》第 4 卷，人民出版社，1958 年版。

5.《马克思恩格斯全集》第 5 卷，人民出版社，1995 年版。

6.《马克思恩格斯全集》第 10 卷，人民出版社，1998 年版。

7.《马克思恩格斯全集》第 13 卷，人民出版社，1998 年版。

8.《马克思恩格斯全集》第 31 卷，人民出版社，1998 年版。

9.《马克思恩格斯选集》第 1 卷，人民出版社，1972 年版。

10.《马克思恩格斯选集》第 1 卷，人民出版社，2012 年版。

11.《马克思恩格斯选集》第 2 卷，人民出版社，2012 年版。

12.《马克思恩格斯选集》第 4 卷，人民出版社，2012 年版。

13.《马克思恩格斯文集》第 1 卷，人民出版社，2009 年版。

14.《马克思恩格斯文集》第 5 卷，人民出版社，2009 年版。

15.《列宁全集》第 1 卷，人民出版社，1955 年版。

16.《列宁全集》第 2 卷，人民出版社，1959 年版。

17.《列宁全集》第 19 卷，人民出版社，1959 年版。

18.《列宁选集》第 1 卷，人民出版社，2012 年版。

19.《列宁选集》第 2 卷，人民出版社，2012 年版。

20.《马克思恩格斯列宁哲学论述摘编》，中央编译出版社，2015 年版。

21.《毛泽东选集》第 2 卷，人民出版社，1991 年版。

22.《毛泽东选集》第 4 卷，人民出版社，1991 年版。

23.《邓小平文选》第 2 卷，人民出版社，1994 年版。

24.《邓小平文选》第 3 卷，人民出版社，1993 年版。

25.《刘少奇选集》上卷，人民出版社，1981 年版。

26.《习近平谈治国理政》，外文出版社，2014 年版。

27.《习近平谈治国理政》第 2 卷，外文出版社，2017 年版。

28.《习近平谈治国理政》第 3 卷，外文出版社，2020 年版。

29.《改革开放以来历届三中全会文件汇编》，人民出版社，2013 年版。

30.《党的十九大报告辅导读本》，人民出版社，2017 年版。

31. 陈寅恪著，陈美延编：《金明馆丛稿初编》，生活·读书·新知三联书店版，2001 年版。

32. 陈寅恪著，陈美延编：《金明馆丛稿二编》，生活·读书·新知三联书店，2001 年版。

33. 陈先达：《马克思与信仰》，中国人民大学出版社，2018 年版。

34. 陈来：《陈来讲谈录》，九州出版社，2014 年版。

35. 陈来：《中华文明的核心价值》，生活·读书·新知三联书店，2015 年版。

36. 成中英：《新觉醒时代——论中国文化之再创造》，中央编译出版社，2014 年版。

37. 经典课程编委会编著：《北大哲学课》，北京联合出版公司，2014 年版。

38. 秋风：《儒家式现代秩序》，广西师范大学出版社，2013 年版。

39. 顾卫民：《基督教与近代中国社会》，上海人民出版社，1996 年版。

40. 辜鸿铭著，张超编译：《辜鸿铭论语心得》，重庆出版社，2015 年版。

41. 季羡林：《季羡林修身沉思录》，中国财政经济出版社，2017 年版。

42. 康有为著，楼宇烈整理：《康有为学术著作选：政论集》（下册），中华书局，1981 年版。

43. 康有为著，楼宇烈整理：《康有为学术著作选：新学伪经考》，中华书局，2012 年版。

44. 康有为著，楼宇烈整理：《康有为学术著作选：中庸注》，中华书局，1987 年版。

45. 康有为著，楼宇烈整理：《康有为学术著作选：春秋董氏学》，中华书局，1990 年版。

46. 梁启超：《清代学术概论》，上海古籍出版社，1998 年版。

47. 梁启超：《梁启超史学论著四种》，岳麓书社，1998 年版。

48. 梁启超：《饮冰室合集·文集之九》，中华书局，1956 年版。

49. 廖超：《解读〈素书〉》，新华出版社，2016 年版。

50. 刘君祖：《新解黄帝阴符经》，中信出版社，2016 年版。

51. 李翔海：《内圣外王：儒家的境界》，江苏人民出版社，2017 年版。

52. 楼宇烈：《中国的品格》，四川人民出版社，2015 年版。

53. 楼宇烈：《中国文化的根本精神》，中华书局，2016 年版。

54. 林毓生：《中国传统的创造性转化》，生活·读书·新知三联书店，1988 年版。

55. 刘梦溪：《陈寅恪的学说》，生活书店出版有限公司，2014 年版。

56. 刘梦溪：《大师与传统》，广西师范大学出版社，2015 年版。

57. 李锦全：《李锦全文集》（第 1 卷），中山大学出版社，2018 年版。

58. 马平安：《中国传统政治的基因》，新世界出版社，2015 年版。

59. 马平安：《传统士人的家国天下》，团结出版社，2018 年版。

60. 钱穆：《中国学术通义》，九州出版社，2012 年版。

61. 饶宗颐：《饶宗颐集》，花城出版社，2011 年版。

62. 汤志钧编：《章太炎政论选集》，中华书局，1981 年版。

63. 汤志钧编：《康有为政论集》（上册），中华书局，1981 年版。

64. 汤一介：《思考中国哲学》，中国人民大学出版社，2016 年版。

65. 汤一介：《瞩望新轴心时代》，中央编译出版社，2014 年版。

66. 吴学昭：《吴宓与陈寅恪》（增补本），生活·读书·新知三联书店，2014 年版。

67. 王蒙：《得民心　得天下：王蒙说〈孟子〉》，浙江人民出版社，2016 年版。

68. 汪叔子、张求会编：《陈宝箴集》下册，中华书局，2005 年版。

69. 吾淳：《中国哲学起源的知识线索》，上海人民出版社，2014 年版。

70. 吴黎宏：《以人民为中心》，中共中央党校出版社，2019 年版。

71. 徐长安、刘光育：《儒学与中国无神论》，江苏人民出版社，2014 年版。

72. 忻剑飞：《世界的中国观》，学林出版社，1991 年版。

73. 张耀曾著，杨琥编：《宪政救国之梦：张耀曾先生文存》，法律出版社，2004 年版。

74. 余英时：《钱穆与中国文化》，上海远东出版社，1994 年版。

75. 余英时：《陈寅恪晚年诗文释证》，台北东大图书股份有限公司，1998 年版。

76. 牙含章著，鲁华编：《师道师说：牙含章卷》，东方出版社，2013 年版。

77. 朱谦之：《中国哲学对欧洲的影响》，上海人民出版社，2006 年版。

78. 赵维森：《孔子的精神世界：〈论语〉思想的体系化解读》，中国社会科学出版社，2014 年版。

79. 张维为：《文明型国家》，上海人民出版社，2017 年版。

80.（清）朱一新著，吕鸿儒、张长法点校：《无邪堂答问》，中华书局，2000 年版。

81. 赵健永：《汤用彤与现代中国学术》，人民出版社，2015 年版。

82. 张岱年著，张尊超、刘黄编：《师道师说：张岱年卷》，东方出版社，2013 年版。

83. 张岱年：《中国知识分子的人文精神》，河南人民出版社，1994 年版。

84. 张岂之：《张岂之谈中华优秀传统文化》，江苏人民出版社，2019 年版。

85. 张岂之：《张岂之自选集》，学习出版社，2009 年版。

86. 郑永年：《中国的文明复兴》，东方出版社，2018 年版。

87. 中国第二历史档案馆编：《中华民国史档案资料汇编·第三辑·文化》，凤凰出版社，1991 年版。

88. [美] 威廉·恩道尔著，吕德宏等译：《霸权背后——美国全方位主导战略》，知识产权出版社，2009 年版。

| 报刊类

1.《儒学推陈出新 推"陈"更为关键》,《深圳特区报》,2014年3月3日第B1版。

2.《在弘扬优秀传统文化上实现更大作为》,《光明日报》,2014年10月7日第6版。

3.《道法自然 止于至善》,《光明日报》,2019年2月2日第11版。

4.《山东:如何在创新中彰显优秀传统文化的时代价值》,《光明日报》,2018年3月30日第7版。

5.《深刻认识中华文化的历史渊源》,《人民日报》,2014年5月16日第7版。

6.《文化自信的本质与当代意义》,《光明日报》,2018年1月8日第15版。

7.《梁济自沉与民初信仰危机》,《清史研究》,2006年第1期。

8.《具有中国民族形式的宗教——儒教》,《文史知识》,1988年第6期。

9.《近三十年来关于道德本质问题的研究综述》,《道德与文明》,2010年第2期。

10.《马克思的公平正义观与社会主义实践》,《浙江社会科学》,2007年第6期。

| 网站类

1.徐显明:《坚持依法治国和以德治国相结合》,http://dangjian.people.com.cn/n1/2017/0320/c117092-29155906.html。

2.卓新平:《信仰缺失考验中国 宗教脱敏迫在眉睫》,https://fo.ifeng.com/a/20160422/41598159_0.shtml。

3.戴旭:《倾听未来战争的叩门声》,http://www.xinhuanet.com/mil/2017-01/24/c_129459850.htm。

4.王韶兴:《马克思主义与中华优秀传统文化的价值融通》,https://epaper.gmw.cn/gmrb/html/2018-11/21/nw.D110000gmrb_20181121_1-06.htm。

5.金民卿:《传承中华优秀传统思想 推进当代中国马克思主义发展》,http://bwcx.ncst.edu.cn/col/1568107679457/2020/01/07/1578379532738.html。

后 记 | **我和刘歌德教授的**
师生情谊

　　2014 年冬，我参加了中国无神论学会在珠海北师大举办的学术年会。会上，我作了《再论加强国学教育，构建科学世界观》的发言。令我感动的是，我在台上发言时，八十多岁的珠海哲学学会老会长何石村老教授给我端来了一杯开水，从此认识了何老。会议期间，我和中大刘歌德教授在就餐时两次相邻而坐，彼此有了初步交流，我对刘老师敬重有加，并交换了联系方式。此次学术年会，习五一教授和张新鹰副理事长介绍我认识了珠海哲学学会的会长李春秋教授和执行会长兼中国无神论学会南方研究中心（新成立）主任黄永康教授。黄主任邀请我参加南方研究中心的工作，担任主任助理，我非常乐意接受。此后，我与何老、刘歌德教授、李春秋教授、黄永康主任有了密切联系。

　　2015 年元旦，我先后拜访了何老、黄主任和刘老师。记得早上八点来到中大，刘老师在地铁口接到我。我们来到康乐园餐厅喝早茶，畅谈了两个多小时。随后，刘老师领我参观中大校园。我曾于 1999 年下学期利用晚上和周末在中大外国语学院进修德语，想起来，已有十几年没回来了。刘老师带我经过一片红墙别墅区，来到当年他曾经居住过的一座楼，恰逢中大退休副校长和一位老教师在门前踢毽子，副校长欣然和我们在门前合影留念。虽然过去多年，往事仍历历在目。

2015 年初，我和黄主任约定好了一个课题，研究儒学与儒教，由我主笔完成一篇论文。这一年，我除了教学工作，其余时间都一头埋在书堆中，每晚几乎忙到半夜。7 月 20 日我再次拜访刘歌德教授和李畅友教授，修改初稿。8 月底，我完成一部七万多字的论文初稿。黄主任与我商量，定于 9 月 20 日，在珠海的南方研究中心举行我的论文研讨会。9 月 11 日，我来到中大，刘老师带我到哲学系李锦全老教授家中求教。我把论文呈给李老师，并讲了我的主要观点。李老师虽然年逾九十，仍侃侃而谈近三个小时。其间，他收到中大老师送来的邮件——第十二届全国马克思主义论坛邀请函。李老师看了邀请函后对刘老师和我说，他年纪大了，不再参加外地研讨会，建议我和刘老师一起参加，并同意为我的论文研讨会写一篇发言稿，请刘老师代读。当时，我特别感动。

9 月 20 日，我和刘老师来到珠海，在黄主任的主持下，我的论文研讨会如期举行，反响很热烈。我先作了一个小时的发言，阐述了论文主要内容。刘老师首先代读李锦全教授发言稿，然后又谈了自己的观点。黄主任、何老、北理工法学院副院长陈坤林教授、省委党校哲学部副主任周峰教授等多位教授都作了发言，给了我很大的鼓励。回来后，我修改了自己的发言稿，形成一万多字的论文《儒学是否宗教之辨析》，同时与刘老师合作写了一篇论文《关于马克思主义中国化与中国传统文化几个问题的思考》，一并正式投稿至"第十二届全国马克思主义论坛"。10 月上旬就收到正式邀请函。10 月 25 日，我和刘老师一同在山东师范大学参加研讨会。

此后，我和刘老师经常联系。2016 年 10 月 22 日，由于台风厉害，南方高铁和飞机停运，我自己乘大巴来到福州参加"第十三届全国马克思主义论坛"，我和刘老师都各自发表论文。我的论文是《加强文化软实力 铸牢中华民族魂》，刘老师的论文是《坚信马克思主义》，我们同时还合作发表了一篇论文。2017 年 11 月 10 日，我和刘老师来到上海国防大学政治学院参加"第十四届全国马克思主义论坛"，我们都分别发表论文。2018 年 5 月 5 日，我们来到北京紫玉饭店参加第二届"问道玉渊潭"学术研讨会，除分别发表论文外，我们还合作发表一篇论文。7 月 29 日，我们再次来到北京，在中国社科院参加 2018 年全国马克思主义基本原理研讨会，共同发表论文《马克思主义中国化永远在路上》。此文于 12 月份发表在山西省委《前进》期刊上。另一篇合作论文《构建人类命运共同体的几点哲学思考》于 2019 年 2 月发表在《前进》期刊上。两次进京，我和刘老师、李春秋教授有了进一步交流，同时参观了天安门、太庙、天坛、颐和园等景区，与刘老师在京读大学的孙子刘耀杨同学一起交流。同年 5 月，我的《三论道德——赢得人心的"制高点"》在第三届"问道玉渊潭"学术研讨会作交流。12 月，我和刘老师合作的参加 2019 年全国马克思主义基本原理研讨会的论文——《没有中国共产党，就没有中国特色社会主义》发表在《广东老教授》期刊上。2019 年底新冠肺炎疫情暴发，刘老师于 2020 年 2 月至 4 月每两天写一篇哲学思考，我参与编辑工作。5 月，我和刘老师合作完成了一篇论文《论道德是赢得人心的根本》，论文太长，裁成三篇。其中一篇《论道德与文化软实力》被收入岭南学术论坛"风险治理与中国制度优势的理论与实践"研讨会的论文集，另一篇《论道德是赢得人心的根本——兼论中国抗疫、世界战疫的道德思考》参加岭南学术论坛"第三届广府文化学术年会论坛"交流。8 月底，我和刘老师合作完成了一篇论文《不忘老祖宗——纪念恩格斯诞辰 200 周年》，并参加第十七届全国马克思主义论坛。

这几年，在刘老师的影响和鞭策下，我们一同学习交流，合作写论文，参加学术研讨会，使我的身心更加融入到学术氛围中，每天研究中央媒体的学术文章，坚持学习。刘老师也非常关心我和我父母的健康，让我特别感动。2019 年初，刘老师鼓励我汇集文章出一本书，对将来评定高级职称有帮助。刘老师还非常关心我的工作和学习，2016 年 6 月 18 日，他特意给我所就读的中国社科院研究生院总裁班全体同学上了半天的课，反响特别好。

我的内心深深感激恩师——刘歌德教授！

曾亢

2024 年 1 月